図解で早わかり

改正法対応！

最新 会社法のしくみと手続き

弁護士
森 公任
弁護士
森元みのり 監修

本書の3大特色

社外取締役の設置義務化や株式交付制度、
役員等賠償責任保険、電子提供制度などを
定めた2019年成立の会社法改正に完全対応！

設立から株式、機関、新株発行、
組織再編まで、会社法の全体像と
基本事項がよくわかる。

商業登記についての改正や株主リストなど
理解に不可欠な関連知識も解説。

三修社

本書に関するお問い合わせについて

本書の記述の正誤に関するお問い合わせにつきましては、お手数ですが、小社あてに郵便・ファックス・メールでお願いします。大変恐縮ですが、お電話でのお問い合わせはお受けしておりません。内容によっては、お問い合わせをお受けしてから回答をご送付するまでに１週間から２週間程度を要する場合があります。

なお、本書でとりあげていない事項についてのご質問、個別の案件についてのご相談、監修者紹介の可否については回答をさせていただくことができません。あらかじめご了承ください。

はじめに

会社について規定している法律もさまざまですが、中でも基本となる重要な法律が会社法です。会社法は、会社の設立・組織・運営・管理について、根幹となる事項を定めた法律です。会社経営者や役員はもちろんのこと、投資家（株主）、従業員、取引関係者（債権者）、起業を検討している人にとって、会社法の中身を理解しておくことは、とても大切なことだといえるでしょう。

会社の設立や運営をめぐっては、さまざまな問題が発生します。株主、経営者、役員などの組織内部の者と会社との関係だけでなく、取引先など会社外部の者と会社との関係も問題になります。

とくに、経営者が気をつけなければいけないのが、法令遵守（コンプライアンス）の考え方です。会社は営利追求を目的として活動していますが、法令遵守に対する意識をおろそかにしたために不祥事が生じ、その不祥事が会社の経営危機を招くこともあります。このような企業の不祥事について、会社法は、企業経営の監視・監督機能の強化など、コーポレート・ガバナンス（企業統治）の強化などを目的とする改正を行ってきました。令和元年の会社法改正においても、社会経済情勢の変化をふまえ、コーポレート・ガバナンスの強化などを目的とした改正が行われています。

本書は、会社法の基本、かつ重要な事項をわかりやすく解説することをねらいとしています。また、社外取締役の設置義務化や株式交付制度、役員等賠償責任保険、電子提供制度の創設などを定めた2019年成立の会社法改正に対応しています。

本書を皆様のお役に立てていただければ、監修者としてこれに勝る喜びはありません。

監修者　弁護士　森公任　弁護士　森元みのり

Contents

PART 4　株主総会のしくみ

PART 5　取締役の職務と責任

PART 6 取締役会とその他の役員の業務と責任

PART 7 会社の計算と新株発行・社債のしくみ

PART 8 組織再編と解散・清算のしくみ

PART 9　株主代表訴訟・商業登記・その他の制度

PART 1

改正法に対応！
会社法の全体像

会社法とは

商事については会社法が民法に優先する

■ 株式会社を中心とした会社のルールを定める法律

会社法とは、どのようなことを定めている法律なのでしょうか。会社法は、会社に関するルールを定めた979条にも及ぶ法律です。私たちは、個人で取引をすることもあれば、団体で取引をすることもあります。世の中に存在する取引の主体となる団体の代表的なものは会社です。会社法は、この取引の主体となり得る会社という団体に関する法律関係を定めています。

会社という１つの団体を取引の主体として扱うのは大変便利です。しかし、その反面、会社という団体が大きな資金力、大きな力をもつようになることは、社会の多くの人たちに大きな影響を与えるということでもあります。会社の内部の人たちだけでなく、会社の外部の人や他の会社など利害をもつ人たちが大勢でてきます。そこで、会社をとりまく法律関係を規律して、会社内外の人たちの利害を調整する必要がでてきます。このような観点から、会社法は、設立手続き、会社の機関、会社の計算、企業結合の方法、会社形態の変更などについての規定を置いています。会社法の規定の中心は株式会社に関するものですが、持分会社に関する規定も置かれています。

持分会社

会社法における合名会社、合資会社、合同会社のこと。会社法によって創設された合同会社は、自分の出資した範囲で会社財産について責任を負う有限責任社員のみで構成される。また、合資会社は有限責任社員と会社の債務について無限に責任を負う無限責任社員で構成される。合名会社は無限責任社員のみで構成されている。

■ 商法との関係

商法とは狭い意味でいえば、商法典（商法という名前の法律）のことだけを意味します。商法典は、商人の営業、商行為その他の商事について定めた法律です。商人とは、会社や商店を営む自営業者など、自分の名で事業として商行為を行う者の

広い意味での商法

商法典だけでなく、会社法や手形・小切手法など、広く商事に関する法律を含む。

会社法と商法・民法の関係

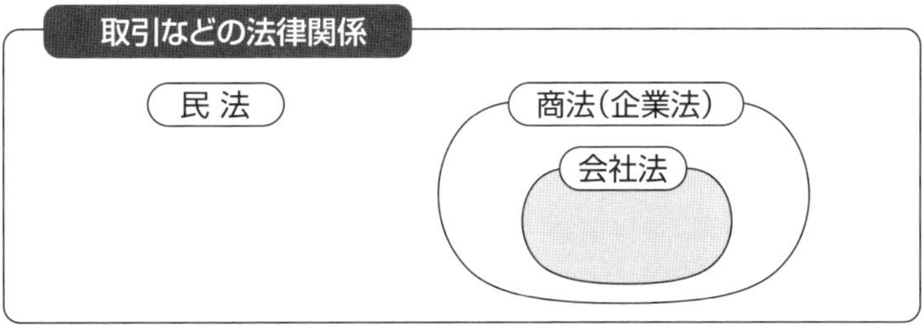

ことです。商行為というのは、事業者の事業活動のことです。

会社も商人の一種ですが、会社をめぐる法律関係については、主に会社法という法律で規律しています。商法典は会社法に規定のない事項を規律する法律ということになります。

■ 民法との関係

民法は、企業に限らず、たとえば隣人同士のような、広く一般市民の経済的な利害を調整する法律です。これに対して、商法は主に商人の取引について、会社法は会社に関する各経済主体の利害を調整する場合に適用されます。たとえば、友人が海外旅行をして買ってきた物を売ってもらう場合には、民法が適用されますが、それを商人が買い取る場合には、商法が適用されます。このように、商人の取引については商法・会社法が民法に優先して適用される関係を「商法・会社法は民法の特別法である」といいます。

また、商法・会社法に規定がない事項については商慣習が適用され、商慣習は民法より優先適用されることになります（商法１条)。結局、商取引においては、①商法・会社法、②商慣習、③民法の順に適用していくことになります。

民法と商法の関係

民法と商法（企業法）とは、同じく取引などの法律関係を規律するものだが、民法と商法は一般法と特別法の関係に立ち、商事については商法が優先的に適用されることになる。民法は、商法に規定のない事項に適用され、商法の背後に控える存在である。会社法も企業法の一種だから、一般法である民法に対して特別法の関係に立つ。

令和元年改正の概要

会社をめぐる社会経済情勢の変化に合わせた改正が行われた

■ どうして会社法が改正されたのか

これまでにも、会社法はコーポレート・ガバナンス（企業統治）の強化などを目的とする改正が行われてきました。そこでは、企業の不祥事の増加などを背景に、主に企業経営の監視・監督機能の強化が課題になってきました。

令和元年の会社法改正においては、社会経済情勢の変化をふまえ、引き続きコーポレート・ガバナンスの強化を目的とする改正が行われました。その他にも、企業の生産性向上のための合理化などを目的として種々の改正が行われました。

令和元年の改正事項は、大きく分けて、次ページ図のようになっています。以下、ポイントになる改正について、見ていきましょう。

・株主総会資料の電子提供制度の新設

従来は、株主総会資料をウェブサイトでの公開や電子メールの送信等により提供するためには、株主の個別の同意が必要でしたが、定款で定めることにより、個別の同意を得ることなく行うことが可能になりました。

・株主提案権の濫用的な行使を制限するための措置の整備

株主提案権の濫用的な行使を制限するために、株主が提案可能な議案の数が、原則として10に制限されます。

・補償契約・保険契約に関する規定の新設

取締役などの役員等が、十分に力を発揮して職務にあたることを保障するために、役員等が損害賠償請求などの対象となるリスクに備えるための補償契約や役員等賠償責任保険契約に関

株主提案権に関する改正

株主総会の円滑化のために、改正法案においては、企業側の判断で株主総会の株主提案を制限できる項目が盛り込まれていた。しかし、会社側の恣意的な判断により、株主提案権が不当に制限されるおそれがあることから、令和元年の法改正では、この項目に関する改正は見送られた。

主な改正の概要と施行スケジュール

<table>
<tr><th>改正事項</th><th>施行日</th></tr>
<tr><td>①株主総会資料の電子提供制度の新設</td><td>公布の日から３年６か月を超えない範囲で施行</td></tr>
<tr><td>②株主提案権の濫用的な行使を制限するための措置の整備</td><td rowspan="9">公布の日から１年６か月を超えない範囲内で施行</td></tr>
<tr><td>③取締役の報酬等に関する規定の見直し</td></tr>
<tr><td>④補償契約に関する規定の新設</td></tr>
<tr><td>⑤役員等賠償責任保険契約に関する規定の新設</td></tr>
<tr><td>⑥業務執行を社外取締役に委託する場合の規定の整備</td></tr>
<tr><td>⑦社外取締役の設置の義務化に関する規定の整備</td></tr>
<tr><td>⑧社債の管理に関する規定の見直し</td></tr>
<tr><td>⑨株式交付制度の新設</td></tr>
<tr><td>⑩責任追及等の訴え（株主代表訴訟）における和解に関する規定の整備</td></tr>
<tr><td>⑪議決権行使書面の閲覧に関する規定の見直し</td><td rowspan="2">原則、公布の日から１年６か月を超えない範囲内で施行
一部、公布の日から３年６か月を超えない範囲で施行</td></tr>
<tr><td>⑫会社の登記に関する規定の見直し</td></tr>
<tr><td>⑬取締役の欠格事由に関する規定の見直し</td><td>公布の日から１年６か月を超えない範囲内で施行</td></tr>
</table>

する規定が整備されました。

・業務執行を社外取締役に委託する場合に関する規定の整備

取締役と株式会社との利益が相反する状況にある場合に、社外取締役に業務執行を委託することが可能になりました。また、監査役会設置会社の一部について、社外取締役の選任が義務付けられました。

・株式交付制度の新設

他の株式会社を子会社化する際に、子会社化する会社の株式を譲り受け、対価として、自社の株式を交付するための手続きが整備されました。

議決権行使書面の閲覧謄写請求拒絶要件の明文化

令和元年会社法改正により、株主による議決権行使書面の閲覧謄写請求の拒絶要件が明文化された。具体的には、株主による議決権行使書面の閲覧謄写請求が、自らの権利の行使などに関する調査以外の目的や、株式会社の業務の遂行を妨害する目的でなされた場合などには、株式会社はその請求を拒否できると明文化された。

PART1
3

改正法に対応！
会社法の全体像

会社の種類と責任

大きく株式会社と持分会社に分かれる

■ それぞれの会社形態で負う責任は異なる

会社法上、会社とは株式会社、持分会社（合名会社、合資会社、合同会社）を指します。

会社に対する出資者のことを法律用語で社員といいますが、社員が直接会社債権者に対して会社の債務を弁済（返済）する責任を負うことを直接責任、会社が負っている債務の範囲内で、社員がその個人財産で限度なく責任を負うことを無限責任といいます。これに対して、会社に対して出資義務を負うだけで、それ以外は会社債権者に対して何ら責任を負わないことを間接責任、責任の限度が出資額に限られることを有限責任といいます。会社の形態によって社員の責任の内容は異なります。

社員
団体の構成員のこと。会社法でいえば、会社に対する出資者、株式会社の場合は株主を意味する。一般用語では従業員のことを社員ということがあるが、法律用語の「社員」とは意味が異なる。

一人会社
株主・社員が一人の会社のこと。株主・社員が一人になっても会社の解散事由にはならず、また、複数人であることが会社の設立要件になっていないため一人会社も法制度上認められている。

■ 株主の責任

株式会社は、株主総会と取締役という機関が基本となる会社です。株主総会とは会社の最高意思決定機関として会社の基本的な方針や重要な事項を決める機関で、会社に出資した者（株主）が集まって決めます。株式会社では、出資者は自分が引き受けた株式について出資義務を負うだけで、たとえば会社が債権者に債務を支払わなかったとしても、株主が会社に代わって支払義務を負うことはありません。

このように、株主は会社債権者に対して直接責任を負わず、かつ、株主の責任は出資の限度額に限られていることから、株式会社の株主の責任は間接有限責任ということになります。出資者は出資額に応じて株式を取得することができ、会社に対す

会社の種類

- 株式会社 → 間接有限責任のみ
- 持分会社
  - 合名会社 …直接無限責任社員のみ
  - 合資会社 …直接無限責任社員と直接有限責任社員
  - 合同会社 …間接有限責任社員のみ

る様々な権利を得ることになります。本書では、特に断りのない限り、株式会社を想定して記述しています。

■ 持分会社の社員の責任

持分会社の社員は、出資義務を履行するとその対価として持分を取得します。これは株式会社では株式に該当します。社員は持分を取得することで、当然に利益配当請求権などの権利をもつことになります。持分は、原則として、自由に譲渡することはできず、他の社員全員の同意が必要になります。この点、株式の譲渡が原則として自由とされる株式会社とは大きく異なっています。

合名会社と合資会社は、どちらも典型的には、親子・親戚・友人など人的に信頼関係の深い少数の人々が共同して事業を営むときに採用されてきた会社形態です。合名会社の社員は無限責任社員のみ、合資会社の社員は無限責任社員と有限責任社員の両方からなっています。

他方、合同会社は、社員が間接有限責任を負う点は株式会社と同じですが、内部的には、柔軟な組織設計や会社経営が可能な形態になっています。

機関

会社の行為や意思決定をする人や組織を会社の機関という。株式会社では、機関をいくつかに分け、役割を分担し、相互に抑制させることにより、会社経営の合理化と適正化を図っている。このことを「機関の分化」という。

定款

会社の根本規則のこと。会社の活動範囲は会社の定款に目的として記載された事業に限られる。本店所在地、商号、目的などの必要的記載事項の他、たとえば、発行する株式の数や種類、株主総会等の議決機関に関すること、取締役等の役員の人数や任期、事業年度など、会社の基本的な組織形態、運営方法が定款で定められる。

取締役会を設置する会社と設置しない会社

通常はある程度規模の大きい株式会社に設置する

■ 取締役会設置会社とは

取締役会設置会社とは、取締役会を置いている株式会社のことです。取締役会を置くかどうかは任意ですが、公開会社や、監査役会設置会社、指名委員会等設置会社、監査等委員会設置会社では、取締役会の設置が義務付けられています。

取締役会設置会社は、ある程度規模の大きい株式会社で会社が効率的に機能するように以下のような規制がなされています。

① 「経営の効率化」に関する規定

取締役会設置会社の場合、株主総会では、会社法や定款（会社の根本ルール）に定める基本的な事項だけを決議し、その他は取締役会で決議することとされています。取締役会設置会社では、原則として、事業に関わる活動を取締役会や、取締役会が監督する業務執行取締役などが行います。そのため、株主は煩雑な経営に関与することなく出資することができるため、多くの株主の出資を集めるのに適した企業形態といえます。

② 「経営の適正化」に関する規定

取締役の職務執行の適正を監視するために、指名委員会等設置会社と監査等委員会設置会社を除き、監査役（公開会社でない場合は会計参与でもよい）の設置が義務付けられています。

③ 中間配当の規定

剰余金の配当は株主総会の決議で行うのが原則ですが、定款で定めれば、事業年度の途中において取締役会の決議で配当を行うことができ、株主が多数の会社でも機動的に配当を行うことができます。

会社法に規定のある事項や定款で定めた事項しか決議できない理由

取締役会を設置するような大規模会社では、株主の数も多く、組織も複雑になっているため、株主総会では基本的な事項を定め、それ以外の細かいことは取締役会が決めるというように権限を分配するのが効率的だと考えられるからである。

取締役会で決めるべき事項の例

①重要な財産の処分・譲受、多額の借財などの重要な業務執行
②株主総会の招集・議案の決定
③譲渡制限株式の譲渡承認
④株式の分割
⑤新株予約権の無償割当に関する事項の決定
⑥競業取引や利益相反取引の承認

取締役会設置会社の特徴

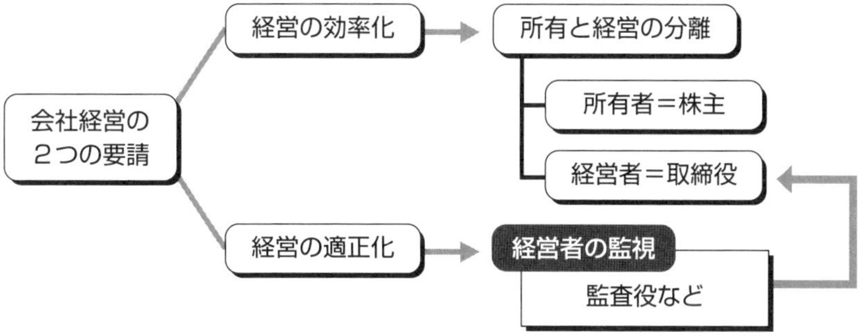

■ 取締役会を設置しない会社の特徴とは

取締役会を設置しない会社（取締役会非設置会社）は、通常は小規模会社です。小規模会社では、事業の規模が小さいため、組織を複雑にする必要はありません。組織を複雑にすれば、かえって身動きできなくなるからです。そこで、「経営の効率化」の観点から、取締役会を設置しない会社の場合は、その組織や手続きが単純化されています。

取締役会を設置しない会社
機関を株主総会と取締役だけにすることが可能である。株主総会で会社に関することを決議し、取締役が、決議されたことを執行すればよいので、小回りがきく経営ができる。

■ 組織・手続きが単純化されている

取締役会を設置した場合には、株主総会は、会社法に規定のある事項や定款で定めた事項しか決議することはできません。しかし、小規模会社では、株主の数も少なく、組織も単純ですから、そのような必要はありません。権限を分配することは、かえって効率を悪くすることすらあります。そこで、小規模会社、つまり、取締役会を設置しない会社の場合には、会社に関する事項は何でも株主総会で決めることができることにしています。このことを株主総会の万能機関性といいます。

PART1
5

公開会社と非公開会社

上場会社との違いに注意する

■ 公開会社の特徴とは

すべての株式について譲渡制限がないか、または一部の株式についてだけ譲渡制限がある株式会社を公開会社といいます。上場会社（証券取引所に株式を上場している会社）とは意味が異なります（公開会社は全部または一部の株式について譲渡制限のない会社のことをいい、上場会社は証券取引所に上場している会社のことです）。

公開会社には、①株主が入れ替わることを予定している、②大規模会社であることが多い、③誰もが安心して株主になれるように、「経営の適正化」の要請が強いという特徴があります。

上場

株式を株式市場で誰もが自由に売買できるようにすること。会社が事業を進めていくためには資金が必要である。その資金はどこかから調達しなければならないが、調達方法には「借入」「自分で稼いだお金を出す」「投資を募る」の３種類しかない。このうち、投資を募る場合の代表例が上場である。

■ 授権資本制度とは何か

会社が発行する予定の株式の総数（発行可能株式総数）を定めておき、その範囲内で、経営者が資金調達の必要に応じ新株を発行することができるという制度のことを授権資本制度といいます。

新株の発行は、既存の株主の持株比率を下げることもありますし、株価の低下をもたらすこともあります。そのため、定款で発行可能株式総数を定め、一定の枠の範囲内で新株の発行を認めることにしています。

具体的には、公開会社の場合、会社設立時に発行する株式の総数が、発行可能株式総数の４分の１以上でなければならないという歯止めがかけられています。ただし、非公開会社の場合には、４分の１を下回ってもかまいません。

授権資本制度

■ 非公開会社の特徴とは

すべての株式の譲渡につき会社の承認を必要とする株式を発行している株式会社を非公開会社（全部株式譲渡制限会社）といいます。事業規模の小さい会社は、非公開会社であることが多いといえます。

非公開会社は、すべての株式の譲渡が制限されている会社であることから、一般的には以下のような特徴をもちます。

① 見ず知らずの者が経営に口を出すことがないようにできる
② 通常は株主が入れ替わることを予定していない
③ 株主が経営者を兼ねること（所有と経営の一致）が多いので、株主の会社経営に対する監督機能の強化を図る必要性が小さい

非公開会社にはこのような特徴があることが一般的であるため、会社法も、「設立時の発行株式の総数について下限を設けない」「定款で株主以外は取締役になれないと定めることもできる」などの取締役会設置会社とは異なる制度を認めています。

機関のしくみ

会社の行為や意思決定をする人や組織が機関

■ 様々な機関がある

会社などの法人は、生身の人間のように肉体や意思をもつものではありません。そこで、法人の行為や意思決定を行うための人や組織が必要になります。このように会社の行為や意思決定をする人や組織を会社の機関といいます。

会社法上、株式会社の機関として規定が置かれているのは、ⓐ株主総会、ⓑ取締役（会）、ⓒ代表取締役、ⓓ監査役（会）、ⓔ監査等委員会または指名委員会等、ⓕ執行役・代表執行役、ⓖ会計監査人、ⓗ会計参与です。会社法は、これらの機関が調和のとれた活動を行えるように様々な規定を設けています。会社法の機関に関する規定の特徴は、会社の規模や性質（大会社かそれ以外の会社か、公開会社か非公開会社か）に応じて、機関の設置を義務付けるかどうかを決めていることです。

指名委員会等設置会社

業務執行を担う執行役と3つの委員会（指名委員会、監査委員会、報酬委員会）が置かれる会社のこと。3つの委員会はまとめて三委員会と呼ばれていた。会社の業務執行は執行役が担当し、取締役会を業務執行から切り離すことで取締役会の監督機能の強化を図っている（執行と監督の分離）。

監査等委員会設置会社

監査等委員会が置かれる会社のこと。監査等委員は業務を執行しない取締役から選任される。指名委員会等設置会社よりも比較的簡素な機関設計で業務執行に対する監督機能の強化を図ることができる。

■ 機関設計のルール

上記のⓐ～ⓗまでの機関は、勝手な組み合わせでは設置できません。それは、会社法により、設置することが可能な機関の組み合わせ等が規定されているからです。

まず、監査等委員会設置会社及び指名委員会等設置会社以外の取締役会設置会社は、監査役を置かなければなりません。ただし、そのような取締役会設置会社でも、非公開会社で会計参与を置く場合は、監査役を置かなくてもかまいません。

取締役会設置会社は、株主総会の権限が縮小される一方で取締役会が大きな権限を持つため、業務執行を監査する監査役の

会社の機関

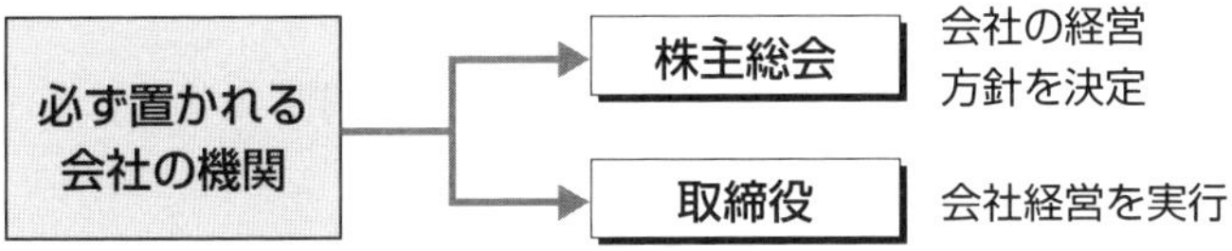

●どんな会社にも必置の機関は株主総会と取締役の２つ
●会社の規模、株式の公開・非公開の状況に応じて以下の機関を設置する

取締役会　監査役　監査役会　指名委員会等
監査等委員会　会計監査人　会計参与

設置が義務付けられます。ただし、監査等委員会設置会社及び指名委員会等設置会社は、監査等委員や監査委員が業務執行を監査しますから、監査役は不要とされます。また、非公開会社では、所有と経営が必ずしも分離していないため、監査役ではなく会計参与を設置することでもよいとされました。

所有と経営の分離
会社の所有者である株主と会社の経営者である取締役等とを、制度上、分離する考え方のこと。

次に、監査等委員会設置会社及び指名委員会等設置会社以外の会計監査人設置会社は、監査役を置かなければなりません。それは、会計監査人が、取締役会等の影響を受けずに公正に監査を行うためには、会計監査人の選任・解任の権利を取締役ではなく監査役が持つべきだからです。

他方で、監査等委員会設置会社及び指名委員会等設置会社は、監査役を置くことはできませんが、会計監査人を必ず置かなければなりません。

また、大会社は、監査役会と会計監査人を置かなければなりません。ただし、非公開会社、監査等委員会設置会社及び指名委員会等設置会社には、この規定は適用されません。

大会社
資本金５億円以上または負債が200億円以上の株式会社のこと。

なお、公開会社でない大会社は、監査役会の設置は任意ですが、会計監査人は置かなければなりません。

■ 機関設計のパターン

機関設計のルールは概ね前述したとおりです。結局、会社法上、すべての株式会社に設置が義務付けられているのは株主総会と取締役だけです。代表的な機関設計のパターンを見ていきましょう。

・株主総会＋取締役

もっともシンプルな機関設計です。小規模な会社の場合はこのパターンが多いようですが、その他の機関を設置してはいけないというわけではありません。小さな会社で非公開会社の場合であれば、かなり自由な機関設計が可能だといえます。

・株主総会＋取締役会＋監査役

この機関設計を採用している会社は極めて多いといえます。このパターンで非公開会社の場合、定款で定めることにより監査役の監査範囲を会計に関するものに限定することができます。

・株主総会＋取締役会＋監査役＋会計監査人

株主総会＋取締役会＋監査役という機関設計を採用している会社は会計監査人を置くことができます。

・株主総会＋取締役会＋監査役会＋会計監査人

株式を上場する会社の多くが、このパターンを採用しています。株式上場などによって株主数が増えると、取締役の職務執行が適正であるかをより厳しくチェックする必要性が高まるため、上場に伴い、監査役会の設置を求められます。

なお、監査等委員会設置会社や指名委員会等設置会社においては、「監査役会＋会計監査人」ではなく、「監査等委員会＋会計監査人」や「指名委員会等設置会社＋会計監査人」という機関設計を選択しなければなりません。

大規模な会社の機関

大規模な会社や公開会社においては、特に業務の適正を図り、経営に関与していない株主や取引先などを保護する必要性が高いため、設置を強制される機関が増えることになる。

機関設計のパターン

		株主総会	取締役	取締役会	監査役	監査役会	指名委員会等	監査等委員会	会計監査人	会計参与
非公開会社（大会社除く）	①	○	○							△
	②	○	○		○					△
	③	○	○		○				○	△
	④	○	○	○						○
	⑤	○	○	○	○					△
	⑥	○	○	○	○	○				△
	⑦	○	○	○	○				○	△
	⑧	○	○	○	○	○			○	△
	⑨	○	○	○			○		○	△
	⑩	○	○	○				○	○	△
非公開会社（大会社）	⑪	○	○		○				○	△
	⑫	○	○	○	○				○	△
	⑬	○	○	○	○	○			○	△
	⑭	○	○	○			○		○	△
	⑮	○	○	○				○	○	△
公開会社（大会社除く）	⑯	○	○	○	○					△
	⑰	○	○	○	○	○				△
	⑱	○	○	○	○				○	△
	⑲	○	○	○	○	○			○	△
	⑳	○	○	○			○		○	△
	㉑	○	○	○				○	○	△
公開会社（大会社）	㉒	○	○	○	○	○			○	△
	㉓	○	○	○			○		○	△
	㉔	○	○	○				○	○	△

※表中の○は必ず設置しなければならない機関、△は設置しても設置しなくてもよいという機関。
※それぞれの会社の種類によって機関設計のパターンを複数選択できる。
※会計参与は④のパターンを除いて、いずれの機関においても任意に設置できる。そのため、株式会社の機関設計は、全部で 47 種類となる。

Column

外国会社と擬似外国会社

日本法に基づいて設立された会社を内国会社といいます。それに対して、外国法に基づいて設立された会社を外国会社といいます。外資系企業であっても、日本法に基づいて設立されていれば、それは内国会社です。反対に、日本人が株主となって出資している会社であっても、外国法に基づいて設立されていれば、それは外国会社です。日本で、継続的に取引をする外国会社は、以下のような規制に服します。

① 日本における代表者の選任と登記

② 会社についての登記（「外国会社の登記」を行います）

このように、外国会社に対する規制が一本化されていることで、外国会社と取引した場合の法律関係が明確になります。

外国会社は、登記をするまでは日本で継続的な取引をすることができません。これに違反して取引をした者は、相手方に対して、会社と連帯してその取引によって生じた債務を弁済する責任を負います。

なお、外国法に基づいて設立された会社でありながら、日本に本店（事実上の本店を含む）を設け、または日本において営業をすることを主な目的とする会社を擬似外国会社といいます。こうした会社の実体は、国内の会社と変わりありません。会社法では、擬似外国会社は日本国内において取引を継続して行うことができず、これに違反して取引を行った者は、その擬似外国会社と連帯してその取引によって生じた債務を弁済する責任を負うものとされています。つまり、擬似外国会社Ｘ社が日本において取引をすることが認められないにもかかわらず、代表者をＹとして、日本国内で取引を行った場合には、相手方は代表者Ｙに対しても取引に基づく請求が可能になります。

このように、日本法の適用を回避するためだけに外国で設立されたような会社の活動を防ぐために、擬似外国会社は規制されています。

PART 2

設立手続き

PART2
1

発起人と会社設立

設立手続き

定款に署名した発起人が手続きを進める

■ ルールを定め、人とお金を集める

株式会社を設立するためには、人とお金を集め、団体としての会社の実体を作り、登記をすることが必要です。

団体としての会社の実体は、定款作成、出資者の確定、会社機関の具備、会社財産の形成などによってできあがります。つまり、会社の根本規則（定款）、お金を出す人、会社を運営する人を決めて会社の財産を実際に確保しなければなりません。発起人などが出資者となって出資を履行し、設立時の取締役や監査役などの会社の運営者を選任します。そして、最後に設立登記が必要になります。

設立登記

会社の設立を公に知らせる公示手段。株式会社などは、設立登記によってはじめて法人格が認められる。

発起人と発起人組合

発起人が１人の場合は別だが、発起人が複数いる場合には、発起人間において、会社を設立するという目的をもって形成された発起人組合という民法上の組合が形成されると考えられている（民法667条以下）。

■ 発起人の意義と権限

株式会社を設立するには、設立手続きを実際に行う発起人を必要とします。発起人とは、定款に発起人として署名した者のことです。会社をどんな事業目的のために設立するかは、もっぱら発起人の意図しだいです。

発起人の権限については、設立に必要な行為をする権限を有することは当然ですが、営業行為をする権限はありません。一般には、定款作成、創立総会の招集など「設立を直接の目的とする行為」や、設立時に必要な事務所の賃借や事務員の雇用など「設立に必要な行為」が、発起人の権限内の行為として認められますが、原材料や商品の仕入れなど営業を開始するための準備行為（開業準備行為）は、設立を前提とした営業行為の一部であり、発起人には、定款に記載し、法定の要件を充たした

発起人の権限

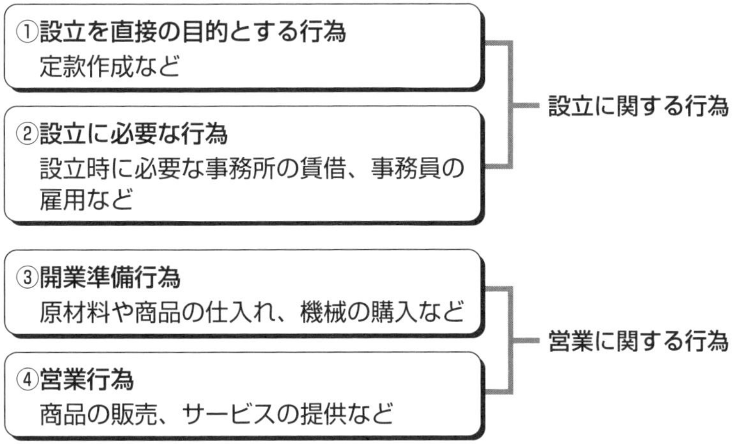

財産引受の場合を除いて、開業準備行為はできないと考えられています。

■ 会社成立前は設立中の会社

会社は設立登記によって成立しますから、登記前には会社は存在しません。しかし、会社の実体は登記によって突如出現するのではなく、開業のための準備行為を経て段階的に実体が形成されていくものです。

設立登記前であっても、実体としては「設立中の会社」が存在し、設立登記後の会社と実体において同一のものだと考えることができます。そのため、発起人の権限内の行為によって設立中の会社に生じた権利義務は、設立登記後の会社に当然に承継されると考えられています。この設立中の会社は、社団という実体が形成されたとき、つまり、定款が作成され、株式が1株以上引き受けられた時期に成立するとされています。

発起人組合と設立中の会社の関係

発起人組合は、その目的が会社の設立であるから、定款作成や株式引受人の募集などの、会社設立に必要な行為を行う。会社設立に必要な行為は、設立中の会社にとっては設立行為にあたるが、発起人組合にとっては、組合契約を履行する行為となる。また、発起人は設立中の会社の執行機関として行動するが、それは同時に発起人組合の業務執行でもある。会社の設立登記がされると、会社設立の他に特段の目的がない限り、発起人組合は目的の到達により解散する（民法682条）。

PART2
2

株式会社の設立手続き

設立手続き

会社ができるまでの流れをつかむ

■ 発起人は1人以上必要である

会社を設立するには、定款の作成から登記まで、様々なことを決め、多くの手続きを行う必要があります。この手続きを行うのは当然、会社設立の企画者です。会社設立の企画者が発起人となり、設立の手続きを行うと共に、会社に出資し、株式を引き受けます。この際、引き受けられた株式の総額が、原則として資本金になります。発起人は、株式を引き受けることで会社の持ち主（株主）になります。

資本金は1円でもよい
定款で設立の際に出資される財産額またはその最低額を定めれば足りる。つまり、最低1000万円などという条件はなく、極端にいえば1円でも会社が作れる。

■ 発起設立と募集設立の違い

株式会社の設立方法には、発起設立と募集設立があり、それぞれ手続きが異なります。発起設立では、発起人が設立の際に発行する株式のすべてを引き受け、会社成立後に株主となります。これに対して募集設立では、発起人は設立の際に発行する株式の一部を引き受けるだけで、残りの株式については、外部に対して引受人の募集を行います。そして、この募集に応じた株式引受人が、発起人と共に会社設立時の株主となります。もっとも、実務上は、募集設立で会社を設立するケースはそれほど多くはありません。

通常は発起設立
通常は、発起人が発行されるすべての株式を引き受けるが（発起設立）、発起人以外の者が株式を引き受ける（募集設立）こともある。

■ 発起設立手続きの流れ

発起設立の方法で会社を設立する場合には、通常、次のような手順を踏みます。

① **起業することを決める**

設立手続きの流れ

定款の作成

↓ 発起人が定款を作成し、公証人の認証をうける

株式の引受・払込み

↓ 発起人は株式を引き受け、引き受けた株式について出資の払込みをする

役員の選任

↓ 発起人が役員（取締役など）を選任する。定款であらかじめ役員を定めていれば、選任手続きは不要

役員による調査

↓ 役員が会社の設立手続に法令違反などがないかをチェックする

設立の登記

起業する際には、個人事業者として起業するか、会社として起業するかも決めます。この段階で会社設立後の青写真を作っておくことが大切です。また、会社を設立する場合、定款に本店所在地を記載する必要があるので、事務所を借りて起業する場合には、事務所を借りておきます。

② 会社の目的、商号（会社の名前）、本店（本社）所在地、資本金の額などを記載した会社の根本ルールである定款を作成する

定款は一般には書面で作成します。書面で作成するといってもパソコンのワープロソフトで作成したものを印刷すればよいでしょう。定款は登記申請用、公証役場提出用、会社保存用に３部作成することになります（書面で定款を作成する場合）。定款の作成後は、公証役場に行き、公証人に定款を認証してもらいます。

③　株式の発行事項（引受数、金額）などを決め、発起人が株式を全部引き受ける

引き受けたことの証明として株主名簿（引き受けた株式数を記載した帳簿）に記載します。

出資金の払込み

発起人が全部の株式を引き受け、出資額全額の払込みをする。このとき、不正行為を防止して払込みが確実に行われるようにするために、金銭の払込みは発起人の間で払込取扱機関として定めた銀行等にしなければならないとされている。発起設立の場合、払込みがなされた後、設立時の役員を選任すれば、実体的には会社はほぼ完成する。

④　引き受けた株式に応じて、金銭などを払い込む

発起人が数名の場合は、発起人の中から代表者を選び、その者の銀行口座に振り込みます。発起人が１人のときは自分の口座に振り込みます。

⑤　取締役や監査役を選任する

取締役は１人いればよく、監査役は選任しなくてもかまいません。実務では、監査役は選任されないことも多いようです。１人で会社を設立する場合、自分が取締役になります。定款で取締役を定めていれば取締役を選任したものとみなされますので、別途選任の手続きをする必要はありません。

⑥　取締役や監査役による会社財産のチェック

適切に払込みがなされているかをチェックします。

⑦　設立の登記をして会社が成立する

登記とは、会社の情報を登記簿という法務局にある公簿に記録するものです。登記は法務局に申請書を提出します。申請書には、会社の商号（会社の名前）、会社の本店所在地などを記載します。なお、募集設立の場合には、発起人以外の者も株式を引き受け、創立総会を開催するので、手続きが若干異なります。

■ 設立経過の調査

会社法は、会社の設立にあたっては、出資が確実になされているかをチェックするように、関係者に義務付けています。この調査をするのは、発起人によって選任された取締役や監査役です。

発起設立の場合には、取締役らが、発行額全額の引受・払込みと現物出資全部の給付があったかどうかを調査することにな

発起設立と募集設立

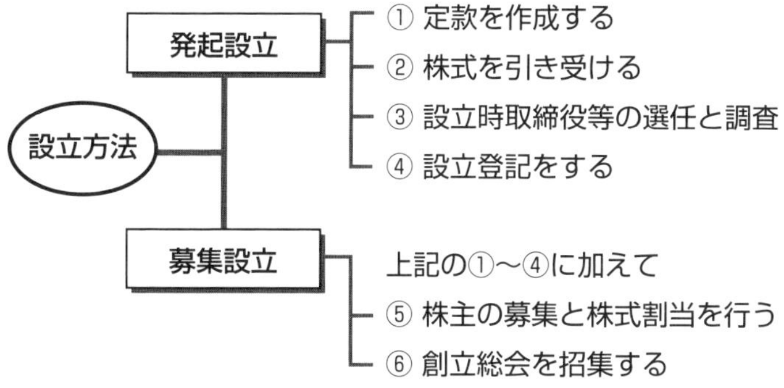

ります。募集設立の場合に招集される創立総会では、まず、発起人が設立の経緯を報告します。そして取締役らを選任し、その後、取締役らは発行額全額の引受・払込みと現物出資全部の給付があったかどうかを調査することになります。

なお、払込みについては、発起人が取締役になるケースがほとんどですので、自分で払込みの有無を確認すればよいでしょう。

■ 商号の決定と商号の調査

会社は設立にあたって会社の名前を決めなければなりません。会社の名前を商号といいます。商号は会社の名前ですから、他の会社の商号と同一の本店所在地で同一の商号であると混乱が生じます。そのため、同一の本店所在地で同一商号の登記をすることは禁止されています。同一本店所在地に同一商号の会社があるかどうかについては、法務局に備えられている商号調査簿で調査をする必要があります。また、全く同じ商号でないとしても、他社と酷似した商号を用いると、不正競争防止法や会社法により、商号使用の差止請求を受ける危険があるので注意しなければなりません。

募集設立

発起人が最低１株ずつを引き受けて出資を履行し、他に株主となる人を募集する必要がある。発起人は、株式申込人に対して何株引き受けさせるか、あるいは引き受けさせないかを決定することができる。そして株式の引受が確定すると、株式引受人には払込義務が生じる。出資が履行された後、創立総会が招集される。創立総会は、設立中の会社の議決機関で、発起人を含めた株式引受人から構成される。株式引受人は、会社が成立すると同時に株主となる。もっとも、実務上は、募集設立で会社を設立するケースはそれほど多くはない。

PART2
3

定款の作成

設立手続き

記載を欠くと定款が無効になる絶対的記載事項がある

■ 定款の記載事項には３種類ある

株式会社設立の第一歩は発起人による定款の作成です。発起人とは、発起人として定款に署名した人のことです。定款に記載される事項には、①記載を欠くと定款全体が無効になる絶対的記載事項、②記載を欠いても定款自体の効力に影響はしないが、記載しないとその事項の効力が認められない相対的記載事項、③定款外で定めても効力をもつ任意的記載事項があります。相対的記載事項や任意的記載事項が欠けたとしても、定款の効力に影響はありませんが、絶対的記載事項が欠けると定款が無効になります。絶対的記載事項には以下のものがあります。

①　会社の目的

会社の目的は、会社の今後の事業活動の範囲を表すものとして重要です。

②　会社の商号

商号とは、○○○○株式会社、株式会社××××のような会社の名前のことです。

③　本店（本社）の所在地

どこを本拠地とするかを明らかにするものです。

④　設立時の出資額またはその最低額

設立のときに発起人（株主になる者）が払い込む出資額のことです。

⑤　発起人の氏名（名称）・住所

設立の企画者として責任を負う発起人の名前や住所を明らかにする必要があります。

将来の目的

目的は将来行う可能性のものも記載してかまわない。後でつけ足すと、手間、費用がかかるため、予想されるものはあらかじめ記載しておくことが望ましいといえる。

定款の記載事項

記載事項の種類	意 味	記載を欠いた場合	具体例
絶対的記載事項	定款に絶対に記載しなければならない事項	定款全体が無効になる	会社の目的、商号、本店の所在地など
相対的記載事項	定款に記載しないと効力が認められない事項	定款自体の効力に影響はない	変態設立事項、株式譲渡制限、公告方法など
任意的記載事項	定款外で定めても効力をもつ事項	定款自体の効力に影響はない	株式事務の手続き、株主総会の招集時期、決算期など

なお、発行可能株式総数については、将来、会社が発行できる株式数の上限を定めます。絶対的記載事項ではありませんが、設立登記までに定款に定めておく必要がありますので、絶対的記載事項に準ずるものとして定款に記載しておきましょう。

■ 発行可能株式総数についての規制

発行可能株式総数は定款に定める必要があります。公開会社においては、発行可能株式総数が、設立時の発行株式の総数の４倍を超えないようにしなければならないとされています。これは、公開会社が譲渡制限株式以外の株式を発行する場合には、株主総会での決議を要件とせず、取締役会決議だけで発行できるとされているため、取締役会に無制限の権限を与えるべきではないとする考えに基づくものです。

もちろん、正式に定款変更の手続きを踏むことにより、いつでも発行可能株式総数を変えることはできます。なお、非公開会社（株式譲渡制限を設けている会社）は、このような制限を受けることはありません。

発行可能株式総数

非公開会社の場合、自由に定めることができるので、将来の増資の可能性も考えて定めることが望ましいといえる。

PART2
4

設立手続き

定款の認証

認証後も備え置く必要がある

■ 公証人の認証を受ける必要がある

株式会社の設立手続きにおいて定款の作成は最も重要な作業です。定款作成後、発起人がそれに署名または記名押印（電子定款の場合は電子署名）をします。これによって定款自体は完成です。

次に、法務局（登記所）で会社設立の登記をしなければなりませんが、申請の際に定款を添付します。定款は後述する公証人の認証を受けていることが前提となっています。

■ 定款認証のための手続き

定款の認証は公証人が行いますから、公証役場（公証業務を行う役所のこと）へ行って、認証を依頼しなければなりません。

公証人は、定款の認証の他、公正証書を作成したり、確定日付の付与を行う権限をもっています。

定款認証にあたっては、同じ書類を３通用意します。１通は、そのまま公証役場に保存されます。また、１通は、登記申請の際に、法務局（登記所）に提出します。そして、もう１通は、会社で保存されることになります。定款以外に、発起人全員の印鑑証明書も用意します。代理人によって認証を依頼する場合には、委任状と代理人の印鑑証明書も必要になります。

認証の依頼を受けた公証人は、定款を審査します。法律の規定に沿って必要事項にもれはないか、発起人の署名または記名押印がなされているかなどを審査するわけです。問題がなければ、公証人は定款に「認証文」をつけます。

電子定款

定款の認証は、書面ではなくPDF化された電子定款を認証してもらうこともできる。特に電子定款の場合、書面による定款作成時にかかる収入印紙代４万円がかからないこともあり、会社の設立費用を節約したい起業家などがよく利用している。電子定款では、紙の定款への署名または記名押印に代えて、電子署名をする必要がある。電子署名とは、パソコンで作成された定款が発起人によって作成されたことを証明するための電子的な署名のこと。

定款作成後の手続き

定款作成後、発起人全員で定款に署名（自筆のこと）または記名押印をしなければならない。定款を作成し終えると、次は定款を公証人に認証してもらう。定款の認証を受けた後、会社の登記により会社が設立するまでは、原則として定款を変更することはできない。認証を受けた定款は、その後の手続きで添付書類として使用することがあるので、きちんと保管しておきたい。

定款認証の流れ

申請前に定款の内容を公証人にチェックしてもらう

↓

申請書類を自分でチェック

・定款
・印鑑証明書
・法人の場合には代表者の資格証明書や商業登記事項証明書

↓ 電子定款の場合は定款の内容をチェックしてもらった後に、定款をPDF化して公証役場に送信する

公 証 役 場 へ 行 く

↓

公証人が定款を認証

定款の認証のための公証人の手数料は5万円です。また、定款の原本自体に4万円の収入印紙を貼付することになっています。4万円の収入印紙は、電子定款を利用した場合には必要ありません。

■ 本店と支店に備え置く

会社は定款を会社成立前は発起人が定めた場所に、会社成立後は本店（本社）と支店に備え置かなければなりません。会社成立後、株主と会社債権者は、営業時間内であればいつでも、定款の閲覧を請求することができます。

また、定款が書面で作成されている場合、その謄本（定款の写し）または抄本（定款の一部を抜粋したものの写し）の交付を請求できます。定款が電磁的記録によって作成されている場合は、電磁的記録の記録内容の閲覧を請求することができる他、記録内容の会社が定めた電磁的方法での提供や、記録内容を記載した書面の交付を請求できます。

電子定款と従来の定款認証との違い

紙媒体の定款認証と電子定款の認証の手続的な違いは、定款を法務省のオンライン申請システムを利用して公証役場に送信するかどうかの違いである。電子定款の場合、収入印紙代がかからないというメリットがある一方、電子署名の準備の手間がかかる。

電磁的記録

CD-ROMやDVD-ROMなど、確実に情報を記録しておける記録メディアあるいは電子媒体と呼ばれるものに記録したもの。

PART2 5

変態設立事項

現物出資、財産引受、特別の利益・報酬、設立費用の4つ

■ 原則として検査役による調査が必要

変態設立事項は、「危険な約束」ともいわれ、会社財産を危うくする事項として、有効と認められるためには、定款に記載し、特別の手続きを要します。会社に出資された資金は、定款に掲げた目的を達成するために使われるものですから、その目的を達成するために必要な行為以外の行為によって会社財産が減ってしまうことがあってはなりません。しかし、会社設立の企画者である発起人らによって会社財産を危うくする行為が行われる危険性があります。そこで、変態設立事項は、定款に記載しなければ効力が認められないものとされています。また、変態設立事項については、原則として裁判所が選任する検査役による調査が必要です。もっとも、現物出資や財産引受については、税理士などから、価額が相当であるという証明を受けた場合などの一定の場合には検査役の調査は不要です。会社法に列挙されている変態設立事項は以下の4つです。

① 現物出資

株式を引き受けて出資を履行する際、通常は金銭を払い込みますが、金銭に代えて、土地や建物などを出資する場合です。現物出資をする場合、出資された物が過大に評価されると、現物出資をした者に対して不当に高い割合の株式が割り当てられることになる他、会社の資本を実際よりも多く見せかけることになり、債権者（たとえば、会社に融資を行った銀行など）に迷惑をかけることになるため厳格な扱いが必要とされています。たとえば、1000万円の価値しかない建物が3000万円と評価され

現物出資の調査

現物出資をする場合には、変態設立事項として定款で定めなければならない。
定款に現物出資の定めをした場合、原則として、発起人の申立てにより裁判所が選任した検査役が、定款に記載された現物出資の評価額が正しいかを調査する。

検査役の調査が不要な場合

① 弁護士や税理士などから、定款に記載された現物出資及び財産引受について、価額（価格）が相当であるという証明を受けた場合
② 定款に記載された現物出資及び財産引受の価額の総額が500万円以下の場合
③ 現物出資及び財産引受の目的財産が市場価格のある有価証券（株などのこと）であり、定款に記載した価額が市場価格以下の場合

検査役の調査が不要な場合でも、取締役・監査役（監査役を設置した場合）は、①の証明の相当性、②③の場合の財産の価額の相当性についての調査をしなければならない。この調査報告書は登記の添付書類になる。

変態設立事項

会社財産を危うくする「危険な約束」

- ①金銭以外の物を出資する「現物出資」
- ②会社成立後に財産を譲り受ける「財産引受」
- ③発起人が受け取る「特別の利益・報酬」
- ④会社の負担となる「設立費用」

↓

厳格な手続き

a 定款に記載しなければ、効力を生じない
b 原則として、裁判所が選任する検査役によるチェックを受ける

↓

裁判所は、検査役の報告を受けて不当と認めたときは、変態設立事項の変更を決定する

たような場合です。

② 財産引受

発起人が、会社成立後に会社が財産を譲り受けることを約束した契約です。現物出資と同様、目的物の過大評価により会社財産を害する危険があり、また、他の株主との不平等を招く危険があるため厳格な扱いが必要とされています。

③ 特別の利益・報酬

会社設立のための労務に対して発起人が会社から受け取る報酬やその他の特別の利益です。会社設立の企画者である発起人の労に報いるため、功労金や報酬として過大に金銭などが支払われれば、会社財産を危うくすることになります。

④ 設立費用

発起人が会社設立のために支出した費用です。設立費用について、発起人の自由にまかせると、会社が不相当な負担を負うことになる危険があるため、厳格な扱いが必要とされています。設立費用としては、通信費や交通費などがあります。

財産引受

開業準備行為の一種とされている財産引受についてはその必要性の大きさから、厳格な法の要件の下で許されると解する立場が一般である。判例もこのような解釈を示している。

PART2

6

設立手続き

出資金の払込みと手続き

払込金は会社の資本となる

■ 払込みを証する書面を準備する

発起設立の場合、定款認証後、発起人は設立時に発行する株式をすべて引き受けます。

株式を引き受けた発起人は引き受けた株式に応じた出資金を払い込みます。その際、払い込んだことを証明するために、発起人代表者が作成した払込証明書に、払込金が振り込まれた銀行の預金通帳の写しを合綴したものを準備し、設立登記の申請の際に所轄の登記所に提出します。会社設立登記後、株式の払込みをした株主については、会社は「株主名簿」を作成し、原則として、本店に備え付けます。

株主名簿とは、会社の株主とその持っている株式数などを記載した書面のことです。会社は株主名簿により株主を把握し、株主への配当金の交付などの際に役立てます。株主や債権者から株主名簿の閲覧請求があった場合には、会社はこれに応じる義務があります。

預合

金融機関と共謀して出資の払込みがあったように見せかける行為のこと。具体的には、発起人が払込取扱機関である金融機関から借入れをした上で、借入金をもって出資金として払込みを行うが、借入金を返済するまでは会社は払込金を口座から引き出さないことを金融機関と約束する行為である。

預合がなされると、会社は経営のために会社の預金を自由に使うことができないので、実質的には会社財産が確保できたとはいえない。そこで、会社法では預合に刑罰を科している（5年以下の懲役もしくは500万円以下の罰金またはそれらの両方）。預合の効力については従来から無効とする立場が有力だが、会社法の規定からは有効となるのではないかとする立場もある。

■ 出資金の払込手続き

公証役場での定款の認証後、今度は会社を代表する発起人の個人の銀行口座にそれぞれの発起人が引き受けた株式数に見合った出資金（資本金）を全額、振り込んでもらいます。確実な払込みを担保するため、金銭の払込みは、発起人が指定した銀行や信託会社などの金融機関において行わなければなりません。これを払込取扱機関といいます。

出資金の払込みに関して設立登記の申請の際に必要な書類は、

払込証明書のとじ方

払込みがあったことを証する書面と預金通帳のコピーをあわせてとじて契印を押す

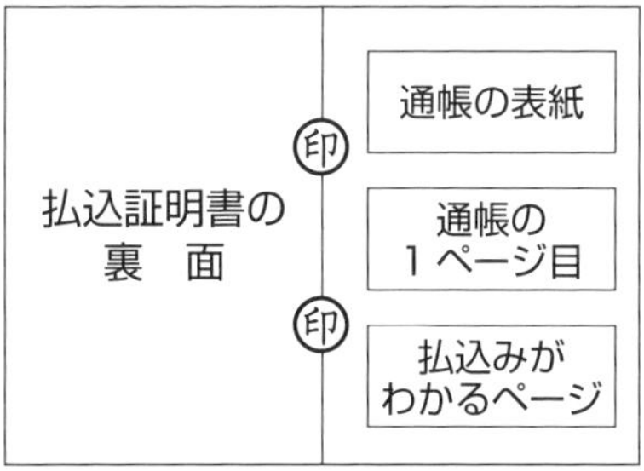

通帳のコピーについては、1枚の紙に3つのコピーをすることも、3枚の紙にそれぞれ1つずつコピーすることもできる。

①払込証明書（登記所に届ける印鑑を押印）と②預金通帳のコピーです。通帳の表紙、通帳を開いて1ページ目（口座名義人が判明する部分）、払込みがわかるページのコピーを用意します。

前述した2つの書類を合わせてとじて、①で押印した印鑑で契印（各ページの継ぎ目に押印）をします。

銀行のインターネットバンキングを利用して出資金の払込手続きを行うこともできます。この場合には、ⓐ金融機関名、ⓑ口座番号・口座名義人、ⓒ払込日時、ⓓ入金額が記載されている画面をプリントアウトし、当該書面を、払込みのあったことを証する書面に合綴して作成することになります。

なお、以上の手続きは発起設立を想定しています。募集設立の場合、発起人による株式引受人の募集、引受人の決定、引受人の払込みといった手続きが別途必要です。また、募集設立の場合、株式引受人が払込期限内に出資金を払い込まないときは、当然に株主となる資格を失いますが、発起設立の場合は、発起人の中に払込みをしない者がいれば、権利を失わせる手続き（失権手続）が必要になります。

見せ金

見せ金とは、発起人が払込取扱機関である金融機関以外から借り入れた金銭を払込みにあて、会社成立後、それを引き出して借入金の返済にあてること。見せ金による払込みは、預合の脱法行為であり、預合と同様、実質的な払込みはなされていないので、無効になると解する立場が有力である。払込取扱機関との共謀を必要としないことや、外部から払込取扱機関に資金が移動する点に、預合との違いがある。

PART2
7

設立手続き

役員の選任と登記申請書類の作成

取締役は必ず１人以上選任しなければならない

■ 取締役を選任する

発起人は、出資金の払込みが完了した後に、取締役を選任しなければなりません。取締役は最低限一人は必要です。設立しようとする会社が取締役会を設置する会社である場合は、３人以上の取締役を選任します。その他、会社法の規定に従い、設立しようとする会社の機関設計に応じて、監査役、会計監査人、会計参与などを選任することになります。

取締役や監査役は必ずしも発起人から選ばなくてもかまいません。取締役や監査役の選任方法は、発起人が株式引受人として引き受けた株式１株につき１個の議決権を有し、その議決権の過半数によって決定することになっています。発起人が２人以上いる場合は発起人会を開催するなどして決定します。発起人が１人の場合、その１人の発起人がすべてを決定することができます。

ただ、定款に取締役や監査役を記載しておけば、選任されたものとみなされるので、改めて選任手続きをする必要はありません。そのため、定款には取締役や監査役を記載しておくとよいでしょう。

なお、設立時取締役は、発起人の有する議決権の過半数の賛成により解任することもできます。設立時監査役の解任には、３分の２以上の賛成が必要となります。

設立しようとする会社が取締役会を設置する会社である場合には、取締役の中から代表取締役を選定しなければなりません。設立時の代表取締役の選定は、取締役の過半数によって決定し

会計参与
取締役と共同で貸借対照表などの計算書類を作成する者。

会計監査人
貸借対照表などの計算書類を監査する者。

発起人会
発起人が集まり開く会議。

取締役の選任

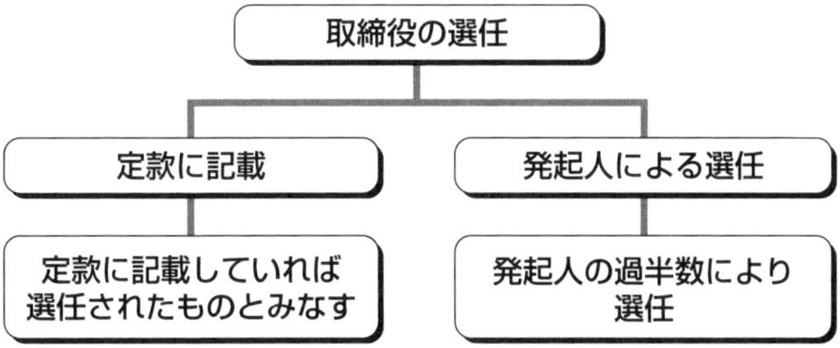

ます。

代表取締役を選定するための決議は、定款認証後に行います。代表取締役に選定された人が、代表取締役に就任するためには、就任の承諾が必要です。就任承諾書については代表取締役が個人の実印を押印します。

決議終了後は議事録を作成します。議事録には議事の経過の要領とその結果を記載し、出席した取締役（場合によっては監査役）の全員が署名または記名押印します。

取締役が１人である場合

代表取締役を選定する必要はない。１人なので必然的に代表取締役になる。

記名押印

記名とは、当事者の直筆ではなく、ゴム印やワープロの印字や、第三者によって氏名・名称が記載されること。押印とは、印鑑を押すことである。

■ 登記申請書類や届出書類を作成する

登記申請は、会社を代表する者が本店の所在地を所轄する登記所（法務局）に書面を提出して行うのが原則です。ただし、専門家（商業登記の代理を職業としてできるのは、司法書士と弁護士）に登記申請を依頼することもできます。

設立登記申請に必要な書類は、定款、役員の選任を証する書面、本店所在地決議書（定款で具体的な所在番地を決めていないとき）、取締役・代表取締役・監査役の就任承諾書、印鑑証明書（取締役の人数分、取締役会設置会社の場合は、代表取締役の人数分）、払込証明書などです。

会社設立に関わる責任

発起人は会社財産を減少させてはならない

■ 会社設立に関する発起人等の責任

会社の設立手続中に不正な行為が行われれば、関係者は多大な迷惑を被ります。そのため会社法は、会社設立に関する不正行為について罰則規定を設けてこれを防止する他、発起人、会社設立時の取締役・監査役に対して重い責任を課しています。

■ 出資の履行を仮装したときの責任

発起人が、出資の履行を仮装した場合、その発起人は仮装した出資金の全額の支払義務を負います。この義務が免除されるためには、総株主の同意を必要とします。

また、仮装に関与した発起人や設立時取締役は、連帯して支払義務を負います。職務執行につき注意を怠っていないことを証明すれば免責されますが、自ら仮装を行った取締役等はこのような免責は認められません。この義務が免除されるためには、総株主の同意を必要とします。

上記の支払義務が履行されない限り、仮装した発起人は株主の権利を行使することはできません。ただし、募集設立の場合、引受人から株主となる権利を譲り受けた第三者は、悪意（事実を知っていること）・重過失（重大な不注意・過失があること）の場合を除き、株主としての権利行使が許されます。

■ 不足額てん補責任

現物出資や財産引受の目的物の実際の価額が定款に記載された価額に比べて著しく不足する場合、発起人と設立時の取締役

発起人や設立時取締役・監査役に重い責任が課される理由

一部の人が適切に出資しなかったにもかかわらず出資額に見合わない不当に高額の株式を得てしまうのでは、株式引受人間の出資の平等を害してしまうからである。また、株式会社において会社債権者の担保となるのは会社の財産だけなので、それが確実に確保されることも重要である。

発起人などの第三者に対する責任

発起人や設立時の取締役・監査役が任務懈怠について悪意・重過失であった場合には、第三者に対しても損害賠償責任を負う。そもそも設立時の発起人等の違法な行為については、民法上の不法行為責任を追及することも可能だが、これだけでは不十分なので、会社法は、取引先や会社に対して債権を持っている第三者を保護するため、特に発起人などに責任を負わせている。この第三者に対する損害賠償責任は、総株主の同意があっても免除することができない。

発起人らの責任

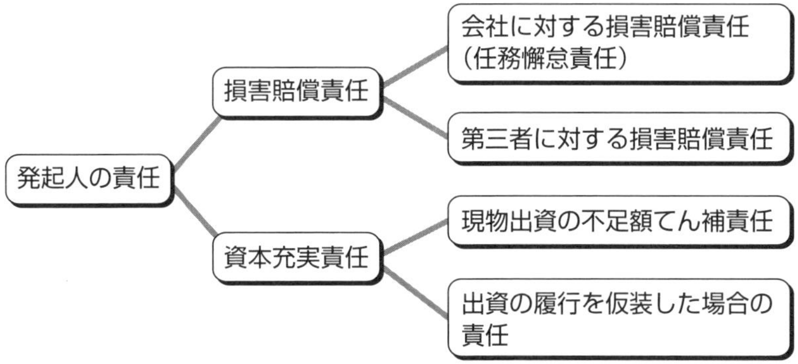

は、連帯して、会社にその不足額を支払う義務を負います。

この責任は、検査役の調査を受けていた場合、または発起設立の場合は職務執行につき注意を怠っていないことを証明した場合には、免責されます。ただし、現物出資者、財産引受における財産の譲渡人に該当する場合には、免責されません。免責されるためには、総株主の同意が必要とされています。

■ 任務懈怠責任

発起人や設立時の取締役・監査役は設立中の機関である以上、発起人や設立時の取締役・監査役が当然負うべき注意を尽くして設立に関する任務を行う義務があります。したがって、この任務を怠って損害を生じさせた場合には、会社に対して連帯して損害賠償責任を負わなければなりません。ただし、この任務懈怠責任は過失責任であるため、無過失の場合は免責されます。

なお、この損害賠償責任は総株主の同意がなければ免除されません。

Column

DESについて

増資の際に行われる現物出資にデット・エクイティ・スワップ（以下DESといいます）と呼ばれる方法があります。DESとは、負債（デット）と株式（エクイティ）を交換（スワップ）することをいいます。具体的には、債権者が会社に対して持っている債権（会社にとっては負債）を現物出資して、株式を取得します。仮に、銀行が会社に対して２億円の債権を持っているのであれば、その債権を現物出資して２億円分の新株を取得します。結果的に債務と株式を交換するような状況になることから、DESは「債務の株式化」と呼ばれることもあります。

経営が悪化した企業を再建する任意整理の一環として、債権者がDESを行うようなケースもあります。経営難に苦しんでいる会社は、返済能力を超える債務を負っています。債権者である銀行は、こうした債務（債権）について、債務免除を行うよりも、DESを利用した方が利益につながる場合があります。配当収入や、株式の売却益を得ることができる可能性があるからです。

DESは債権による現物出資であるため、本来、検査役による検査が必要なはずです。しかし、一定の条件を満たすDESについては検査役の検査が不要とされています。具体的には、弁済期が到来した金銭債権を負債の帳簿価格を超えない金額で現物出資する場合がそうです。

仮に、銀行が会社に２億円の債権を持っていれば、会社の帳簿には２億円の負債（債務）があることになります。したがって、銀行が弁済期の到来した債権を現物出資する場合、負債の帳簿価格である２億円を超えない金額であれば、検査役の調査を省略できます。

PART 3

株式をめぐる法律知識

PART3
1

株式をめぐる
法律知識

株式と株式事務

株式会社の社員の地位とそれを表す証券

■ 株式と株主について

株式とは、株式会社の社員（オーナー）としての地位であり、この地位をもつ者が株主です。つまり、株主とは会社の社員としての権利（株主権）をもつ者です。

株式の増減は、２つの面に影響がでます。１つは、株主数が増減するという面であり、もう１つは、会社財産の増減という面です。たとえば、資金調達のために公募によって新株を発行する場合（資金調達には新株発行・社債発行・借入れなどの方法があります）、新株を引き受けて出資を履行した者は、新たに株主となりますから株主数が増えることになります。また、会社に金銭などが出資されることになりますから、会社財産も増えます。もっとも、株式の増減が常に、株主数の増減や会社財産の増減をきたすわけではありません。たとえば、既存の株主だけに無償で新株を割り当てた場合などは、株主数も会社財産も増えません。

■ 株式譲渡は原則として自由

株主がオーナーとしての地位を退きたい場合、会社に出資した財産を返してもらうことは認められていません。そこで、株主が会社に出資した分を回収できるように、株式を自由に譲渡することができます（株式譲渡自由の原則）。もっとも、株式の譲渡により株主が見ず知らずの者に変わっては困るという会社は、定款によって株式の譲渡を制限することができます。

定款による株式の譲渡制限
57ページ参照。

株式事務の種類

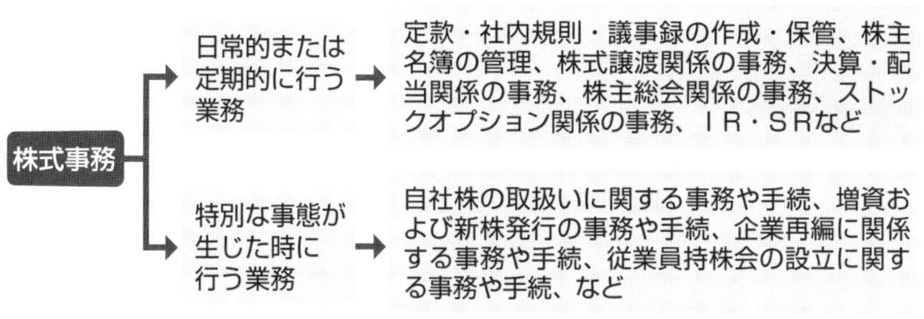

■ 株式事務とはどんな仕事なのか

株式事務とは、株式に関するあらゆる事務を指します。具体的には、上図のように非常に多岐にわたっています。

上場会社と非上場会社とでは、株式事務も内容が変わります。上場会社の場合は、株式事務のほとんどを証券代行会社や信託銀行に任せ、自社内では定款や株式取扱規則などの整備・保管と決算関連・株主総会関連事務の一部、ストックオプション関連の業務を行うだけになっています。

一方、非上場企業の場合は、上図で挙げた株式事務を自社内で行うのが普通です。外部に委託するほどの仕事量がないということもあるのですが、プロジェクト業務が発生した場合などは非常に忙しくなることもあります。

株式事務は株式に関して利害を持った人々全員に対して行う事務ともいえます。利害を持った人々のことをステークホルダーと呼ぶこともあります。

なお、株式取扱規則において、株主に印鑑の届出を義務付け、かつ、株主が会社に手続書類を提出する際には必ず届出印鑑による押印を義務付けることを定めておけば、株主から提出される手続書類において本人確認がしやすくなります。

株式取扱規則
株式事務のやり方を定めた社内規則。

株式等振替制度

株券電子化による株主の権利管理を適切に行うための制度

■ 株券の発行は不要

株式は従来、紙の株券が証書になっていました。証書を保有し、名前が書いてある人が株式の所有権者として認められてきました。しかし、これには、発行をはじめ、株券の送付、保管などに多額の費用が発生します。これらの費用は上場を決断する上での大きな足かせにさえなっていました。また、株券の交付によって株式の取引をする場合、偽造された株券によって株主でない者と取引をしてしまうリスクもありました。

株式等振替制度の影響

現在では、市場で株式を購入した投資家は、名義を書き換えなくてもほふりによって売買時に名義を書き換えてもらえる。株式の発行会社もほふりを通じて自社の株主が把握できる。

株券の電子化

今まで紙だった株券を廃止し、代わりに電子化して機構が管理する制度。

そこで、平成３年に上場会社の株式を対象として「株券等保管振替制度」を導入しました。この制度を利用する上場会社については、証券保管振替機構（ほふり）が株券を預かって保管します。そして、株式の売買などに伴う株主の権利の管理は、「ほふり」や証券会社の口座において行います。この制度を利用する限り、株式の売買などにおいて株券を実際に交付する必要がなくなり、株主の権利管理の合理化が進みました。

もっとも、上場会社の株式であっても、従来通り、株券の交付による売買取引も可能であったため、上場会社の株式について「株券等保管振替制度」に一元化されていたわけではありませんでした。

その後、平成21年から「株式等振替制度」に切り替わりました。この制度では、上場会社の株券は無効となり、上場会社の株主の権利の管理は、「ほふり」や証券会社の口座において行うか、後に紹介する特別口座において行うことになりました。これによって、上場会社の株式については、「株式等振替制度」

株式等振替制度とは

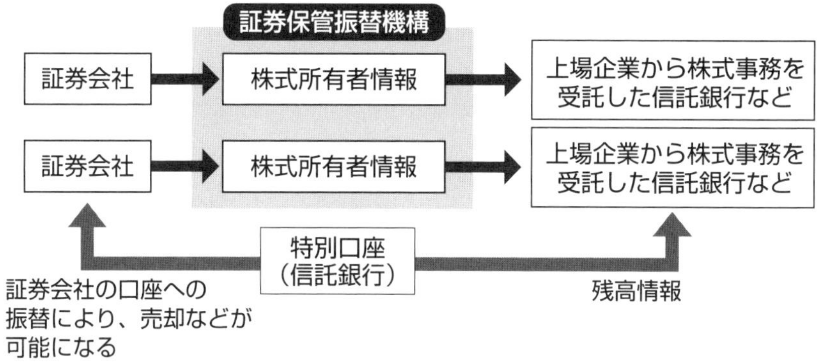

に一元化され、株券の電子化が完了し、株券の発行に伴う、管理や手続の煩雑さや、取引上のリスクが解消されました。

■ 特別口座とはどのような口座か

株式等振替制度への移行により、上場会社の株券が無効となった際、一斉移行日に「ほふり」に株券を預託されていなかった株式等が存在する問題がありました。しかし、振替口座を有していない株主においても、株券電子化への対応が必要となります。そこで、その時点における株主の権利保護のため特別口座の制度が設けられています。この特別口座は、発行会社が口座開設を申し出て行うもので、開設費用だけでなく管理費用も発行会社負担となります。

ただし、あくまで株主の権利を確保するためのものですので、株主にとっては特別口座に登録された株式を直接売却することができないなど、取引に一定の制限があります。特別口座の株式について証券会社の取引口座への振替をすれば、取引の制限がなくなり、売却などを行うことができます。

取引制限の解除

特別口座から株主が開設した取引口座に残高を振り替えることで制限を解除することは可能である。

PART3
3

株式をめぐる
法律知識

株主平等原則と種類株式

議決権や配当などについて内容の異なる株式を発行できる

■ 株主平等原則

株主の会社に対する権利は、原則として平等です。つまり、各株式の内容は原則として同一で、その有する株式数に応じて、すべて平等に取り扱わなければなりません。これを株主平等の原則といいます（会社法109条）。

しかし、株主によって株式会社に対して求めるものは異なります。そのような株主のニーズに対応するために、様々な内容の株式を発行する必要があり、株主平等原則の例外として種類株式の制度が設けられています。

■ 会社法に規定されている種類株式の内容

会社は内容の異なる株式を発行することができます。この内容が異なる種類の株式を種類株式といいます。１種類（単一）の株式のみを発行する会社に対して、２つ以上の内容の異なる種類株式を発行する株式会社のことを種類株式発行会社といいます。具体的には以下の９つの種類株式があります。

① 剰余金の配当に優劣をつける

② 残余財産の分配に優劣をつける

③ 議決権の制限を設ける

④ 株式の譲渡制限を設ける

⑤ 株主の要求によって会社にその株式の取得を請求できる規定を置く（取得請求権規定）

⑥ 会社が一定の事由が生じたことを条件としてその株式を取得できる規定を置く（取得条項規定）

種類株式

株式の内容・権利にバリエーションをもたせている株式。たとえば、お金は集めたいが、経営に口は出されたくないという場合、株主総会の議決権はないが、利益配当を優先的に受けられる株式（無議決権株式・配当優先株式）を発行することができる。

種類株式の発行手続き

内容の異なる種類の株式を発行する場合、定款で、種類株式に関する事項と、発行できる種類株式の数（発行可能種類株式総数）を定めなければならない（会社法108条）。

剰余金

178ページ参照。

優先株・普通株・劣後株

剰余金の配当について異なる内容の３つの株式

優先株	普通株	劣後株
500円	400円	300円

⇨ 剰余金の配当について、異なる３つの種類の株式を発行している！

⑦　株主総会の決議で会社がある種類のすべての株式を取得できる規定を置く（全部取得条項規定）

⑧　株主総会で決議すべき一定の事項について、株主総会決議だけでなく、その種類株式だけの決議を必要とする（拒否権）

⑨　その種類株式だけの決議によって取締役や監査役を選べる権利をつける（役員選任権）

役員選任権付株式

役員選任権付株式は指名委員会等設置会社と公開会社では発行することが認められていない。役員選任権付株式を特定の株主が保有し続ける事態は公開会社では望ましくないといえるためである。また、指名委員会等設置会社では、指名委員会に取締役選任についての議案決定権限があるため、役員選任権付株式が制度上なじまないためである。

■ 実務上取り扱われている種類株式

実務上活用されている種類株式には以下のようなものがあります。なお、剰余金の配当や残余財産の分配などの株主の権利について制限のない標準的な地位をもつ株式のことを、普通株式といいます。

・優先株式

剰余金の配当について優先権が与えられる株式です。剰余金の配当を他の株主よりも優先して受け取れる権利を与えられますが、あわせて、議決権に制限を加える場合が多いようです。このように、普通株式に優先する性質と劣後する性質とをあわせもつ株式を、混合株式ということがあります。

・**劣後株式**

剰余金の配当を受け取る権利が他の株主に比べて劣る株式です。

議決権制限株式

議決権制限株式は、譲渡制限会社では、無制限に発行できるが、譲渡制限会社以外では、発行済株式総数の2分の1以下となるように制限されている。

・**議決権制限株式**

議決権の全部を制限する株式を発行することも、議決権の一部を制限することも可能です。公開会社の場合は議決権制限株式の発行数は、発行済み株式数の2分の1を超えるときは、直ちに2分の1以下とする措置をとる義務がありますが、非公開会社ではこのような制限はありません。

・**譲渡制限株式**

株式は本来自由に譲渡できるのが原則ですが、株式を譲渡するために株式会社の承認を要件とする株式のことです。

・**取得請求権付株式**

株主が会社に対して保有株式の買い取りを請求できる権利が付いた株式です。取得による株主への対価として他の株式や社債などの他、金銭その他の財産を幅広く認めています。

種類株式と全株式の内容の定めの違い

種類株式とは、権利の内容が異なる2種類以上の株式を発行する場合である。
これに対して、発行するすべての株式の内容として以下の事項を定めることもできる。
- 譲渡制限株式とすること
- 取得請求権付株式とすること
- 取得条項付株式とすること

・**取得条項付株式**

前述した⑥の特性を持ちます。あらかじめ決められている一定の条件（取得条項）が発生した場合に、会社は株主から強制的にその株式を買い取ることができます。

・**全部取得条項付株式**

前述した⑦の特性を持ちます。様々な活用法がありますが、会社が事業の再生などで100％減資をしなければならなくなったような場合に株主全員の同意を得ることができなくても株主総会の決議によって減資できる手段としての活用を念頭に導入されました。

・**拒否権付株式**

拒否権付株式とは、あらかじめ定款で定めた事項について、拒否権を持つ種類株式のことです。前述した⑧の特性を持つ株式の典型です。その事項については、他の株主が賛成していたとしても、拒否権付株式のみによる決議が必要となるため、企

種類株主総会の主な決議事項

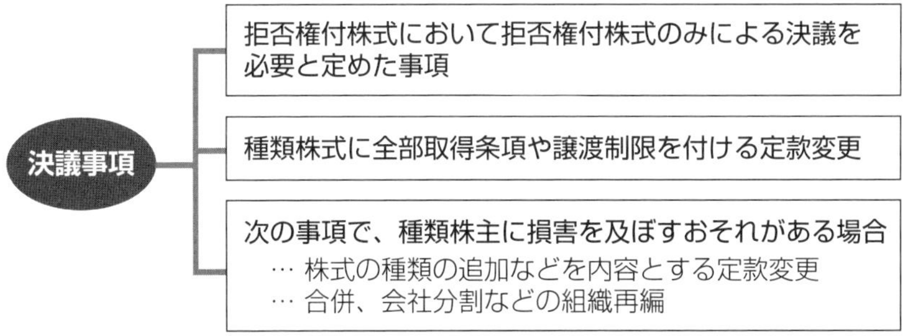

業買収の阻止などのために利用されます。

・役員選任権付株式

前述した⑨の特性を持ちます。指名委員会等設置会社と公開会社では発行を認められていません。

■ 種類株主総会とはどんなものなのか

種類株主総会とは、種類株式をもつ株主が集まって議決する集会です。種類株主総会では、拒否権付株式において拒否権付株式のみによる決議を必要と定めた事項や、種類株主に損害を及ぼすおそれがある場合などに種類株主の決議を行います。主な決議事項は上図のとおりです。種類株主総会の決議は、通常、種類株式の総株主の議決権の過半数をもつ株主が出席し、出席した株主の議決権の過半数で決定します（普通決議）。

もっとも、ある種類の株式について、種類株主総会の決議を必要としないことを定款で定めることもできます。ただ、種類株式発行後に、種類株主総会の決議を必要としない旨の定款変更をするには、その種類株主全員の同意が必要となります。

特別決議が必要な場合

種類株主に損害を及ぼすおそれがある定款変更などの場合には、種類株式の総株主の議決権の過半数をもつ株主が出席し、出席した株主の議決権の3分の2以上の多数による決議が必要とされている（特別決議）。

PART3
4

株式をめぐる
法律知識

株主の権利と義務

株主は会社に対して様々な権利をもっている

■ 株主の権利

株主は、株式会社の社員として会社に対して様々な権利（株主権）をもちます。株主権は、法律で規定されることが多いのですが、定款の規定により認められるものもあります。株主権は、一般に、①自益権と共益権、②単独株主権と少数株主権というように分類されています。

自益権と共益権

多くの株主の関心は経済的利益を得ることにあるから、自益権は重要といえるが、会社経営が健全に行われるためには、共益権も重要といえる。

①　自益権と共益権

自益権とは、株主が会社から経済的利益を受けることを目的とする権利です。共益権とは、株主が会社の経営に参加することを目的とする権利です。

自益権の例

剰余金配当請求権や残余財産分配請求権、株式買取請求権などがある。

共益権の例

株主総会の議決権が代表的だが、取締役などの違法行為に対する差止請求権などの監督是正権（会社経営者を監督し誤りをただす権利）もある。

②　単独株主権と少数株主権

単独株主権とは、１株しかもたない株主でも行使できる権利です。少数株主権とは、総株主の議決権の一定割合以上または一定数以上の株式をもつ株主だけが行使できる権利です。

■ 少数株主権・単独株主権の行使要件の基準

たとえば、株主総会の招集請求権は、総株主の議決権の100分の３以上の議決権を６か月前から引き続きもっている株主が行使できます。非公開会社の場合は６か月の保有期間は不要です。また、株主総会の議案の要領を株主に通知することを請求できる権利は、取締役会設置会社では、総株主の議決権の100分の１以上の議決権または300個以上の議決権を６か月前から引き続きもっている株主が行使できます。非公開会社の場合は、６か月の保有期間は不要です。

少数株主権の例

総会の招集を請求する権利である株主総会招集請求権の他、会社の会計帳簿や書類の閲覧・謄写を請求する権利である帳簿閲覧請求権、取締役等の解任請求権などがある。

株主の権利

- 権利の性質による分類
  - 自益権 … 経済的利益を受ける
    - 利益配当請求権
    - 残余財産分配請求権　など
  - 共益権 … 経営に参加する
    - 株主総会における議決権
    - 株主総会決議取消しの訴え
    - 違法行為の差止請求権　など
- 権利を行使する株式数による分類
  - 単独株主権
    - 設立無効の訴え
    - 株主代表訴訟
    - 違法行為の差止請求権　など
  - 少数株主権
    - 株主提案権
    - 帳簿閲覧請求権
    - 総会招集請求権　など

単独株主権の行使要件についても、株式の保有期間が定められている場合もあります。たとえば、取締役の違法行為の差止請求権は6か月前から引き続き株式をもっている株主が行使できるものとされています。なお、非公開会社では、この6か月という保有期間は不要で、単に株主であれば足ります。

■ 株主の義務

株主には様々な権利が認められていることとは対照的に、株主に課せられている義務は株式の購入代金についての支払義務だけです。株式会社における株主の責任は、購入した株式の引受価額を限度とする間接有限責任とされているため、株主が会社の債務の支払義務や追加の出資義務を負うということはありません。

株主の監督是正権

会社の経営を監督し、誤りをただす権利。多数決による決定や取締役らの経営判断が常に正しいとは限らない。そこで、主に少数派の株主を保護するために監督是正権が認められている。監督是正権には、単独株主権と少数株主権がある。

株式譲渡自由の原則と制限

法律・定款・契約に基づく制限がある

■ 株式譲渡自由の原則と株式譲渡制限

株式会社においては社員の地位が株式となっていて株主の個性は重視されません。ですから、他人に株式を自由に譲渡できることにしても不都合はありません。

また、株式会社には出資を払い戻す制度がありませんので、株主にとっては、株式の譲渡が株式を取得するのに要した資金を回収する唯一の手段です。そこで、投資を回収する機会を確保できるように、会社法は株式譲渡自由の原則を規定しています。例外的に譲渡制限が生じるケースとして、法律による譲渡制限、定款による譲渡制限、個別的な契約による譲渡制限があります。

■ 法律による譲渡制限

まず、法律による譲渡制限として以下のものがあります。

①　権利株の譲渡制限

権利株とは簡単にいうと株式発行の効力発生前の株式引受人の地位です。効力がまだ発生していないにもかかわらず株式を自由に譲渡できるとすると、仕事が増えて会社の事務が滞ってしまうため、譲渡の効力を会社に主張できないとされています。ただし、当事者間での譲渡の効力は有効と考えられています。

②　株券発行前の株式の譲渡制限

株式発行の効力は発生したが、まだ株券を発行していないのに、自由な譲渡が認められると会社の円滑な事務処理が阻害されかねません。そこで①と同様に、株券発行前の株式の譲渡は

取締役会非設置会社が定款で譲渡制限をする場合の規定例

（株式の譲渡制限）
第○条　当会社の株式を譲渡により取得するには、株主総会の承認を受けなければならない。但し、当会社の株主が当会社の株式を譲渡により取得する場合は、株主総会の承認をしたものとみなす。
2　前項で定める株式の譲渡を株主総会が承認しない場合、当該株式は株式会社○○○○が買い取るものとする。

法律で制限されています。ただし、譲渡の効力を会社に主張できないだけで、当事者間での譲渡の効力は有効と考えられています。

③　子会社による親会社株式の取得の制限

子会社は親会社の株式を持ってはいけないという規制です。親会社は子会社の株式をたくさん持っていてそれを行使して子会社の経営に関与します。この場合に子会社が親会社の株式を取得できるとすると、適切な権利行使を期待できません。そこで子会社は親会社株式を取得してはいけないという規制もなされています。

子会社による親会社株式の取得の弊害

たとえば、親会社の株主総会において、親会社の取締役が自分たちの利益となる決議がなされることを狙って、子会社の議決権行使に圧力をかけることが考えられる。

■ 定款による譲渡制限

株式会社といっても、身内だけで事業を営む小規模会社が圧倒的多数です。このような会社では好ましくない者の経営参加を阻止する必要があります。そこで会社法は、定款で定めることにより株式譲渡制限株式を発行することを認めています。

■ 個別的な契約による譲渡制限

契約による株式譲渡の制限ですので、株式譲渡制限の契約の効果を契約の当事者以外に対して主張することはできません。

譲渡制限株式の譲渡

会社の譲渡承認が必要

■ 株式が譲渡されたときの手続き

株式の譲渡とは、株主としての権利を他者に移すことをいいます。株式の譲渡は自由に行うことができるのが原則です。例外としてはまず、定款に株式譲渡制限のある場合が挙げられます。株券発行会社でも不発行会社でも、株式の発行会社に対して譲渡の事実を証明し、譲り受けた人が株主の権利を主張するには、株主名簿の書換えが必要です。

上場企業では名義書換は不要

平成21年１月以降、上場企業の株式については株券の電子化に伴い、株券はなくなり電子情報に切り替わっているため、株式の売買が行われたとしても名義書換手続きは不要である。

株式の譲渡制限とは、会社が株主に対して自社株式の譲渡に制限を設けることです。中小企業などにおいては、会社にとって好ましくない株主が入り込むことによって円滑な経営が阻害されることも考えられるため、このような制限も可能となっています。多くの中小企業は株式譲渡制限に関する規定を設けています。株主は、会社に対する譲渡承認が否認された場合を見越して、あらかじめ別の譲受人（指定譲受人）を指定するように会社に請求することもできます。株式の買取り価格の決定にあたっては１株当たりの純資産額などが基準となります。

■ 株式の譲渡承認の手続き

譲渡制限株式を譲渡する場合には図（次ページ）のような手続きが必要です。まず、譲渡制限のある株式を譲渡したい株主と譲受人との間で譲渡契約を結びます。この時点で当事者間では譲渡の法的な効力が発生します（株券がある場合は株券の交付も必要です）。次に譲渡人か譲受人のどちらかが会社に対して譲渡の承認を請求します。譲渡の承認が得られれば、譲渡は

株式の譲渡承認の手続き

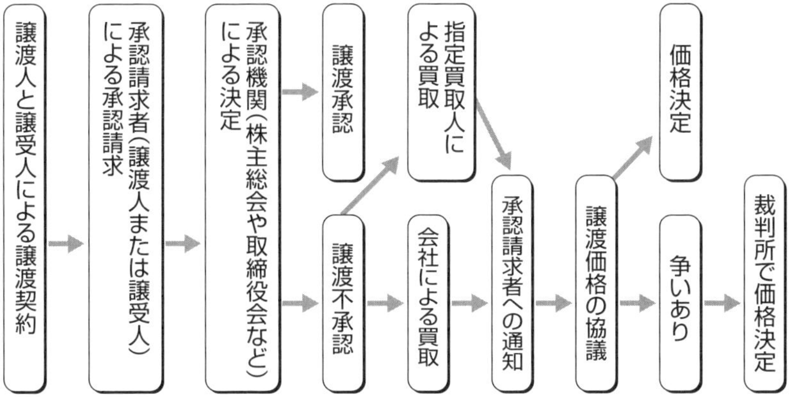

会社に対しても法的効力が発生します。最後に譲渡人と譲受人の両方が共同で株主名義の書換えを請求します。

なお、譲渡承認機関が譲渡を承認しない場合には、定款であらかじめ会社が決めておいた譲渡先に株式を譲渡させることもできます。この制度を活用することで、株式の譲渡を希望した株主が株式を手放せる一方、会社が望ましくないと思っている人物を株主にすることを防ぐことができます。

取締役会以外の機関も承認機関になれる

定款でそれ以外の機関でも承認機関となることができる（会社法139条1項）。

■ 株式譲渡制限の形態

定款への記載により発行するすべての株式に譲渡制限をつけることも、特定の株式だけに制限をつけることもできます。つまり、優先株・普通株・劣後株といった複数の種類の株式を発行した上で、自由に譲渡されることを防ぎたい株式についてだけ譲渡制限をつける、といった対応をすることもできます。

PART3
7

株式をめぐる法律知識

株主名簿

株主の氏名、住所、持ち株数などが記載された帳簿

■ 株主名簿と名簿の閲覧・謄写請求への対応

株主の氏名や名称（法人の場合）、住所や持ち株数などが記載された帳簿を株主名簿といいます。会社法は、株式会社に対して株主名簿を作成することを義務付けています。会社は、作成した株主名簿を本店に備え置かなければなりません。

その日に株主名簿に記載（もしくは記録）されている株主が、権利を行使することができる者である、と会社が定めた場合の基準となる日のことを基準日といいます。

株主名簿の事務

実際には、株主名簿を作成したり備え置くといった事務については、特に上場会社では、株主名簿管理人（信託銀行など）が行う場合が多いようである。

会社は、株主や債権者が営業時間内に理由を明らかにして閲覧や謄写を請求してきた場合には、原則としてこれに応じなければなりません。なお、嫌がらせや会社の営業を妨害する目的で閲覧や謄写の請求がなされた場合には、正当な理由がありませんから、会社側が請求を拒んだとしても問題はありません。

閲覧と謄写

閲覧とは、株主や債権者などの請求者が、株主名簿を調べ、読むこと。株主名簿を書き写したりコピーをとることを謄写という。

■ 名義書換とは

株主として権利行使するにあたっては、本当の株主なのかどうかを証明することが必要です。そのルールが株主名簿の書換えです。株主名簿に名前を記載することですが、書換えをして初めて株主としての権利を行使できます。

売買や贈与による書換えについては、株券発行会社の場合、株主から株券を提示されれば、会社は原則として無条件で書換えに応じなければなりません。

一方、株券不発行会社の場合、株式を譲渡した人と譲り受けた人の両方が連名で株主名簿の書換えを求めることになります。

株主の権利の移転と権利の行使

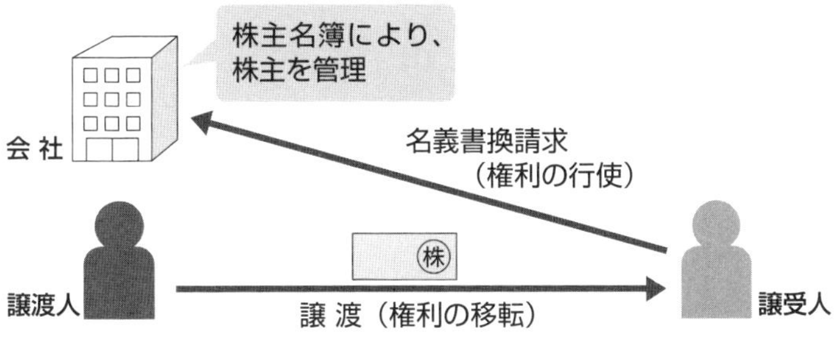

ただ、上場会社の株式の管理などについて、証券保管振替機構や証券会社に開設された口座で電子的に行う株式等振替制度の下で、証券会社など金融機関の振替口座に売買の記載があれば、株主名簿の名簿書換手続きをしていなくてもその時点で所有権が移ったことが証明されます。

■ 基準日後の権利行使の可否

株主総会の議決権や剰余金配当請求権などを行使できる株主を、一定時点の株主に確定したい場合に意味をもちます。たとえば、その年の３月31日の時点で株主名簿に記載されていた株主だけが株主総会で議決権を行使でき、剰余金の配当を受けることができるという扱いにすることができます。基準日の設定により、株主が多数で流動的な会社であっても、円滑に株式に関する事務を処理することができます。

基準日後に株式を取得して株主になった者は、原則として権利行使のために基準日が定められた株主権を行使できません。

ただし、会社は、株主総会（種類株主総会も含む）の議決権については、基準日後に株式を取得した者であっても権利を行使できると定めることもできます。

名簿の作成方法

名簿そのものには法律で定められた書式はなく、取締役会の決議も必要ない。また、電子記録による作成も認められている。書式は自由だが、記載事項は会社法で規定されている。具体的には、①株主の氏名または名称および住所、②株主の所有する株式の種類および数、③各株式の取得年月日、④株券が発行されている場合は各株主が所有する株券の番号となっている。

相続や合併などの名義書換

正当な相続人や合併による株主であることの証明書と、株券が発行されている場合はその株券を提出してもらうことになる。

PART3
8

自己株式の取得

取得については規制をクリアし、法律に定められた手順で行う必要がある

■ 自己株式は原則として自由に取得できる

自己株式とは自社の株式のことです。会社は自己株式を取得して保有することもできます。自社株の取得が認められる理由は、株価対策や財務戦略といった点で会社にメリットがあるためです。ただし、自己株式の取得には、資本の空洞化などの問題もあるため、財源規制や、取得手続の限定など、一定の制限があります。

■ 取得するには財源規制がある

自己株式の取得には、法律上の規制がいくつかありますが、公開、非公開を問わず、すべての会社に適用されるのが、取得財源規制です。

取得財源規制とは、自己株式の取得は自社の分配可能額の範囲内で行わなければならないという規制です。合併などに反対する株主からの株式買取請求に応じて取得する場合などの例外を除いて、財源規制を満たさなければ自己株式を取得することはできません。自己株式の取得は株式の数を少なくすることによって結果的に株式の価値を高める効果があります。したがって、自己株式の取得は株主に対して利益を分配する行為と考えられます。配当と同様の行為になるため、配当と同じく財源規制が設定されています。

他方、上場会社だけに適用される自己株式を取得する際の法律上の規制にインサイダー取引規制、相場操縦禁止規制、ディスクロージャー規制があります。これらはいずれも株式市場の

自己株式取得の意義

自己株式を取得する意義は以下のとおり。

・事業再編
現金の代わりに自己株式を交付する場合のように事業再編時の対価として活用できる。

・財務戦略
自己資本利益率、一株当たりの純利益である一株利益が上がる。また、配当金の支払総額を軽減する効果も期待できる。

・株価対策
需要と供給のバランスをとり、株価を安定させる効果が見込める。

・買収防衛策
敵対的買収を防ぐための自己株式活用法。

・ストックオプションの株式の確保
あらかじめ決められた価格で自己株式を購入できるストック・オプションを与え士気を向上させる。

ディスクロージャー規制

ディスクロージャーとは、投資家・債権者・従業員といった会社にとっての利害関係者に対して、会社の経営状態などの情報を提供すること。ディスクロージャーには、法律・規則による規制（会社法などの法律で定められた情報開示）と、投資家のための会社の経営情報の開示の2種類がある。

自己株式取得の問題と防止策

	デメリット	防止策
1	出資の払戻しによって会社の財産が流出してしまう（資本の空洞化）	財源規制を設ける
2	株式の相場操縦などに悪用される（不正取引）	金融商品取引法で規制する
3	一部の株主を特別扱いすることになる（株主間の不平等）	株主の利益への配慮
4	現経営者の保身のために利用される（会社支配の歪曲化）	株主総会の信任

公平性を維持するための規制として、金融商品取引法に定められています。

インサイダー取引規制
投資判断に関する重要な情報が公表される前に、その情報を基にして有価証券の取引を行うこと。
取引の公正さや有価証券市場の健全性を保つために、インサイダー取引に対する規制が行われている。

■ 自己株式の権利内容について

自己株式の権利は通常の場合と比べて大幅に制限されています。自己株式をもつ当該会社には株主総会の招集を請求する権利や計算書類などを閲覧する権利など、株主が会社の経営に参加することを目的とする権利（共益権）はありません。

また、取得した自己株式には、剰余金の配当や残余財産の分配の請求といった株主が会社から経済的利益を受けることを目的とする権利（自益権）も認められません。

結局、自己株式に認められている権利は、株式の併合や株式の分割が行われたときに割当を受ける権利だけです。

株式の併合
数個の株式を合わせてそれよりも少数の株式とすること。

株式の分割
既存の株式を細分化して以前よりも多数の株式とすること。

■ 株主との合意による有償取得の手続

自己株式を取得できるケースの中でも株主との合意で有償取得するケースの手続きについて、以下見ていきましょう。

自己株式を取得するためには法律に従った手続きで取得する必要があります。株主を特定せずにすべての株主に機会を与える場合と、特定の株主から取得する場合とで手続が異なります。

株主を特定せずにすべての株主に機会を与える場合、まず、株主総会で、取得する株式の種類と数、取得の対価の内容と総額、取得できる期間を決議します。これを授権決議と呼ぶこともあります。そして、自己株式の取得の都度で、取得する株式の種類と数、対価の内容、譲渡の申込期日などを決議します。その後、株主に対し、自己株式取得に関する通知を行います。

他方、特定の株主から自己株式を取得する場合、より厳格な手続が必要となり、まず、株主総会の決議を行うことは同様ですが、特別決議が必要になります。そして、自己株式の取得の都度、株主総会（取締役会設置会社では取締役会）の決議を行います。その後、対象となる株主に対し、自己株式取得に関する通知を行います。特定の株主から自己株式を取得する場合は、他の株主には自分も対象に加えるように請求できる権利があります。

■ 市場からの取得などその他の注意点

株主との合意による有償取得についての、その他の注意点は以下のとおりです。

・相続人からの自己株式の取得

株式の保有者が死亡した場合などに、会社が保有者の相続人から取得するケースです。前述した特定の株主からの取得の一形態ということになるでしょう。非公開会社の場合、通常は株主が入れ替わることを予定していないこともあり、自己株式取得の手続きが緩和されています。非公開会社の場合は、原則として、他の株主には自分も自己株式取得の対象に加えるように請求する権利はありません。

・子会社からの株式の取得

子会社からの株式の取得は、授権決議を株主総会の特別決議ではなく普通決議（取締役会設置会社では取締役会の決議）で

特別決議

当該株主総会において議決権を行使できる株主の議決権の過半数（または定款で３分の１以上と定めたときはその割合）の株式をもつ株主が出席し、出席した株主の議決権の３分の２以上の多数（定款でこれを上回る割合を定めたときはその割合）の賛成により成立する決議のこと（会社法309条２項）。

自己株式の取得が認められるケース

会社が自己株式を取得できるケースは以下の13通り（会社法155条）。

①取得条項付株式の取得事由発生
②譲渡制限株式の譲渡についての取得請求
③株主との合意による有償取得
④取得請求権付株式の取得請求
⑤全部取得条項付株式の取得
⑥相続などによる取得者への売渡請求
⑦単元未満株式の買取請求
⑧所在不明株主の株式の買取り
⑨１株に満たない端数株式の取得
⑩事業の全部譲受けの際の、その会社保有の自己株式の取得
⑪合併消滅会社が保有する自己株式が継承される場合
⑫吸収分割により自己株式が継承される場合
⑬無償取得や合併の対価として受け取る場合など、会社法施行規則で認められている場合

自己株式の有償取得の手続き

授権決議
・有償取得する株式の種類・数・交付する金銭等の総額を決議
・1年を超えない範囲内の取得期間を決議
・譲渡人となる株主を定めることが可能

▶

取得の都度の決議
・有償取得する株式の種類・数
・一株当たりの取得価格を決定
・価額の総額を決定
・譲渡の申込期日を決定

▶

株主に対する通知または公告

▶

株主
譲渡の申込み

▶

会社
株式取得

行うことができます。

なぜならば、子会社が親会社の株式を保有していても、力関係上、適切な行使が期待できません。そのため、子会社としては、できるだけ早く親会社の株式を処分しなければならないとされています。そこで、親会社が子会社から株式を取得する場合には、比較的緩やかな手続きによって、株式を取得することが認められています。

・市場からの取得

自社株を株式市場に上場している会社であれば、市場から自己株式を取得することもできます。市場取引とは、株式市場で自己株式の買付けをすることです。

市場取引で自己株式を取得する場合は、株主総会の普通決議による授権決議は必要ですが、取得の都度の決議や株主への通知は不要です。さらに、定款に定めておけば、取締役会の決議だけで市場などからの自己株式を取得できます。市場を通して株式を取得するため、株主平等の原則が十分に担保できると考えられるからです。

公告
ある事項を広く一般に公開し、知らせること。たとえば、会社が事業年度ごとに貸借対照表などを官報や新聞に掲載するのが公告である。

PART3 9

株式をめぐる法律知識

キャッシュ・アウトと特別支配株主の株式等売渡請求

支配株主による少数株主の排除

■ キャッシュ・アウトとは

キャッシュ・アウトとは、現金を対価とする少数株主の株式会社からの排除のことです。少数株主の排除は、大株主が個々の少数株主との交渉を経ることなく、スピーディーに経営の決定ができるようにするために行われ、柔軟な経営の実現や株主管理コストの削減などのメリットもあります。

キャッシュ・アウトの方法としては、全部取得条項付種類株式を利用する方法、現金を対価とする吸収合併や組織再編行為などがある他、より簡便な手続として、特別支配株主の株式等売渡請求の制度があります。

全部取得条項付株式

株主総会の特別決議を条件に、株式会社がその全部を取得できる定めのある種類の株式。株主総会の決議を得れば、特定の株主の意向を無視して、その株主が持っている株式を買い取ることができる。

■ 特別支配株主の株式等売渡請求とは

特別支配株主の株式等売渡請求とは、特別支配株主が、その株式会社の承認を得ることにより、自分以外の少数株主に対して、その保有する株式の売渡しを請求することができる制度です。

特別支配株主とは、自らまたは自らが発行済株式の100%を保有する法人が、ある株式会社の株主総会での総株主の議決権の90%以上を保有している者のことです。

特別支配株主の株式等売渡請求は、株主総会の決議が不要で、税制上も株式譲渡益のみに課税されるしくみになっています。

■ 特別支配株主の株式等売渡請求の手続き

株式等売渡請求をする場合には、まず、その請求する者自身が、特別支配株主の要件を満たしていなければなりません。特

特別支配株主の株式等売渡請求の流れ

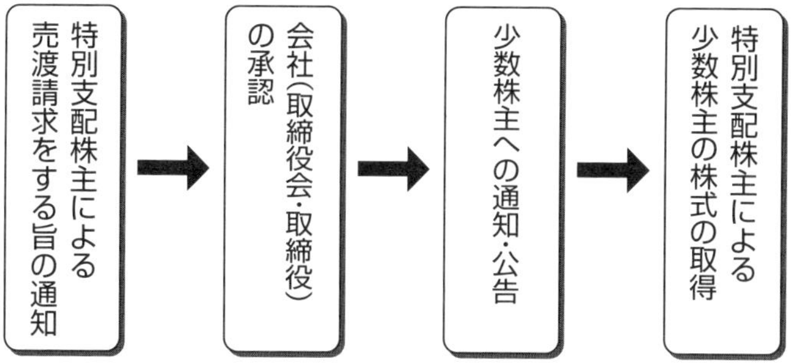

別支配株主の要件は、その株式会社の総株主の議決権の90％以上を保有していることです（定款で定めれば、この比率を、90％を超えるものにすることができます)。保有株式の議決権がこの比率に満たない場合には、公開買付けや自己株式の取得によりこの比率を増やさなければなりません。

特別支配株主の要件を満たしていれば、売渡請求が可能になります。これを望む場合には、まず、株式会社に対して、売渡請求をすることを通知します。なお、上場会社は振替法により通知ではなく公告をする他、この売渡請求の対象が新株予約権の場合には、この通知は公告に代えることができます。他方、上場会社ではなく、かつ、対象が株式の場合には、公告に代えることはできず、必ず通知が必要となります。

この通知を受けた株式会社は、取締役会または取締役が協議して、この請求に対する承認の是非を決めます。ここでは、売渡しを要求される個々の少数株主の同意は不要です。同様に、株主総会での決議も不要です。必要なのは、あくまでも会社の承認のみです。

会社の承認を得た後、株式会社が、売渡しを要求される少数株主に対して、通知または公告をします。この通知または公告により、株式等売渡請求がなされたものとされます。

特別支配株主（以下請求人という）は、売渡請求をすることを会社に通知する際にその株式の取得日を定めます。この取得日の前日までの間であれば、株式会社の承認を得た後は、請求人は、この請求を撤回できます。取得日が到来すると、自動的に少数株主の保有する株式は請求人が取得します。

なお、請求人は、少数株主に対して、原則として、その取得日に、その株式の譲渡の対価を支払わなければなりません。しかし、株式の移転と、その対価の支払いは、同時履行の関係にはないとされているため、対価が未払いであっても、株式は請求人に移ります。

なお、売り渡す側である少数株主に対しては、株式等売渡請求の手続きが法令に違反する場合、株式会社の通知や公告などが適切に行われなかった場合、売渡価格が著しく不当である場合には、裁判所に対して、この請求の差止めを求めることができます。また、売渡価額に不満があるときは、取得日前20日から取得日までの間に、裁判所に対して、売渡株式等の売買価額の決定の申立てをすることができます。

少数株主に対する通知・公告

売渡請求は、株主の地位を奪うという強力な効果を持つため、原則として、少数株主に対する通知は公告に代えることはできない。ただし、振替法によって公告が義務付けられている株式会社に限って、通知ではなく公告を用いることが義務付けられている。

■ 事前開示・事後開示とは

請求人から売渡請求を受けた株式会社は、公告の日または少数株主に対する通知の日のどちらか早い日から、取得日から6か月を経過する日までの間に、①当該売渡請求を承認した旨、②請求人の氏名、名称及び住所、③売渡に対する対価等を記載した書面を本店に備え置かなければなりません。少数株主は、会社の営業時間内であればいつでも、その書面の閲覧や謄写ができます。これを「事前開示」といいます。

他方、請求人から売渡請求を受けた株式会社は、取得日以後遅滞なく、請求人が取得した株式の種類及び数その他法務省令で定める事項を記載した書面を、取得日から6か月を経過する

株式等売渡請求に対する少数株主の対抗措置

差止請求

➡ 売渡株主等は、一定の場合、売渡請求の差止請求が可能

売買価格決定の申立て

➡ 売渡株主等は裁判所に、売渡株式の対価の決定を請求できる

取得無効の訴え

➡ 売渡株主等は、一定の場合、裁判所に請求無効の訴えが可能

まで、本店に備え置かなければなりません。株式を売り渡したものは、営業時間内であればいつでも、その書面の閲覧・謄写ができます。この制度を「事後開示」といいます。

■ 差止請求と取得無効の訴え

特別支配株主の売渡請求は、株主総会が不要なため、売渡株主が事前に異議を述べる機会がありません。また、取得日には、売り渡される株式の対価が未払いでも、売渡株主から特別支配株主に、株式の権利が移動します。そこで、不利益を被りやすい売渡株主の保護のために、差止請求や売渡株式等の取得無効の訴えの制度が設けられました。

売渡株主等は、法令違反の場合、事前開示をしない場合、価格が著しく不相当な場合に、売渡請求による株式取得の差止めを請求することができます。

また、取得無効の訴えは、売渡株主等、取得日において株式会社の取締役、監査役、執行役であった者が、取得日から６か月以内（非公開会社では１年以内）に限り可能になります。取得無効の事由は、売渡株式の対価が著しく不当な場合、売渡株式の対価の支払いが行われない場合などがあります。

全部取得条項付種類株式の取得手続き

少数株主の権利保護に注意する必要がある

全部取得条項付種類株式のキャッシュ・アウトへの活用

キャッシュ・アウトの手法として、全部取得条項付種類株式を用いる方法があることは前述したとおりです（66ページ）。

全部取得条項付種類株式を用いるキャッシュ・アウトの手順としては、まず、株主総会の特別決議で定款を変更し、発行済株式のすべてを全部取得条項付種類株式に転換します。すでに発行されている種類株式があるときは、種類株主総会の特別決議なども必要になります。その後、株主総会の特別決議で、全部取得条項を実行します。会社が株主に交付する取得対価については、金銭の他に、別に発行する種類株式を割り当てる方法もありますが、金銭を交付する取得条項の実行により、発行済株式のすべてが自己株式となり、株式会社が議決権の100％を取得します。

少数株主の権利保護

全部取得条項付種類株式は、本来、事業再生の場面で100％減資を行う際に利用することなどを念頭に導入されたものですが、キャッシュ・アウトの方法として活用することも可能です。もっとも、多くの場合、特別支配株主の株式等売渡請求の方が簡便で利用しやすい手続であるといえます。なお、少数株主の権利を保護するために、図に示すように、一定の手続きに従わなければなりません。

少数株主を保護する方法

以下の通りである。
①事前開示手続き及び事後開示手続き
②全部取得条項付種類株式を取得する旨の通知・公告等
③取得価格の決定の申立て
④差止請求

少数株主の権利保護

少数株主の権利保護

事前開示	全部取得条項による株式の取得に関する情報の取得日前からの本店備置き
通知・公告	全部取得条項により取得される株式の株主に対する取得する旨の通知又は公告
事後開示	全部取得条項による株式の取得に関する情報の取得日後６か月間の本店備置き
取得価格の決定の申立て	取得対価に不満があるときは、株主が裁判所に価格の決定を申し立てることができる
差止請求	全部取得条項の行使による株式の取得が、法令に違反する場合等に、株主が株式会社にその差止めを請求できる

■ 全部取得条項付種類株式の取得手続

全部取得条項付種類株式を取得するためには、まず、株主総会の特別決議により、既存の株式を全部取得条項付種類株式に変更する定款変更を行っておく必要があります。次に、実際に取得する際に、株主総会の特別決議により、取得の対価、取得日などの事項を定めます。

そして、株主には全部取得の差止請求や取得価格の決定の申立ての権利があり、これらの権利行使の機会を与えるため、取得日の20日前までに株主に対し全部取得をする旨の通知または公告を行う必要があります。

さらに、会社は、事前開示および事後開示として、全部取得の事前および事後において、一定の事項を記載した書面等を本店に備え置かなければなりません。

全部取得条項付種類株式と実務

実務上、全部取得条項付種類株式は、経営不振にある会社の事業再生の場面で活用されている。
たとえば、経営が悪化した企業の買収などを行う際に、定款変更により、既存の株式を全部取得条項付種類株式とする。その上で、取得条項の発動により、株式を取得して株主を交代させるといったケースである。

PART3
11

株式をめぐる
法律知識

株式の併合

株式管理コスト等の低減に利用される

併合のメリット
株式の管理コストを低減するメリットがある。また、株式交換や株式移転を行う際の前段階として行われることもある。

議案
株主総会の議題に対する提案のこと。

■ 株式の併合とは

株式の併合とは、数個の株式を合わせてそれよりも少数の株式とすることをいいます。たとえば「２株を１株に」または「３株を２株に」というように株式を合わせることです。

ただし、株式の併合は、株主の利益に重大な影響を与えるので、会社法では、株主の利益を保護するための規定を設けています。具体的には、株式の併合については株主総会の特別決議を要求し、取締役に株主総会において株式併合を必要とする理由を開示する義務を課しています。また、株主総会の招集通知にも、株式併合についての議案の要領を記載すべきものとして、事前に株主に判断するための機会を与えています。

■ 株式併合の際の情報開示制度

株主の利益に重大な影響を与えることから、株式の併合では情報開示に関するルールが厳格に定められています。

まず、株式の併合を行うとした場合、その効力発生日の２週間前までに株主に対して株式の併合することを通知するか公告による方法で情報開示しなければなりません。これは株式買取請求権の行使に対しての配慮でもあります。

次に、株式併合を行う株主総会の２週間前の日か、上記の株主への通知日（または公告日）のうち、早い日を開始日として、株式併合の効力発生後６か月経過日までの間、一定事項を事前開示する必要があります。主な開示事項は「株式併合の割合」「株式併合の効力発生日」「株式併合の種類」「株式併合後の発

株式併合のイメージ

株式の併合は株主に大きな影響を与える

行可能株式総数」などです。これらを記載した書面（または電磁的記録）を本店に備えておく必要があります。

最後に、実際に株式併合が行われた後にも事後開示義務があります。株式併合の効力発生後に遅滞なく「株式併合後の発行済株式総数」「株式併合後の発行済株式の種類」等を記載した書面（または電磁的記録）を本店に備えておくことが義務付けられます。これらの書面（事項）は、株式併合をした会社の株主や効力発生日に株主であった者が営業時間内であれば、いつでも閲覧請求することができます。

■ 1株未満の端数が生じる場合

株式併合を行うと、それぞれの株主に1株に満たない端数が生じることがあります。たとえば、3株を1株にすれば、効力発生日前に5株を有する株主の場合、効力発生後は、1株と0.666…株という端数が生じるわけです。

このような端数を有していても株主にはメリットがないため、端数が生じたときは、会社は、端数を買い取るか、端数を競売等で売却して代金を株主に交付しなければなりません。また、一定の株主は、会社に対し端数を買い取るよう求めることができます。このような請求を株式買取請求権といいますが、買取請求を行うことができるのは反対株主に限られています。

この場合の反対株主とは、「株式併合を行う株主総会に先立って、反対の意思を通知し、当該株主総会において反対の議決権を行使した株主」または「株式併合に反対の意思を通知した株主で、議決権を行使できない株主」をいいます。

端数株式の一部のみの買取請求は不可

端数の株式買取請求は発生する端数の株式すべてを対象とする必要があり、端数株式の一部のみを対象とすることは認められていない。また、株式買取請求をした株主がこれを撤回しようとする場合、株式会社の承諾を得た場合にのみ認められる。

簡単にいうと、議決権を行使できる株主は、あらかじめ反対の意思を通知した上、株主総会で反対の議決権を行使する必要がありますが、議決権を行使できない株主は、あらかじめ反対の意思を通知すれば足りるということになります。

これは、会社側が効力発生日までに買取りの対象となる株式数を把握するための配慮と考えられます。

■ 差止請求

株式併合は株式会社に重要な影響を与えます。たとえば、端数の株式が生じた場合には、端数の株式買取請求を行うことができますが、この買取請求がまとめて行われると、少数株主は不利益を受けるおそれがあります。

そこで、会社が行う株式併合が「法令・定款に違反する場合」で「株主が不利益を受けるおそれがある」ときには、会社に対して株式併合をやめることを請求することが可能になっています。

あくまでもこの請求は、違法や定款違反に対するものなので、単に株主が不利益を受けるおそれがあると感じたとしても、差し止められる趣旨のものではありません。

■ 株式併合をした場合の４倍ルールの適用

公開会社では、発行可能株式総数が発行済株式総数の４倍を超えることができないという原則があります。

たとえば、ある株式会社では、発行可能株式総数が4000株で

株式の併合と４倍ルール

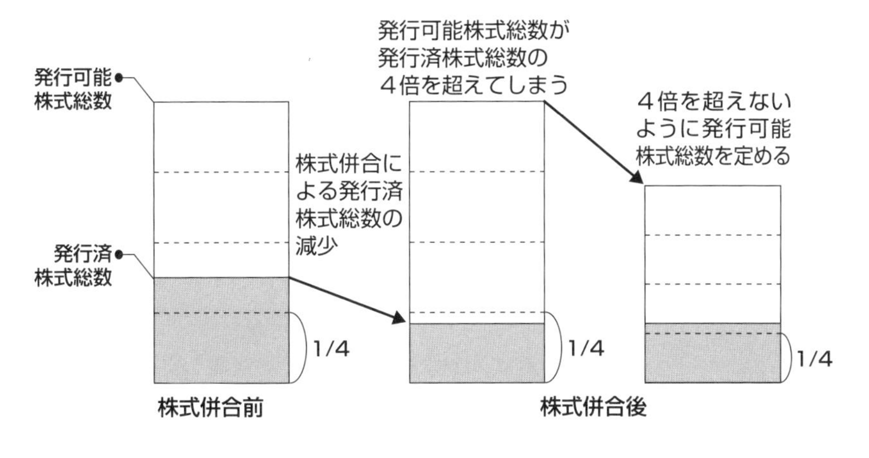

あるとします。この株式会社において、株式併合を行ったことにより、発行済株式総数が2000株から500株に減少したときは、４倍ルールによると、発行済株式総数の４倍にあたるには、500株× ４＝2000株なので、発行可能株式総数を2000株以下に変更しなければなりません。

しかし、株式併合が行われる場合、発行済株式総数は併合の限度で減少するものの、発行可能株式総数は当然に減少しません。そこで、株式併合を行う株主総会の決議事項に「効力発生日における発行可能株式総数」があります。この発行可能株式総数は「効力発生日における発行済株式総数」の４倍を超えることが認められないものとされています。

なお、非公開会社については、もとより４倍ルールが該当しないために、上記のような法規制の対象外とされます。

株式の消却・分割・無償割当

会社は株式の数を調整できる

■ 株式の分割とは

株式の分割とは、既存の株式を細分化して以前よりも多数の株式とすることをいいます。たとえば「1株を2株に」または「2株を3株に」というように株式を分けることです。

株式の分割は、1株あたりの株価が高騰した場合に株価を引き下げ、一般の小口投資家の株式購入を容易にし、また株式を譲渡しやすくする効果があります。

資本の額は変更されず、既存株主の株式保有割合は変わりませんので、既存株主の利益に実質的な影響はありません。そのため、そのつど、株主総会（取締役会設置会社では取締役会）の決議によって、決定することができます。

■ 株式の無償割当

株式会社は、通常、株式を株主に割り当てる場合には、それと引替えに株主に金銭の払込みをさせるのですが、その払込みをさせないで、株主に株式を割り当てることです。

株式の無償割当により資本金は変わらず、株主の有する株式は増加しますが、株主の株式保有割合は変わりません。また、株式の無償割当をする場合には、株主に割り当てる株式の数やその算定方法などを株主総会（取締役会設置会社の場合には取締役会）の決議によって決定しなければなりませんが、株主に対して不利益になることではないため、定款により、別段の定めをすることもできます。

無償割当を行うケース

証券市場などの上場準備のために、発行済株式数を増加する必要が生じた際などの場合に、この方法が利用される。

株式の分割によく似ていますが、株式の分割の場合には、会

株式の分割・消却のイメージ

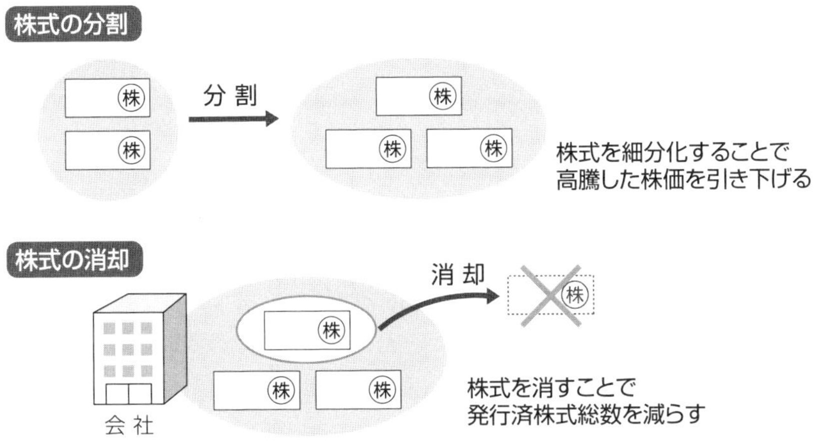

社が保有する自己株式も他の株式と同様にその保有数が増加します。しかし、株式の無償割当の場合には、自己株式に対して、株式の割当はできませんので、自己株式の保有数は増加しません。このような違いがあります。

■ 株式の消却

株式の消却とは会社が株主から株式を取得した上でなされる自己株式の消却を意味します。会社は自己株式の取得手続きにしたがった上で、取締役会設置会社であれば、取締役会の決議で株式を消却することになります。自己株式の消却により、発行済みの株式が減少することから、配当金の総額が同じであれば株主が受け取る配当金が増えることになります。つまり、自己株式の消却には株主還元の意味があるといえます。

また、株式の数が減るということは、一株当たりの株式の価値が上がることにもつながります。

株式の消却

会社法では株式の消却については自己株式の消却のみ認めるという形で規定が整理されている。

PART3
13

単元株制度

株式管理の手間や費用負担を軽減することができる

■ 単元株制度とは

株主が議決権などの権利を行使するのに最低必要な株数を１単元と定めて、単元未満の株数では議決権などを行使できないものとする制度を単元株制度といいます。株主総会の議案に対して１票を投じることができる最低限の株数のことです。その株数を１単元といいます。これは、原則として証券取引所で取引できる最低単位でもあります。単元株に満たない株式を単元未満株といいます。

１単元を何株にするかは、1000株及び発行済み株式の200分の１を超えない範囲で原則として会社が定款で自由に決めることができます。株式事務としては、会社が単元株を新しく定める場合は株主総会で定款変更の決議が必要になります。ただし、単元株制度の導入と同時にその単元株と同じ割合かそれ以上の割合で株式分割を行う場合には、株主の議決権に影響が出ないため、取締役会の決議のみで定款変更は可能とされています。

また、すでにある単元の株式数を減少する場合、あるいは単元株制度を廃止する場合は、取締役会の決議で足ります。ただし、その効力が生じた後、遅滞なく株主への通知または公告をする必要があります。

単元未満株主は株主としての権利が制限されています。そこで、このような株主を救済する制度が設けられています。単元未満株式の買取請求権と売渡請求権です。

単元未満株式の売買価格は、買取りあるいは売渡しの請求日の終値を基に決められます。ただし、その株式が公開買付など

一定規模に満たない株式

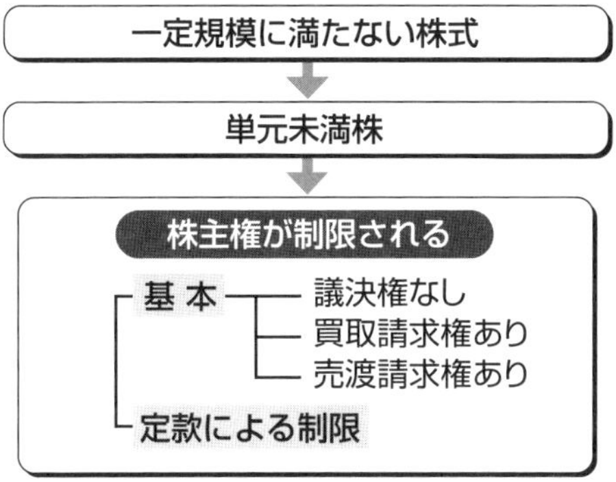

の対象になっている場合は、市場の終値か買付価格のどちらか高い方を売買価格にします。市場で取引されていない株式の場合は、会社と株主との話し合いあるいは裁判所に価格決定を申し込むことによって決めることができます。

■ どのような制限があるのか

単元株制度では、単元株式の保有者だけがその保有分の議決権を持ちます。反対に単元未満株式の保有者にはこれらの権利はありませんが、それ以外の権利は保有するということになっています。ただし、欄外に記載する６つの権利以外の権利については、定款で単元未満株主に権利を与えないと規定することもできます。単元株を設定している会社については単元株主だけが、株主総会で決議に参加でき、単元未満株主は議決権をもちません。したがって、株主総会に出席したり、質問したりすることができるのも単元株主だけです。株主総会を開催する場合についても、会社が株主総会の招集通知、貸借対照表、損益計算書、事業報告書といった開示資料を送付する必要があるのは単元株主だけということになります。

定款でも制限できない6つの権利

・会社による全部取得条項付種類株式の取得の際に対価を受ける権利
・会社の取得条項付株式の取得で対価を受ける権利
・株式の無償割当を受ける権利
・単元未満株式の買取請求権
・残余財産の分配請求権
・株主名簿の閲覧請求権などの会社法施行規則で定める権利

株式公開買付制度

市場外で大量の株式を取得する場合、原則として公開買付けを行う

■ 公開買付制度のしくみ

公開買付制度とは、会社など株式を買い集めたい者が不特定多数の株主に対して公告を行うことにより、株式を買い付ける申込みを行い、株主に公平に売却の機会を与える制度です。株式の発行会社が、自己株式を取得する際に公開買付制度を利用する場合の他に、公開買付制度を利用して、株式発行会社以外の者が他社の株式を買い付ける場合があります。株式を上場している会社の株式を取引市場外で買い付ける一定の場合には、公開買付けをしなければならないことになっています。

そもそも取得したい株式数が非常に少ないときは、市場から買い付けることで足ります。また、大量に取得する場合であっても、特定の株主との間で取得するのであれば、公開買付制度は適用されません。

しかし、不特定多数の株主からの大量買付けになる場合は、市場で買い付けようとすれば、株価の急騰をはじめ、市場を混乱させるおそれがありますので、取引市場外での取引を選択せざるを得ません（時間外の市場取引による大量買付けは規制されています）。つまり、不特定多数の株主から大量の自己株式を取得する場合は原則として公開買付けを行うことになります。

取締役会決議による自己株式の取得

自己株式を相対で取得する場合は、株主総会の特別決議を必要とするのが原則である（会社法156条、309条2項）。しかし、会社法は、取締役会設置会社が定款で定めることにより、取締役会の決議だけで市場取引や公開買付けの方法によって株式を取得できると規定している（会社法165条2項）。公開会社は取締役会の設置が義務付けられているので、公開会社であれば、株主総会の決議以外の方法で自己株式を取得することができる。公開買付けによる自己株式の取得も、取締役会決議による自己株式の取得ということになる。

株式公開買付け

TOB（takeover bid）という。

■ どんな規制があるのか

公開買付制度は、一定の期間に大量の株式を買い取ることができるため、買収防衛のための自己株式取得の他にも、企業買収などの事業再編に幅広く活用できます。したがって、既存の

公開買付けの流れ

- 公開買付けの開始公告（公開買付けの開始）
- ▶ 開始公告の日に公開買付届出書を提出する
- 対象会社による意見表明報告書の提出
- ▶ 公開買付者は意見表明報告書の質問に対して、対質問回答報告書を提出する
- 公開買付けの終了
- ▶ 公開買付者は、応募株主に対して公開買付説明書を交付する
- 内閣総理大臣に公開買付報告書を提出する

株主などの利害関係者の保護のために様々な規制が設けられています。

まず、公開買付者が買付けを始めることを公告してから10営業日以内に買付けの意見などを表明する「意見表明報告書」を公表しなければなりません。公開買付けに対する対象会社の意見が投資家に提供されることになるわけです。

全部買付けの義務もあります。公開買付けによって発行済み株式の３分の２を所有することになった場合、買付けに応募した株主全員から株式を買い取らなければなりません。上場廃止になった後に株主に不利益が生じるのを防ぐためです。

インサイダー取引規制も重要です。公開買付けを決めるのは、取締役会です。したがって、取締役会のメンバーが最初に公開買付けの事実を知る立場にもあるわけです。このような重要事実を発表前に利用して自社株式を売買し、利益を上げたとすると問題です。そこで、インサイダー取引を防止するために金融商品取引法は役員や主要株主の短期売買には利益の返還義務を設けると共に、違反者に対しては懲役・罰金といった刑事罰を科すことにしています。

公開買付けが義務付けられる場合

市場外で買付けを行った際、買付後の株式保有割合が5％を超える場合（著しく少数の者から買付けを行う場合を除く）、買付後の株式保有割合が３分の1を超える場合などに公開買付制度を使うことが義務付けられている。

インサイダー取引規制

投資判断に関する重要な情報が公表される前に、その情報を基にして有価証券の取引を行うこと。

親会社と子会社の関係

支配・従属関係を考慮した取扱いがなされる

■ 支配・従属関係にある

ある株式会社の総株主の議決権の過半数をもつ会社またはある株式会社の経営を支配している会社を親会社といい、総株主の議決権の過半数をもたれている株式会社あるいは経営を支配されている会社を子会社といいます。ある会社の発行済株式の全部をもつ会社を完全親会社といい、発行済株式の全部をもたれている会社を完全子会社といいます。

このように親会社と子会社の関係は、支配・従属関係に立ちます。会社法は、たとえば、親会社社員は、権利行使に必要があるときは裁判所の許可を得て、子会社の定款や会計帳簿の閲覧やその写しの交付を請求することを認めています。

■ 子会社による親会社株式の取得の禁止

このような親子会社の支配・従属関係から、子会社がその親会社の株式を取得することは原則として禁止されています。例外的に取得が許容されるケースもあるのですが、その場合であっても、親会社の株式を取得した子会社は、相当な時期に親会社の株式を処分しなければならないとされています。

■ 例外的に親会社株式を取得できる場合

前述したように親子会社の支配・従属関係から、子会社がその親会社の株式を取得することは原則として禁止されていますが、例外的に次の場合には取得が許されます。

① 他の会社の事業の全部を譲り受ける場合に、その会社が

議決権の行使

親子会社のように過半数までは株式を取得されてはいないものの、総株主の議決権の４分の１以上を保有されている会社は、それを保有している会社の株式を取得したとしても、議決権を行使することができない。適正な議決権行使が期待できないためである。

親子会社

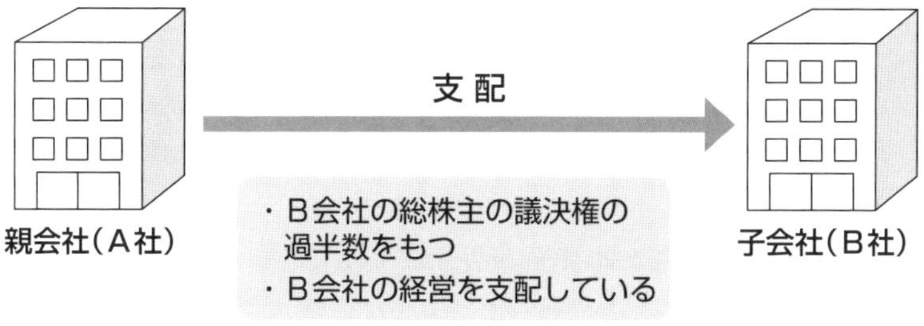

もっている親会社の株式を譲り受ける場合

② 合併後に消滅する会社から親会社の株式を承継する場合

③ 吸収分割によって他の会社から親会社の株式を承継する場合

④ 新設分割によって他の会社から親会社の株式を承継する場合

なお、総株主の議決権の4分の1以上を保有されている会社は、それを保有している会社の株式について議決権を行使することができません。

■ 持株会社とは

持株会社とは、他の株式会社の株式を保有することを通じて、収益を得る目的を持った会社のことを指します。持株会社は、原則として、自ら事業の運営を行いません。持株会社の制度を用いることで、複数の企業間で統一した指揮系統の下での事業経営が可能になることから、グループ企業を形成しやすいというメリットがあります。

吸収分割

すでに存在している会社に分割する会社の権利義務の全部または一部を承継させる会社分割のこと。たとえば、A社が自社の販売部門を切り離してすでに存在している販売会社Bに承継させる場合などが吸収分割である。

新設分割

会社を新設して、その新設会社に分割する会社の権利義務の全部または一部を承継させる会社分割のこと。A社がその事業の一部を新たに設立したB社に承継させる分社化はこのケースにあたる。

Column

コンプライアンス

コンプライアンスとは、会社における法令遵守のことです。

個人であっても会社であっても、法律を守って行動しなければならないのは当然です。ところが、粉飾決算や贈収賄、総会屋への利益供与など、会社の不祥事が後を絶ちません。

法令を遵守しない不健全な会社は、社会的信頼を得ることができず、利益をあげることも難しくなります。株主や会社債権者など、会社を取り巻く多くの人たちに大きな損害を与えかねません。また、違法行為を行った取締役らは、刑事上または民事上の重い責任を負わされることになります。

コンプライアンスの具体化と見られる定めは、会社法の随所に見られます。たとえば、大会社における内部統制システムの構築が義務付けられ、取締役会で業務の適正を確保するための体制についての基本方針を作成することが求められている点がその例です。また、登記の制度や書類の備置など、ディスクロージャー（情報開示）によって円滑な取引と適正な経営を可能にしています。さらに、役員に対する損害賠償責任の追及や罰則の適用などを通じて、権限濫用を抑制しようとしています。

会社が守るべき法律は、数多くあります。会社法をはじめ、独占禁止法、不正競争防止法、金融商品取引法、労働基準法、消費者契約法、著作権法など数えあげればきりがありません。

重要なことは、このような法律をただ知っているというだけではなく、それを遵守する体制を作り、情報を開示し、従業員などに周知徹底させるということです。日本経済団体連合会も「企業行動憲章」で、コンプライアンスの実践に必要な10の項目を掲げています（http://www.keidanren.or.jp/japanese/policy/cqcb/charter2017.html）。

PART 4

株主総会のしくみ

PART4
1

株主総会のしくみ

株主総会の開催手続き

法令や定款を遵守し、開かれた株主総会となるように配慮する

■ 株主総会とは

株主総会の招集は、原則として取締役が行います。決算期ごとに招集される「定時総会」と必要に応じて招集される「臨時総会」があります。

取締役会設置会社の場合、株主総会の招集を決めるのは取締役会です。株主総会の招集通知は、書面あるいは電磁的方法で、株主総会の開催日の原則として１週間前まで（公開会社の場合には２週間前まで）には発送しなければなりません。

他方、取締役会設置会社ではない場合、株主総会の招集を決めるのは取締役です。株主総会の招集通知は、原則として株主総会の開催日の１週間前までには発送しなければなりませんが、定款で１週間以内に短縮することも可能です。招集通知の方法は、取締役会設置会社ではない場合、書面や電磁的方法だけでなく、口頭による通知や電話による通知も可能とされています。

また、書面または電磁的方法による議決権行使を認めないときは、招集通知に関して決まった記載事項や添付書類もありません。したがって、この場合、招集通知に株主総会の目的事項を記載しないこと、計算書類や事業報告などを添付しないことも認められます。株主による議決権の不統一行使も、事前に通知する必要はありません。取締役会設置会社の場合は、一定以上の株式数を有する株主にのみ株主総会の議案を提案する権利（株主提案権）が認められますが（少数株主権）、取締役会設置会社ではない場合、議決権を行使できる株主には株主提案権が認められます（単独株主権）。

株主総会の役割

その会社が取締役会を設置している会社（取締役会設置会社）であるか、取締役会を設置していない会社（取締役会非設置会社）であるかによって、異なる。

総会の開催を省略できるケース

株主総会の目的である事項について、取締役や株主が提案をした場合には、株主総会を開催して議題としてとりあげ、決議するのが原則である。しかし、株主総会の目的事項について提案がなされ、その提案について全株主の同意を示す書面やデータがあれば、株主総会の決議がなされたものとみなすことができる制度が用意されている。このように、株主総会そのものを開催せずに書面による決議だけですませてしまう方法を、書面決議（みなし株主総会）という。すべての議案について書面決議が成立した時点で株主総会が終結したものとして扱われる。

基準日から株主総会開催までのスケジュール

基準日（通常は事業年度末日）

（3か月以内）

計算書類の作成

計算書類・事業報告書の監査（監査役）

計算書類・事業報告書の承認（取締役）

招集通知の発送

定時株主総会

■ 電子提供制度

従来から、株主総会の資料などをインターネット上で公開するなどの電子的な方法で提供する制度で株主総会に関する資料などについて、電子提供を行うことも可能でしたが、株主に個別に同意を得る必要がありました。そこで、令和元年の会社法改正により、定款を変更して電子提供制度を導入した会社は、個別の同意を得ることなく株主総会資料の電子提供を行うことが可能になりました。株式会社が、電子提供制度を利用するためには、定款で電子提供に関する事項を定める必要があります。電子提供制度において、株主に対して公開される株主総会に関する資料として、具体的には、株主総会参考書類、事業報告、計算書類、連結計算書類などが挙げられます。

株式会社が電子提供制度を採用し、ウェブサイトに資料を公開する方法を選択する場合、株主総会が開催される３週間前までに、株主総会に関する資料をウェブサイトに掲載して、２週間前までにそのウェブサイトのアドレスなどを記載した書面で株主に招集通知をしなければなりません。

開催のスケジュール

臨時株主総会の場合には、その決議が必要となる日から遡って、法的に必要な期間を守ってスケジュールを立てることになる。定時株主総会の場合には、事業年度末日を基準日とする場合は３か月以内には株主総会を開催しなければならない。

電子提供制度

電子提供制度を採用した株式会社は、株主に対して、株主総会の日時・場所、株主総会の目的事項などを記載した招集通知を送付するのみで、招集手続きを完了させることができるメリットがある。もっとも、株主は、株主総会に関する資料などについて、ウェブサイトで閲覧するだけでなく、書面での交付を希望することも可能である。

PART4
2

株主総会の運営

株主総会のしくみ

株主の実効的な議決権行使を保障するため、取締役の説明義務や株主提案権がある

■ 説明義務とは

取締役は、株主総会当日に株主から一定の事項についての説明を求められた場合、応じなければなりません。

取締役等が説明しなければならない事項としては、株主総会でとりあげられる報告事項と決議事項があります。

このうち報告事項とは、会社から株主に対して報告しなければならないとされている事項で、株主総会の目的事項の範囲内のものです。決議事項とは、株主総会で議案としてとりあげる事項です。最終的には、この決議事項について、株主総会で株主が賛成か反対かの意思を示すことになります。取締役等は、報告事項について説明を求められた場合には、株主に内容を理解してもらえるようにわかりやすく説明する必要があります。

他方、決議事項についての説明を求められた場合には、株主が議案について賛成するのかあるいは反対するのかを決定できるように説明する必要があります。

ただし、例外として、株主総会の目的事項に関しないものである場合など正当な理由がある場合は、説明義務はありません。

議案
議題に対する具体的な提案のこと。

■ 議決権の行使

株主が総会に出席して議決権を行使するのが原則ですが、代理人による議決権の行使が認められます。会社の承諾を得て、電子メールなどの電磁的方法によって議決権を行使することを定めることもできます。議決権を持っている株主の数が1000人を超える会社では、書面による議決権の行使を採用することが

委任状勧誘
株主総会で代理人により議決権を行使する場合は委任状が必要となる。委任状勧誘とは、特定の議案を可決させたい株主が、その株主自身またはその株主が立てた特定の者を代理人として議決権の行使を委任するように、他の株主に対して働きかけることをいう。会社の支配権争いが生じた場合などに行われる。

取締役の説明義務

原則　説明義務あり

例外
①株主総会の目的である事項に関しない質問
②説明により株主の利益を著しく害するもの
③説明をするために調査が必要なもの
→ 説明義務なし

➡ ただし、③については、事前質問があった場合には説明できるように株主総会までに回答を準備しておく必要がある

義務付けられています。書面による議決権の行使に関して、委任状勧誘を行う場合は、金融商品取引法の規制があります。

各株主は、原則として1株につき1個の議決権をもっています（一株一議決権の原則）。ただ、①議決権制限株式、②自己株式、③相互保有株式、④単元未満株式については、議決権行使が認められていません。

株主は、一部で反対し一部で賛成するというように、議決権を統一しないで行使することもできます（議決権の不統一行使）。

なお、取締役または株主が総会の目的事項を提案した場合において、株主全員が書面または電磁的記録（電子メールなど）でその提案に同意したときは、その提案を可決する総会の決議があったものとみなされます。

議決権が認められない場合

・議決権制限株式
株主の関心も様々であるため、定款の定めにより、株主総会における議決権を全く与えなかったり、制限することもできる。
・自己株式
自己株式については議決権の行使ができない。
・相互保有株式
たとえば、A社がB社の総株主の議決権の4分の1以上の株式をもっている場合には、B社は自社が保有するA社の株式について議決権を行使することはできない。A社の支配が及んでいるB社を通じて、不正な決議が行われる危険があるからである。
・単元未満株式
会社の株主管理コストの点から、一定数の株式をまとめて1つの単位（一単元）とする単元株制度を採用した場合、一単元に満たない単元未満株式には、議決権が認められない。

■ 社外取締役設置に関する令和元年会社法改正について

以前の会社法には、「監査役会設置会社のうち、公開会社かつ大会社であって、有価証券報告書を内閣総理大臣へ提出する義務を負うもの（該当者の大多数は上場会社）が、社外取締役を選任していない場合には、社外取締役を置くことが相当でない理由を定時株主総会で説明しなければならない」という規定がありました。

しかし、令和元年会社法改正により、「監査役会設置会社のうち、公開会社かつ大会社であって、有価証券報告書を内閣総理大臣へ提出する義務を負うものは、社外取締役を置かなければならない」と改められました。つまり、社外取締役の設置が義務化されたわけです。

実は、改正会社法施行前の令和元年時点で、すでに東証上場会社の98.4%、東証一部に限って言えば99.9%の上場会社が社外取締役を設置しています。企業統治のあり方や経営の監視体制に厳しい目を持つ海外投資家からの投資を呼び込むためには、社外取締役の設置は必須とも言われており、今回の改正は、いわば現状を追認するような形になったともいえます。

なお、すべての上場会社は公開会社であり、かつ内閣総理大臣へ有価証券報告書の提出義務を負いますが、すべての上場会社が大会社とは限りません。実際、数は多くありませんが、大会社の要件を満たしていない上場会社もあります。したがって、今回の改正法施行後でも、社外取締役を設置していない上場会社は存在しえます。

大会社
資本金5億円以上または負債が200億円以上の株式会社のこと。

■ 株主提案権とは

株主は、取締役らが提案した議題や議案を決議するだけでなく、自らが議題を提案し、議案を提出することができます。これを株主提案権といいます。株主提案権は、議題提案権と議案提出権、議案要領通知請求権に分けることができます。

少数株主権
議題提案権については、原則として「総株主の議決権の1%以上または300個以上」保有していることが権利行使の要件とされている。

① 議題提案権

一定の事項を株主総会の議題とするように請求する権利のことです。提案する議題はその株主が議決できる事項に限ります。

取締役会設置会社では、少数株主権とされていますが、取締役会を設置しない会社では、単独株主権とされています。

議題提出権
取締役会設置会社では、原則として総会の日の8週間前までに請求しなければならない。

② 議案提出権

株主総会の目的事項につき議案を提出できる権利です。提出

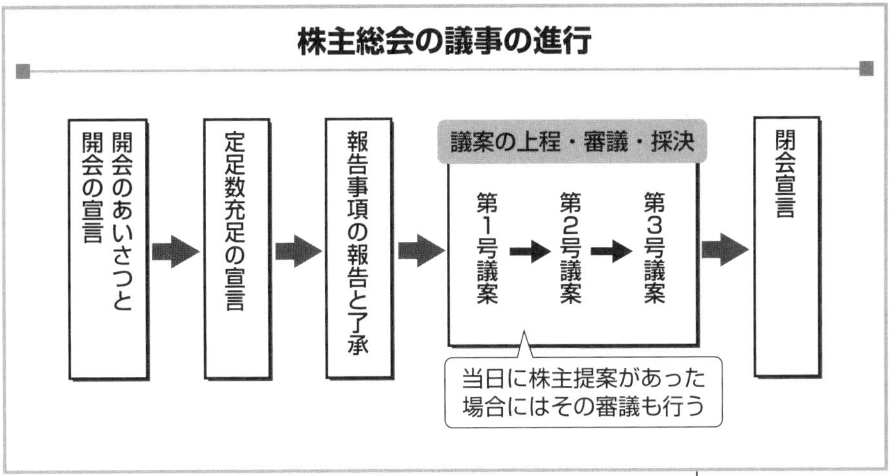

株主総会の議事の進行

する議案はその株主が議決できる事項に限ります。

ただし、株主が円滑な株主総会の進行を妨害する目的で、多数の議案を提出することを認めるわけにはいきません。

そこで、令和元年の会社法改正により、1人の株主が提出することができる議案の数が、原則として10個に制限されました。会社法は、議案の内容に応じて、個数の数え方について規定を設けているため注意が必要です。具体的には、ⓐ取締役などの役員の選任に関する議案、ⓑ役員などの解任に関する議案、ⓒ会計監査人を再任しないことに関する議案、ⓓ2個以上の定款の変更に関する議案で、それぞれについて異なる内容の議決が行われると相互に矛盾する可能性がある場合、という4つの場合には、議案の数に関係なく1つの議案とカウントします。

③　議案要領通知請求権

株主が総会に提出する議案の要領を招集通知に記載することを請求する権利です。原則として請求は総会の日の8週間前までにしなければなりません。取締役会設置会社では、少数株主権とされていますが、取締役会を設置しない会社では、単独株主権とされています。

議案提出権

議案が法令・定款に違反する場合や以前の株主総会で同一議案について総株主の議決権の10％以上の賛成を得られなかった日から3年を経過していない場合には、議案を提出することはできない。

議案要領通知請求権

議案提出権と同様、議案が法令・定款に違反する場合や以前の株主総会で同一議案について総株主の議決権の10％以上の賛成を得られなかった日から3年を経過していない場合には、通知を請求することはできない。

PART4
3

株主総会のしくみ

株主総会の決議についてのルール

普通決議が原則だが、特に重要な事項の場合は特別決議や特殊決議となる

■ 決議の種類について

株主総会において各株主は、原則として一株につき１個の議決権をもっています（一株一議決権の原則）。株主が総会に出席して議決権を行使するのが原則ですが、①代理人によって議決権を行使することや、②議決権行使書面に必要な事項を記載して会社に提出するという方法、③電子メールによって議決権を行使することができる場合もあります。また、株主が２個以上の議決権をもっているようなケースでは、一部で反対し一部で賛成するというように、議決権を統一しないで行使することもできます（議決権の不統一行使）。

株主総会での決議は多数決の原則で決められます。決議には、次の３種類があります。

①　普通決議

その株主総会で議決権を行使できる株式の過半数分を満たす株主が出席した上で、出席した株主がもつ議決権数の過半数の賛成で行う決議のことです。法律や定款で他の決議方法が定められていない事項について決議する場合には、普通決議によるのが原則です。具体的には、役員の選任決議などがあります。

なお、普通決議は、「議決権を行使できる株式の過半数分を満たす株主」が出席すること（定足数）が要件ですが、定款で定めれば、この定足数を排除することができます。つまり、出席した株主の議決権の数の過半数で決議することが可能になります。

ただ、役員の選任決議などの場合には、定足数について議決権を行使することのできる株主の３分の１未満にすることはで

不統一行使の通知

取締役会設置会社においては不統一行使をする株主は株主総会の3日前までに不統一行使することとその理由について会社に通知しなければならない（会社法313条2項）。

会社の諸手続きのIT化

電子化された会社手続きには、次のようなものがある。
・会社関係書類
定款などの会社関係の書類を、コンピュータにデータとして作成・保存できる。この場合、株主や会社債権者は、会社に対しその記録された情報を書面に出力するように請求することができる。
・会社・株主間の通知等
株主の承諾があれば、株主総会の招集通知など会社と株主の間のやりとりを電子メールで行うことができる。
・株主総会の議決
株主の議決権行使を電子メールで行うことができる。
・決算公告
計算書類や事業報告書、それらの附属明細書を、会社のホームページ上に掲載するといった電磁的な方法で公開することができる。

普通決議と特別決議

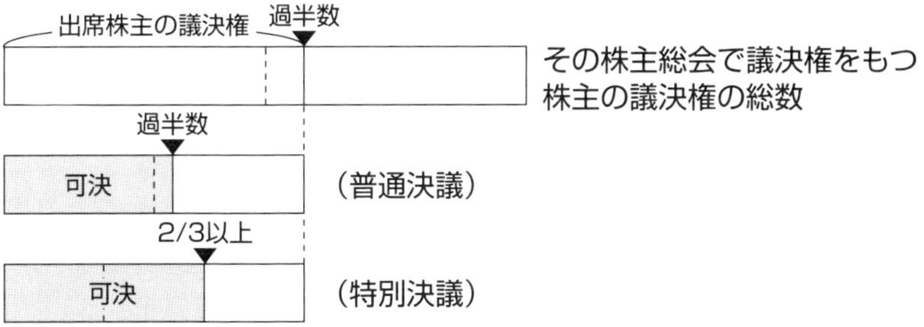

きません。また、定足数と異なり、表決数については、加重することはできても、軽減したり排除したりすることはできません。

② 特別決議

その株主総会で議決権を行使できる株主の議決権の過半数をもつ株主が出席し、その議決権の３分の２以上の賛成により決議するものです。株主の重要な利益に関わる事項については、この特別決議によることが必要とされています。取締役会設置会社の株主総会において特別決議が必要となる決議事項としては、たとえば、資本金の額の減少、定款の変更、現物配当などがあります。

③ 特殊決議

特別決議よりも決議のための要件が重くなっている場合です。たとえば、全部の株式の内容について株式譲渡に会社の承認を要する旨の定款の定めを設ける定款変更をする場合は、その株主総会で議決権を行使できる株主の半数以上で、かつ当該株主の議決権の３分の２以上の賛成が必要です。

また、非公開会社が剰余金配当・残余財産分配・株主総会の議決権につき株主ごとに異なる取扱いをする旨を定款で定める場合には、「総株主の半数以上であって、総株主の議決権の４分の３以上」の賛成が必要になります。

電子投票の条件

株主総会の議決権を電磁的方法で行使するには、取締役や取締役会での決定後、総会招集通知にその旨を記載するという手続きを踏むことが必要である。電磁的方法による議決権の行使があった場合、会社は、総会の日から3か月、本店（本社）にその電磁的記録を備え置かなければならない。

PART4
4

株主総会のしくみ

計算書類の承認と総会後の事務

会社の資金関係の情報を開示する書類で貸借対照表などがある

■ 計算書類の承認

貸借対照表、損益計算書、株主資本等変動計算書、個別注記表を計算書類といいます。計算書類の金額は１円単位、千円単位、あるいは百万円単位で表示します。

会社は、各事業年度について、こうした計算書類と共に事業報告、附属明細書を作成し、会社の財政状態や経営成績を株主に開示しなければなりません。

取締役会設置会社の場合、監査役や会計監査人による監査を受けた計算書類は、取締役会に提出され、取締役会の承認を得てから定時株主総会に提出されます。

定時株主総会では、「第○号議案 第○○期計算書類承認の件」といった形で決議事項としてとりあげられ、提出された計算書類について承認するかどうかの決議が行われます。

定時株主総会での決議の結果、計算書類が承認されればその事業年度の計算書類が確定したことになります。

なお、臨時計算書類を作成した場合も株主総会の承認が必要です。臨時計算書類は、期中に剰余金の配当や自己株式の取得をするときに、財源規制の基準となる分配可能額を計算することなどを目的として作成されます。

ただし、会計監査人を設置している会社の場合、取締役が計算書類の内容を定時株主総会に報告するだけで、承認を得なくてもよい場合もあります。

株主総会で承認された貸借対照表は、臨時計算書類の場合を除き、総会終結後、遅滞なく公告する必要があります。

貸借対照表

事業年度末（当期末と表現される）の会社の財政状態を具体的な数値で表した書類。

損益計算書

一定の期間中における会社の経営成績を数値で表した書類。

株主資本等変動計算書

事業年度中の純資産の変動状況を示す書類。

個別注記表

貸借対照表や損益計算書などの計算書類を理解するために必要となる重要な事項を注記として記載してまとめた書類。

事業報告

会社の状況を数値で表す計算書類とは異なって、会社の事業の状況を文章で説明したもので、書類を作成する際の基となる情報も会計帳簿に限らない。

附属明細書

計算書類と事業報告の記載内容を補足するもので、重要な事項の明細を記載した書類。

監査役や会計監査人による計算書類の監査

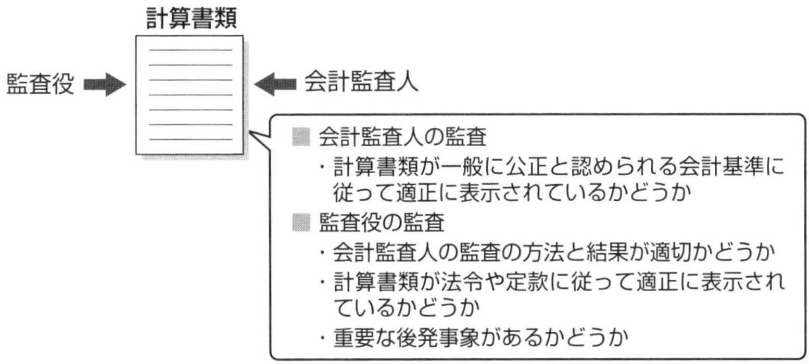

■ 決算公告・登記・議事録

貸借対照表などの計算書類を公告することを決算公告といいます。株式会社は、定時株主総会が終結した場合には遅れることなく決算公告をしなければならない、とされています。決算公告は、官報による公告、日刊新聞紙による公告、電子公告の3つのうちのいずれかの方法をとることが認められています。

株主総会決議で会社の登記事項が変更された場合には、登記申請が必要です。会社の登記事項を変更した場合、変更したときから2週間以内に変更の登記をしなければなりません。そして、登記申請の際には株主総会決議があったことを証明する書類として、株主総会議事録を登記申請書に添付します。

株主総会が開催された場合には議事録を作成することになります。議事録の作成期限については、法律上明記されていませんが、株主総会の終了後、遅滞なく作成する必要があります。決議事項により登記の内容が変わる場合には、決議の日から2週間以内に変更登記を行う必要があります。登記申請書には、株主総会議事録を添付するため、この場合には遅くとも決議後2週間以内に議事録を作成しなければなりません。

議事録の種類

株主総会の議事について作成する議事録を株主総会議事録、取締役会の議事について作成する議事録を取締役会議事録、監査役会の議事について作成する議事録を監査役会議事録という。

議事録の記載事項

会社法などで法定されている。株主総会議事録に必ず記載しなければならない事項は、株主総会の開催日時・場所、株主総会の議事の経過の要領と結果、株主総会に出席した取締役・執行役・会計参与・監査役・会計監査人の氏名や名称などである。また、議事録には作成者の氏名を記載する。

株主総会の議事録の作成手順

書面か電磁的記録で作成しなければならない

■ 作成は一定の期日までに行う必要がある

株主総会が開催された場合には議事録を作成することになりますが、議事録の作成期限については、法律上明記されていません。ただ、横浜にある会社の本店を東京に移転する場合のように、会議で決定された事項について、登記申請が必要になる場合は別です。株式会社が本店を移転する場合、取締役会や株主総会の決議により本店の所在地の移転を決定することになりますが、変更した日から２週間以内に本店を移転する登記の申請をしなければなりません（会社法915条）。登記申請書には取締役会や株主総会の議事録の添付が必要です。

このように、議事録自体に作成期限が定められていなくても、議事録を添付して行う登記の申請に期限が設けられている場合には、議事終了後速やかな議事録の作成が求められています。

議事録の形式

記載しなければならない事項（法定記載事項）は、各議事録によって異なる。逆にいうと、法定記載事項さえ記載していれば、その他の形式は原則として会社の自由である。そのため、会社によって形式が異なるのが通常である。会社の実情を反映させた独自の書式を作成してかまわない。

■ どのようなことを記載するのか

株主総会議事録に記載しなければならない事項は、会社法施行規則72条３項各号で具体的に定められています。この規定によると、株主総会の議事録には、図（次ページ）のような内容を記載しなければなりません。

また、たとえば、「取締役が株主総会に提出しようとしている議案や書類を調査した監査役が、法令・定款に違反する内容や著しく不当な事項があることを見つけた結果、その株主総会で報告した場合」など、一定の事項についての会計参与・監査役・会計監査人の意見・発言内容の概要も議事録に記載する必

株主総会議事録の主な記載事項

株主総会議事録の記載事項

- ① 開催日時・場所
- ② 議事の経過の要領と結果
- ③ 出席した取締役・執行役・会計参与・監査役・会計監査人の氏名または名称
- ④ 議長の氏名
- ⑤ 議事録の作成にかかる職務を行った取締役の氏名

要があります。

なお、会社法上、株主総会議事録については、出席した取締役などの署名・記名押印は不要ですが、一般には、「責任の所在を明確にする」「議事録が真正に作成されたものであること を証明する」などの理由により、株主総会議事録の場合であっても、代表取締役や議事録作成者が、会社代表印などを押印するケースが多いようです。

署名とは
本人が自署すること。

記名押印
氏名をゴム印またはワープロで打ち、その上で印鑑を押すこと。

■ 株主総会の決議と賛成者の割合の記載

株主総会の決議には、普通決議、特別決議、特殊決議があり、決議要件が異なります。

したがって、議事録には、それぞれの議案について決議要件を満たしていることを明らかにするために、「満場一致をもって」や「出席株主の３分の２以上の賛成をもって」といった賛成者の割合を示すことが必要になります。

Column

議題と議案

株主総会では「議題」と「議案」について討議することになります。

議題とは、株主総会の目的事項となるものです。たとえば、「取締役選任の件」について株主総会で議論する場合には、この「取締役選任の件」というテーマが議題になります。

他方、議案とは、株主総会において決議の対象となる目的事項の具体的な内容のことです。たとえば、「取締役選任の件」という議題が出されたときに、取締役の候補についての案が「議案」になります。

つまり、株主総会において議論するテーマが議題であり、その議題に対する具体的な提案が議案です。

一定数の株式を有している株主は、株主総会において「議題」を提案する権利を有します。株主総会において新たな議題が追加されると、株主総会に出席した株主はその議題について討議しなければならず、濫用的な権利行使により、総会の遅延や混乱を招くおそれがあります。そのため、議題提案権はすべての株主に認められているわけではなく、原則として一定数以上の株式を有する株主のみに認められています。

これに対して、株主総会において「議案」を提出する権利はすべての株主に認められています。株主総会において討議するテーマの中身について意見を述べることは、株主としての当然の権利だと考えられているためです。

また、議案を追加したとしても、議題を追加する場合と比較して、総会の遅延や混乱を招くおそれは少ないといえます。そのため、議案を提出する権利は、議題を提案する権利と異なり、議決権を行使できるすべての株主に認められています。

もっとも、議題と議案の区別について注意が必要な場合があります。たとえば、取締役の選任は議題ですが、特定の候補者の提案は議案になります。他方、取締役の解任は、議題において、対象となる取締役を特定する必要があります。

PART 5

取締役の職務と責任

PART5
1

取締役の職務と責任

取締役の職務

取締役と会社は委任の関係にある

■ 株式会社の経営は取締役が行う

企業の規模が大きくなると、それだけ出資者＝株主の数も多くなります。そうなると、株主の関心も様々ですから、経営にはそれほど興味はないという株主も出てきます。また、株主に必ずしも経営の能力があるとは限りません。そこで、株式会社では、会社の所有者である株主と会社の経営者である取締役らが制度上分離されています。このことを所有と経営の分離といいます。

つまり、株式会社の経営は、会社から委任を受けた経営のプロである取締役が行うということになります。

もっとも、このことは、「株主が経営者を兼ねてはいけない」ということを意味するわけではなく、特に小規模な企業では株主自ら経営を行うケースも多くあります。

業務とは

会社経営のために必要な行為のすべてを意味する。材料を仕入れることや、製品を製造すること、商品を販売すること、必要な設備を整えること、銀行から資金を借り入れること、など会社経営に必要なことはすべて業務であり、これが取締役の仕事ということになる。

■ 取締役の仕事は会社の業務執行

取締役の仕事は会社の業務執行を担当することです（なお、取締役会設置会社では、原則として代表取締役と業務執行取締役が業務執行を行います）。業務執行とは、会社経営のために必要な行為のすべてを意味します。

材料を仕入れることや、製品を製造すること、商品を販売すること、必要な設備を整えること、銀行から資金を借り入れること、など会社経営に必要なことはすべて業務執行であり、これが取締役の仕事ということになります。

業務執行の決定を行うのが取締役会ですが、その決定に基づ

日常的な業務

会社法上に記されている一定事項を除いて、代表取締役や業務執行取締役にその決定権限がゆだねられるとされている。
もっとも、取締役に課せられている善管注意義務を守った判断をしなければならない。たとえば、取引先や競合会社を十分に調査しないまま新規事業に乗り出したり、そのための資金を借りたりしてはいけない。

取締役の職務内容

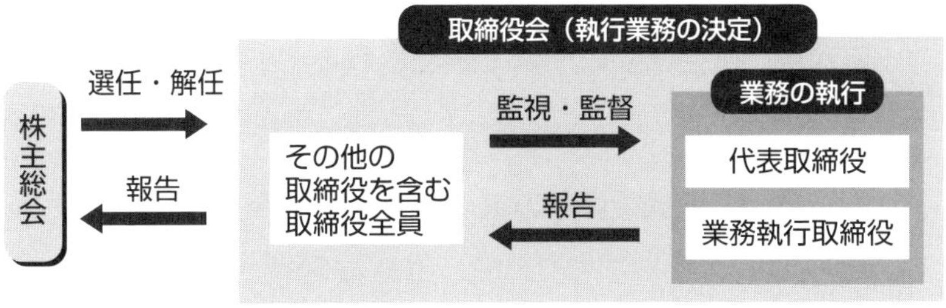

き、業務を誰が行うのかについては、会社法で、①代表取締役、②代表取締役以外で取締役会の決議によって業務を執行する取締役と指名された者（業務執行取締役）と規定されています（会社法363条）。②で記載したように、代表取締役以外の取締役で業務執行権限を与えられた者のことを業務執行取締役といいます。

結局、取締役会を設置する会社では、取締役会が業務執行についての意思決定を行い、代表取締役（あるいは業務執行取締役）が業務を執行します。個々の取締役は取締役会のメンバーとしての役割を果たすことになります。

■ 取締役の職務の監督

取締役の行為を他の取締役は監視・監督していくことになります。そのためには、取締役が会社の業務状況や財政を知っておく必要がありますから、代表取締役と業務執行取締役には、最低でも３か月に１度は業務の執行状況を取締役会に報告する義務が課せられています。

取締役会を設置しない会社の場合

原則として、各取締役が業務を執行する。取締役が２人以上いる場合には、取締役の過半数で業務を決定する。この場合、会社の支店（支社）などをまかされている支配人の選任・解任、支店の設置・移転・廃止、株主総会の招集に関する事項の決定、内部統制システムの整備などを各取締役に委任することはできない。

執行役員と取締役との違い

一部の企業では「執行役員」と呼ばれる者が選任されている。取締役会の規模を縮小すると共に、個々の業務執行を執行役員に任せている。執行役員は、取締役会または代表取締役から業務執行権限を与えられた者だが、会社法には定められておらず、取締役ではない。特定の部署の最高責任者として、従業員の中から選任されることが多い。

PART5
2

取締役の資格・選任

取締役の職務と責任

株主総会の決議で選任される

■ 取締役はどのように選任されるのか

取締役会は会社の経営方針を決定する機関です。ここでの判断を誤ってしまうと、会社の財政状況などが悪化し、経営の見通しが立たなくなります。不況が続いている現状を考えると最悪の場合は倒産といったことも考えられます。したがって、取締役会のメンバーである取締役に誰を選ぶのかは非常に重要な問題です。

取締役を選ぶ権限をもっているのは、出資者であり会社の所有者である株主です。株主は、会社の最高機関である株主総会に参加し、取締役を選任することで、会社の経営の方向をみずから定めていることになるわけです。なお、株主総会で取締役を選任するにあたっては、普通決議を経なければなりません。したがって、たとえば、創業者である社長が、株主として過半数以上の議決権をもっていなければ、自分の意思だけで取締役を任命するといったことはできないということになります。

■ 取締役選任の効力

取締役選任の効力は、株主総会において選任の決議がなされ、取締役が就任を承諾したときに生じます。選任された取締役の氏名は、登記されます。取締役が株主総会で選任されることを条件にあらかじめ就任を承諾している場合は、株主総会での選任決議によって直ちに選任の効力が生じます。また、取締役選任の登記を怠っていると、会社と取引をしている事情を知らない第三者に対して自分が取締役だということを主張できなくなります。

倒産

個人や企業が経済的に破たんして債務の支払いが困難になった状態のこと。倒産処理手続には、裁判所の関与を求め、法の規制に従って行われる法的整理とそれ以外の私的整理がある。

普通決議

議決権を行使できる株主のうち議決権の過半数をもつ株主が出席し、出席した株主の議決権の過半数によって行われる決議。

登記

不動産に関する権利関係や会社の重要事項について、登記所（法務局）という国の機関に備えている登記簿に記載すること。
企業と取引を行おうとする者が不測の損害をこうむることのないように、一定の事項について情報公開（公示）するためのシステムが商業登記制度である。

取締役の資格

資格がない者

①法人

②会社法、一般社団・財団法人法、金融商品取引法、倒産法（民事再生法、外国倒産処理手続の承認援助に関する法律、会社更生法、破産法）に定めた罪を犯し、刑に処せられ執行を終えた日または執行を受けなくなった日から２年を経過していない者

③その他犯罪を犯し、禁錮以上の刑に処せられ執行を終えていない、または執行を受けないことになっていない者

■ 定款で資格を制限できる

会社法は、取締役の資格に関して規定を設けています。具体的には、法人や、上図のように、会社法などの一定の法律の規定に違反して、刑罰を受けて、その執行が終了あるいは刑の執行を受けることがなくなった日から２年間を経過していない者などは、取締役に就任することができません。そして、定款で、取締役の資格を限定する定めを設けることができます。また、非公開会社（19ページ）の場合は、取締役を株主に限定する定めを置くこともできます。公開会社（18ページ）の場合は、取締役を株主に限定する定めを置くことは許されません。

なお、取締役が未成年者であってもかまいません。ただ、未成年者は親などの同意がなければ１人で法律行為ができない立場にあるので、未成年者を取締役に選ぶことが適切かどうかをよく検討しなければなりません。また、破産手続開始決定を受けた者でも取締役になることはできますが、取締役が破産手続開始決定を受けたときは、会社との委任契約が終了し、取締役の地位を失います。

一時役員・補欠役員

任期満了や辞任によって取締役が退任する場合、定員未満にならないように、株主総会ですぐに新しい取締役を選任してもらう必要がある。すぐに選任できない場合には、裁判所に取締役の業務を一時的に行う一時役員を選任してもらうことができる。
なお、欠員に備えてあらかじめ補欠役員を選任しておくこともできる。

PART5

3

取締役の職務と責任

取締役の人数・任期

取締役の人数と任期をおさえておく

■ 取締役の人数

取締役会非設置会社の場合、取締役は１人でもかまいません。取締役会設置会社の場合は、３人以上の取締役を選任しなければなりません。任期満了や辞任によって取締役が退任する場合、定員未満にならないように、株主総会ですぐに新しい取締役を選任してもらう必要があります。すぐに選任できない場合には、裁判所に取締役の業務を一時的に行う一時役員を選任してもらうことができます。

なお、役員の欠員については、一時的な役員を選任して対応することもできますが、欠員に備えてあらかじめ補欠の役員を選任しておくこともできます。このようにして選任された役員を補欠役員といいます。補欠監査役については、定款で任期前に退任した監査役の残りの任期を補欠監査役の任期とすることを定めることができます（たとえば、４年の任期の監査役が選任から２年後に死亡した場合、補欠監査役の任期は、残りの２年ということになります）。

■ 取締役の任期は何年か

取締役の選任・解任は、株主による経営のチェックの有効な手段のひとつです。会社の規模やしくみに応じて取締役の任期に差が設けられています。そこで、取締役の任期は株主によるチェックの必要性の大きさにあわせて、次のようになっています。

①　取締役の任期の原則

会社の取締役の任期は、原則として、選任後２年以内の最終

役員の欠員と一時的な措置

役員（取締役・監査役・会計参与）や代表取締役、指名委員会等設置会社における各委員会の委員に欠員が生じた場合、任期満了や辞任によって退任した役員らは、新しく役員らが就任するまで、引き続き役員としての権利義務をもつことになる。もっとも、これらの場合、必要があると認めるとき、裁判所は、在任する取締役など利害関係人の申立てに基づいて一時役員の職務を行う者を選任することができる。
また、会計監査人に欠員が生じた場合で、すぐに会計監査人が選任されないときは、監査役（監査役会、監査委員会、監査等委員会）は、一時会計監査人の職務を行う者を選任しなければならない。

会社のパターンと取締役の任期のまとめ

員 数	1人以上（取締役会を設置する場合には３人以上）
任 期	・原則→最長２年（定款・株主総会決議で短縮できる） ・例外１…指名委員会等設置会社等以外の非公開会社 →最長10年 ・例外２…指名委員会等設置会社 →最長１年 ・例外３…監査等委員会設置会社 監査等委員以外の取締役 →最長１年（監査等委員である取締役については最長２年）

の決算期に関する定時総会の終結の時までです（定款・株主総会の決議で短縮することもできる）。

② 非公開会社の取締役の任期

指名委員会等設置会社や監査等委員会設置会社を除く非公開会社の取締役の任期は、定款で最長、選任後10年以内の最終の決算期に関する定時総会の終結の時まで伸長することができます。

③ 指名委員会等設置会社の取締役の任期

選任後１年以内の最終の決算期に関する定時総会の終結の時までです。委員会を設置するような大規模な会社では、取締役が権限を濫用して会社や株主の利益を侵害する危険が大きいため、任期を短くしてチェックがしやすいようにしています。

④ 監査等委員会設置会社の取締役の任期

監査等委員以外の取締役の任期は、原則として選任後１年以内の最終の決算期に関する定時総会の終結の時まで、監査等委員である取締役の任期は、原則として選任後２年以内の最終の決算期に関する定時総会の終結の時までです。監査等委員といえども経営の決定に関与するので、監査役（４年）よりは短い期間となっています。

非公開会社で任期が10年の理由

小規模な会社では株主と取締役の利害が一致する場合が多く、取締役が会社の利益に反する行為をする危険も小さいため、任期を10年まで伸長することが認められている。

取締役の辞任・解任

登記申請のために辞任届などが必要

■ 取締役を辞任するときは前もって届け出る

取締役は、任期の途中にいつでも辞任することができます。辞任の意思表示は、通常は代表取締役に対して行います。代表取締役に対して行うことができない場合は、取締役会において辞任の意思表示をします。

代表取締役が辞任するときは、他に別の代表取締役がいれば別の代表取締役に、他に代表取締役がいなければ取締役会へ辞任する旨を申し出ます。辞任の申し出をした時点で辞任の効力が生じます。ただし、辞任に伴う役員変更登記の際に辞任届などが必要になります。役員変更登記は辞任の効力発生後、２週間以内に行います（本店所在地の場合）。

取締役退任の登記が虚偽であった場合

虚偽の登記申請をした代表取締役は刑法上の「公正証書原本不実記載罪」に問われ、５年以下の懲役または50万円以下の罰金が科される。

登記申請をする場合、登記申請にかかる費用について登録免許税の納付が必要です。本店所在地での役員の変更登記であれば、１件につき３万円（資本金の額が１億円以下の会社については１万円）です。

■ 取締役が解任される場合とは

取締役は、通常、任期の満了によって退任しますが、任期の途中で辞任したり、解任させられたりすることもあります。自発的に辞める辞任とは違い、解任は、取締役を辞めさせることです。取締役を解任するには、原則として株主総会で決議する必要があります。

株主総会で解任決議をするためには、総株主の議決権の過半数にあたる株式をもつ株主の出席（定足数）を満たした上で、

取締役の解任

取締役 →（通常）任期の満了によって退任する

株式会社 → 取締役：任期の途中での解任

【解任の手続き】（原則）

- 株主総会での解任決議
  ⇒総株主の議決権の過半数にあたる株式をもつ株主の出席（定足数）

＋

議決権の過半数の賛成が必要

【解任の訴え】

- 取締役の不正行為または法令・定款に違反する重大な事実が発生

↓

- 役員を解任する旨の議案が株主総会で否決

↓

一定の株主は取締役の解任の訴えを提起可能

提訴期間：株主総会の日から30日以内

株　　主：公開会社では６か月前から引き続き総株主の議決権（あるいは発行済株式）の３%以上をもっている株主

その議決権の過半数の賛成が必要です。なお、取締役の解任という重要な事項であるため、普通決議と異なり、定款変更によって定足数を減らすことができるのは、議決権の３分の１までとなっています。

ただ、解任することに正当な理由がない場合、会社は解任された取締役に対して損害賠償責任を負うこともあります。

■ 解任の訴えとは何か

取締役の不正行為または法令・定款に違反する重大な事実があったにもかかわらず、その役員を解任する旨の議案が株主総会で否決された場合、一定の要件を満たす株主は裁判所に取締役の解任を請求する訴えを提起することができます。

解任の訴えの期間や提起の要件

解任の訴えについて、提訴期間は総会の日から30日以内である。また、提起することができるのは、原則として、訴え提起の６か月前から引き続き総株主の議決権（または発行済株式）の３%以上をもっている者に限られる。

取締役の報酬

定款または株主総会で決定される

報酬とは

報酬とは、職務執行の対価として会社から支給される財産上の利益のことです。金銭に限らず、現物報酬も含まれます。賞与も職務執行の対価といえますから、報酬と同じ規制に服します。

取締役の報酬を取締役会あるいは代表取締役が自由に決定できる「お手盛り」の弊害を防止するため、取締役の報酬は定款または株主総会で決定するとされています。定款に定めがあればそれに従いますが、定款に定めがない場合、次の事項を株主総会で定めます。①報酬などのうち額が確定しているものについてはその額を定め、②報酬などのうち額が確定していないものについては、その算定方法を定め、③報酬などのうち金銭でないものについては、その具体的な内容を定めます。

なお、取締役の報酬が具体的に株主総会で決められた場合には、取締役と会社との間で報酬について契約が交わされたといえるので、取締役の同意がない限り、株主総会や取締役会の決議によって、減額したり不支給とすることはできません。いったん発生した報酬請求権は、取締役と会社との間で交わされた契約によって取締役にもたらされた既得利益といえるからです。

取締役個々の報酬額を決めることまでは義務付けられていないと考えられています。報酬の総額を決議し、それをどのように配分するかは取締役会に一任するのが一般的です。また、令和元年の会社法改正により、取締役の報酬に関するルールが整備されました。具体的には、監査役会設置会社のうち、公開会社かつ大会社であって、かつ内閣総理大臣へ有価証券報告書の

減額や不支給とすることはできない

取締役の報酬が具体的に株主総会で決められた場合には、取締役と会社との間で報酬について契約が交わされたといえる。したがって、取締役の同意がない限り、株主総会や取締役会の決議によって、減額したり不支給とすることはできない。

取締役に使用人としての退職金を支払う場合

「退職慰労金」は、従業員に支払われる賃金の後払いや退職後の生活保障といった意味をもつとされる「退職金」とは違う。
使用人兼務取締役は使用人と取締役の両面を持っているので、退職する時は退職金と退職慰労金を支払う必要があるから、それぞれの規程に沿った給付が必要となる。

取締役の報酬決定のしくみ

● 指名委員会等設置会社以外

定款の定め
- あり → 定款の定めに従う
- なし → 株主総会の決議で定める
  個別の報酬については、取締役会（取締役会非設置会社は、取締役の過半数による決議）の決定に委任することができる

監査等委員会設置会社の場合、監査等委員である取締役の報酬とそれ以外の取締役の報酬とを区別して定める

報酬
- 監査等委員である取締役の報酬
- その他の取締役の報酬

● 指名委員会等設置会社

取締役の個別報酬について、報酬委員会が決定する

提出義務を負う会社と監査等委員会設置会社は、取締役の個人別の報酬内容について、株主総会により決定されていない場合には、取締役会においてその方針を定めなければならず、その概要に関して公開する義務を負います。さらに、取締役に対して、株式などの金銭以外の内容を報酬にする場合には、株主総会決議によって、報酬として交付する株式の数の上限などを定めなければなりません。

■ 取締役の退職慰労金は株主総会で決定される

退職慰労金は社会一般の用語では「報酬」ではありません。しかし、退職慰労金は報酬の後払い的性格を有するものであり、取締役会でこれを決定できるとすると、取締役らが不当に高額な退職金を給付してしまうおそれもあります。したがって、退職慰労金も「報酬」に含めて考えて、株主総会の決議が必要です。

退職慰労金に関して

実際の株主総会では、「退任した取締役に、当社の役員退職慰労金規程に従って相当額を支払う」と決議することが多い。ただ、このような決議をするには退職慰労金の具体的な額の算定基準が退職慰労金規程などではっきり決まっている必要があり、かつ株主がそれを閲覧できる状態になっていなければならない。

取締役の報酬として株式交付する場合

上場会社が、取締役に対して、株式の交付により報酬を支払う場合には、それに伴う金銭の払込みなどの出資を不要にすることが可能である。

取締役の義務

会社に対して忠実であること

会社との関係は委任関係

従業員は会社と雇用契約を結んで仕事をしています。しかし、取締役は従業員と違い、会社と雇用契約を結んで業務を執行しているわけではありません。取締役は株主総会で選ばれますが、これを法律的に見ると、会社のオーナーである株主が、業務の執行を取締役に任せているという形になります。このような契約を委任契約といい、会社と取締役は委任契約によって結びついていることになります。

委任契約は、ある人がある人に対して一定の活動を依頼し（委任）、依頼された人がこれを承諾すること（受任）で成立する契約です。会社が取締役になることを依頼し、それを承諾したのですから、取締役になった以上、委任の趣旨である会社経営のために全力を尽くさなければならない義務が課せられています。法律上、これを善管注意義務と呼んでいます。

また、会社法355条には、「取締役は、法令及び定款並びに株主総会の決議を遵守し、株式会社のため忠実にその職務を行わなければならない」と定められています。これを忠実義務と呼んでいます。

善管注意義務違反といえる場合

取締役はその地位にある者として通常要求される程度の注意をしつつ、会社経営をしていかなければならない。たとえば、取引先の財務状況を調べもせずに融資をしたために会社に損害を発生させた場合には、この善管注意義務に違反する可能性が高いといえる。

忠実義務

忠実義務は、善管注意義務と内実は同じであり、別段の義務を課すものではないと考えられている。

その他にも様々な義務がある

取締役は類型的には従業員よりも責任や裁量が大きいことから、会社の利益に反する取締役の行動を防止する要請が高いといえます。そこで、一定の行為については事前に取締役会の承認を得ることを義務付けている他、取締役同士による相互の監

取締役と会社の関係

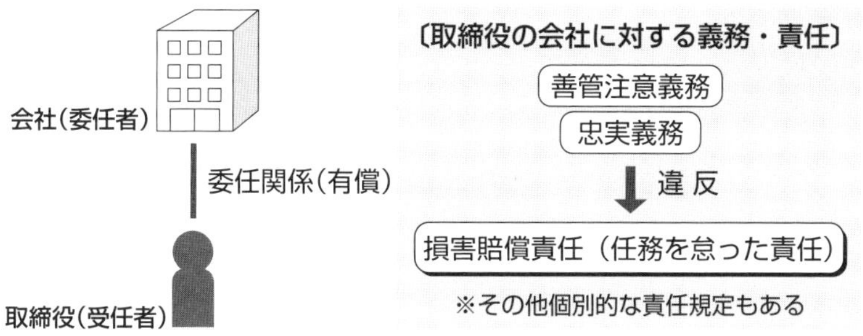

視・監督を義務付けています。

たとえば、取締役が会社の営業の部類に属する取引を自分や第三者の利益のためにする場合は取締役会の承認を得なければなりません。この義務を競業避止義務と呼びます。

また、取締役が自分または第三者の利益のために会社と取引することは、取引の条件によっては会社に不利益をもたらす可能性もありますから、これも、取締役会の承認が必要になります。このような規制を利益相反取引についての規制と呼びます。

取締役には取締役会に出席し、代表取締役や自分以外の取締役が会社の利益のために会社の経営方針に沿った適正な業務執行をしているか、法令や定款に反するような行動をしていないかなどを監視し、不適切な行動があればそれを是正する義務もあります。

取締役会は、大きな権限をもった取締役がその権限を濫用することを防ぎ、会社の経営を円滑かつ迅速に行っていくための機関です。取締役同士の監視・監督義務は取締役の重要な義務となっています。

監視義務と内部統制システムの整備

取締役は、代表取締役や他の取締役の行為が法令・定款に違反していないかどうかを監視する義務も負う。
また、大会社（資本金が5億円以上または負債が200億円以上の会社）の場合は、取締役（取締役会設置会社の場合は取締役会）に、内部統制システム（社内の業務遂行が適正に行われるようにするためのルールと体制）の基本方針を決定する義務が課されている。

取締役の会社に対する責任

任務懈怠があれば責任を負う

■ 取締役の責任は過失責任が原則

取締役は、任務を怠った場合に会社に生じた損害を賠償する責任を負います（任務懈怠責任）。任務懈怠とは、言い換えれば善管注意義務・忠実義務に違反することです。具体的には、競業避止や利益相反取引の規制に関する違反、法令・定款違反など、会社の取締役の地位にある者に通常要求される注意義務を欠いたと考えられる行為はすべて含まれます。任務懈怠責任は、過失責任（不注意があった場合にだけ負う責任）であり、責任を追及するためには、取締役が注意義務に違反したこと（任務懈怠）を会社が立証（証明）する必要があります。

もっとも、会社に取締役の債務を保証させるなど会社と取締役・第三者との利益が相反する取引（利益相反取引）をした取締役については、任務懈怠があったと推定されます。この場合、取引を決定した会社の取締役や取締役会の承認決議に賛成した取締役（議事録に異議をとどめなかった取締役も含む）にも任務懈怠が推定されます。したがって、取締役は、任務懈怠がなかったことを証明できなければ、会社に対して損害賠償責任を負うことになります。つまり、任務懈怠に関する立証の責任が会社ではなく取締役に移ります。さらに、自分のために当事者として利益相反取引（自己取引）を行った取締役は、無過失責任を負います。

競業取引の規制

取締役による競業取引は、事前に取締役会の承認を得ることが義務付けられている。なお、ノウハウや情報をもつ取締役や従業員が会社の競争相手となって、会社に損害を与えることを防ぐため、会社が取締役や従業員との間の合意により、在職中や退職後一定期間の競業取引を禁止することもある。

利益供与の禁止

取締役・執行役による総会屋（株主の地位を利用して、会社を攻撃したり、擁護したりすることの見返りとして、会社から金銭などを受けとる者）への資金提供などを禁止すること。

■ 取締役による会社財産の毀損と損害賠償額

会社は、株主の権利行使に関して財産上の利益を供してはならず、これに関与した取締役・執行役は、供与した利益相当額

経営判断の原則

経営判断の原則（ビジネス・ジャッジメント・ルール）

企業経営の判断は、専門的・政策的

▼

取締役の裁量は広い

▼

取締役の行為により、結果として会社に損害が生じたとしても、
①取締役の事実認識に不注意がなく、
②それに基づく意思決定が経営者として不合理でない場合

▼

取締役は会社に対して責任を負わない

を会社に対して連帯して支払う義務を負います。

　また、会社が分配可能額を超えて剰余金の配当を行った場合、取締役・執行役は配当金相当額を会社に対して賠償する責任を負います。また、自己株式の取得などにより会社に欠損が生じた場合、当該行為に関する職務を行った取締役は、会社に対してその欠損額を連帯して賠償する責任を負います。

■ 経営上の判断と任務懈怠

　経営判断についての事後的な評価によって取締役が法的責任を負うとすると、取締役の判断を萎縮させることになり、ひいては株主の利益をも害することになります。そこで、結果的に会社に損害が発生した場合であっても、業務執行が合理的な手続きに従って誠実になされていたといえるときには、会社に対する損害賠償責任を問われることはないとされています。これを経営判断の原則といいます。他方、当時の状況や取締役に期待される能力から見て、経営上の判断が著しく不合理であったといえる場合には、任務懈怠があったものとして、会社に生じた損害を賠償する責任を負います。

取締役会の決議に賛成した取締役の責任

任務を怠った取締役自身が責任を負うのは当然だが、取締役の行為が取締役会の決議に基づいて行われた場合には、取締役会の決議に賛成した取締役も責任を問われることがある。つまり、問題となった行為の直接の行為者でなくても、決議に賛成していることから、任務を怠ったと推定されることがある。また、取締役会で反対した取締役も、取締役会の議事録で反対した旨の記録を残しておかないと、賛成したものとして扱われる可能性がある。

PART5
8

取締役の職務
と責任

取締役の会社に対する責任の免除・軽減

責任限定契約など責任軽減の方法はある

■ 取締役の責任の免除・軽減

取締役などの役員には株主代表訴訟により高額の損害賠償請求がなされるなどのリスクがあります。そこで、役員の職務執行が萎縮することを避けるため、総株主の同意による責任免除以外にも、一定の責任軽減の制度が設けられています。

① 株主の同意による責任の免除

総株主の同意があれば、取締役ら役員の任務懈怠による責任、利益供与による責任を免除することができます。

また、違法な剰余金配当による責任も、分配可能額の範囲に限って免除することができます。

② 株主総会決議による責任の軽減

任務懈怠による取締役らの責任については、取締役ら役員が職務を行うにあたって善意であり（知らずに）、かつ、重大な過失（不注意）がない場合には、株主総会の特別決議により、その責任の一部を免除すること（つまり責任の軽減）ができます。免除されるのは、賠償責任を負うべき額から一定額を差し引いた額を限度とします。なお、責任軽減の議案を株主総会に提出する場合には、監査役全員の同意がなければなりません。

③ 取締役会決議による責任の軽減

取締役が２人以上いて監査役を設置する会社、監査等委員会設置会社、指名委員会等設置会社は、定款で定めれば、取締役会決議で役員の任務懈怠に基づく責任を一部免除（軽減）することもできます。取締役会非設置会社の場合は、責任を負う取締役以外の取締役の過半数で、責任の一部免除を決定します。

一部免除の限度額

賠償額から次に示す一定の額の合計額を控除した額を限度として取締役の会社に対する責任を免除することができる。

- 取締役が在職中に会社から受ける報酬などの６年分（代表取締役の場合）、４年分（代表取締役以外の取締役の場合）、２年分（業務を執行しない取締役の場合）
- 取締役が新株予約権を引き受けた場合のその利益に相当する額

役員などの責任を免除・軽減する制度

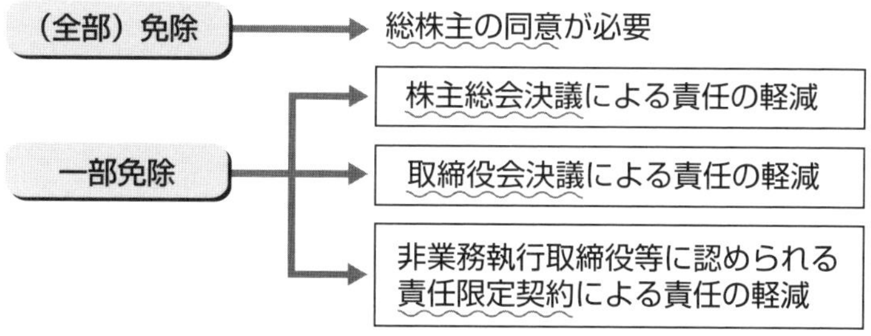

②の場合と同様、取締役ら役員が職務を行うにあたって任務懈怠を知らず（善意）、かつ知らないことについて重大な不注意（重過失）がないことが必要です。また、免除が認められる限度額も、②の場合と同じです。

④　責任限定契約による責任の軽減

業務執行取締役以外の取締役、会計参与、監査役、会計監査人と任務懈怠の責任を限定する契約（責任限定契約）を締結できます。自ら業務を執行しない取締役などは、自分のリスクを十分にコントロールすることができず、過大な責任を負うとすると、取締役などへの就任を躊躇することにもつながりますので、あらかじめ責任を限定しておく方法が認められているわけです。

任務懈怠に基づく責任については、あらかじめ責任を限定する契約（責任限定契約）を会社との間で結ぶことができます。職務を行う際に、非業務執行取締役などが任務懈怠を知らず（善意）、かつ知らないことについて重大な不注意（重過失）がない場合には責任限定契約を結ぶことができる旨を定款に定めることができます。この契約を締結した場合、定款で定めた範囲内であらかじめ会社が定めた額と前述した②の責任限度額のどちらか高い方を限度として責任を負うことになります。

取締役会決議による責任の軽減

取締役会決議において、役員などの責任の免除が認められるのは、責任の原因となった事実の内容、役員の職務の執行状況などを考慮して、特に必要がある場合に限られる。

責任限定契約の対象者

社外取締役に限らず、業務執行に関与せず、もっぱら経営に対する監督を行うことが期待される者については、事前にリスクを限定することが可能になっている。

競業取引・競業避止義務

会社に損害が出た場合には賠償責任を負う場合もある

■ 競業取引については会社の承認が必要

競業取引とは、会社の事業の部類に属する取引を取締役・執行役が自己または第三者のために行うことです。たとえば、電化製品を扱うA社の取締役である甲が、B社の取締役として電化製品の取引をするような場合がこれにあたります。

会社の取引先やノウハウ、企業秘密などを知っている取締役・執行役が、会社の競争相手となって取引をすることは、会社の利益を損なうおそれがあります。そのため、取締役・執行役が競業取引をする場合には、取締役会（取締役会非設置会社では、株主総会）の承認が必要となります。

■ 取締役会設置会社の場合には報告も必要

取締役会設置会社の場合、競業行為について取締役会の承認を得ることができたとしても、その取締役は自由に事業を行えるわけではありません。自分の事業の取引の結果について取締役会で報告することが義務付けられています。

その報告を受けて取締役会は、それが以前に取締役がした説明通りの取引かどうかを判断することになります。報告とは違う取引が行われていた場合は、その取引について取締役会の承認がないわけですから、競業取引規制に違反する行為となります。そうなると、競業取引によって取締役などが得た利益額は会社の損害額であると推定されることになり、違反した取締役は会社に対して損害賠償責任を負わなければなりません。

また、取締役会の承認を得ていたとしても、競業行為により

なぜ競業取引が規制されるのか

取締役が様々な情報を得て、人脈を作っていけるというのは、会社あってのこと。それを忘れて会社を裏切るような行為、会社に不利益を与えるような行為をすることは許されない。そこで取締役には、競業取引を行う場合には会社の承認を得る義務が課されている。

過失推定規定

取締役が会社と競業取引や利益相反取引をして、会社に損害が生じたときは、取締役の任務懈怠が推定される。この場合、取引をした取締役自身はもちろん、取引を決定した会社の取締役や取締役会の承認決議に賛成した取締役（議事録に異議をとどめなかった取締役も含む）にも過失が推定される。したがって、取締役は、過失がなかったことを証明できなければ、会社に対して損害賠償責任を負う。

取締役が会社の承認を得ないで競業取引をした場合

取締役が会社の承認を得ないで競業取引を行った

→ 取引自体は有効

→ 会社は違反した取締役に対しては損害賠償を請求できる

→ 取締役を解任できる場合もある

会社に損害を与えた場合、取締役は損害賠償責任を負います。この場合、取締役会で競業行為を承認した取締役もいっしょに責任を負わなければなりません。

■ 損害賠償額はこう決まる

取締役会の承認がない競業取引を行っていた場合の損害賠償額は、その取締役が事業によって得た利益の全額となります。それを減額するためには、自分の競業行為によって会社が受けた損害はそれよりも少ないということを裁判で証明していかなければなりません。

これに対して、取締役会の承認を得ていた場合には取締役が得た利益が損害賠償額になるわけではありません。一応、取締役会の承認があるので、この場合は、会社が、取締役の競業取引により会社にどれだけの損害が発生しているのかを裁判で証明し、賠償額が決まります。その賠償額について競業取引をした取締役と取締役会で承認した取締役が連帯して会社に支払うことになるのです。

競業取引をした場合の損害額の推定

取締役が、会社の承認を得ずに競業取引をした場合、その取引によって取締役、執行役、第三者が得た利益の額は、会社に生じた損害の額と推定される。したがって、取締役は、会社に生じた損害が競業取引によって得た利益と異なることを証明できなければ、その利益額をそのまま会社に賠償しなければならない。

利益相反取引

取締役会の承認は個別・具体的に行うこと

■ 直接取引と間接取引

取引によっては、取締役が持っている資材を会社に売る場合などのように、取締役個人と会社との間で行われるものもあります。このような取引を直接取引と呼びます。また、取締役自身ではない第三者と会社との間で行われる取引の中には、実質的に見て会社と取締役との利益が相反する場合もあります。これを間接取引と呼びます。これらの会社に不利益を与えるおそれがある取引を利益相反取引といいますが、利益相反取引は、取締役会の承認を得なければできません。取締役会の承認なく利益相反取引を行っても、原則として無効になります。

なお、利益相反取引になるかどうかの判断は、実質的に見て会社と取締役の利益が相反するかどうかにかかってきます。

■ 具体的にはどのような手続が必要か

競業取引の場合と同じように、取締役会（取締役会設置会社の場合）または株主総会（取締役会非設置会社の場合）に、取引についての重要な事実を示して承認を受けなければなりません。取締役会設置会社の場合は、取引後も、遅滞なく取締役会にその取引についての重要事実を報告しなければなりません。

■ 承認は個別・具体的に行う

利益相反取引に対して、取締役会は取引ごとに検討して承認する必要があります。包括的に検討・承認してはいけません。承認を得ないで行った利益相反取引は原則として無効ですが、

利益相反取引になるケース

取締役に対して会社が約束手形を振り出すことは、利益相反取引に該当するのが原則である。また、取締役の個人的な借金の連帯保証人に会社がなることも利益相反取引といえる。

利益相反取引にあたらない場合

取締役が会社に対して無担保あるいは無利息で融資する行為は会社に不利益を与えない。したがって、利益相反取引には該当しない。取締役が自分の財産を会社に無償で贈与したり、取締役が会社に借金を返済したりすることも、会社に損害や不利益を与えるわけではないから、利益相反取引ではない。

利益相反取引の承認

たとえば、「取締役の借金の連帯保証人になる」というようなものではなく、「取締役が甲会社から借りている500万円の借金についての連帯保証人に会社がなる」というように、具体的な行為に対しての承認でなければならない。

利益相反取引の例

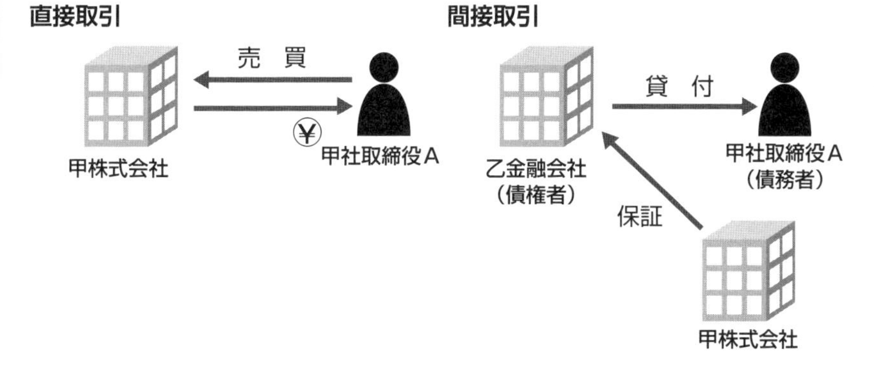

事情を知らないで取引に関して利害を持った第三者を保護するため、会社はそのような第三者に対して無効を主張することはできません。また、事後的に取締役会の承認を得ることができれば、承認前も承認後もその取引は有効となります。

■ 承認を受けた場合でも注意が必要

利益相反取引を取締役会で承認されたとしても、取締役は会社に損害を与えないようにしなければなりません。また、その取引が事前の報告通りの内容か、会社に不利益をもたらしていないかなど、利益相反取引の経過や結果を取締役会で報告する必要もあります。取締役会がその取締役に報告を求めることもできます。取締役会の承認を得た利益相反取引であっても、その取引が結果として会社に損害を与えている場合、取締役の任務懈怠が推定され、さらに、直接取引については、たとえ落ち度はなかった（無過失であった）としても、取締役は会社に対して損害賠償責任を負います。取締役会での承認の際に賛成した取締役も利益相反取引を行った取締役と連帯して責任を負う場合があります。

親会社等との取引

市場価格よりも高値で親会社の不動産を子会社に売却するなど、親会社などとの間の取引は、類型的に会社の利益を損なうおそれが高い。そこで、利益相反取引に該当する場合に会社の承認を得る必要があることの他、親会社などとの間の取引（関連当事者取引）については、不当に会社の利益を損なう取引が行われることを抑止するため、計算書類の注記表などにおいて情報開示を行うことが義務付けられている。

PART5
11

取締役の職務
と責任

第三者に対する責任

直接損害だけでなく間接損害についても責任を負う場合がある

■ 第三者に対する責任とは

役員等の任務懈怠行為によって、会社以外の第三者（株主や会社債権者）に損害が発生した場合、取締役は、その第三者に対しても特別の責任を負います。

具体的には、取締役が自らの任務懈怠を認識し（悪意）、または重過失（重大な不注意）で自らの任務懈怠を認識できていなかった場合に、それによって第三者が受けた損害を賠償する責任を負います。

第三者を害することについて、わざと、あるいは不注意によるものでなかったとしても、任務を怠ったことを知っていた場合や重大な不注意で知らなかった場合であれば、取締役の責任が認められます。

■ 責任を負うべき損害の範囲は

第三者に損害が発生するケースとしては、まず、取締役の行為によって直接第三者が損害を被る場合（直接損害）があります。次に、取締役の行為から１次的に会社が損害を受け、その結果として２次的に第三者が損害を受ける場合（間接損害）があります。たとえば、取締役の任務懈怠によって会社が倒産したため、会社に金銭を貸し付けていた人が貸金を回収できなくなったというような場合が間接損害の例です。

第三者を強く保護する必要がありますから、取締役は、直接損害だけでなく間接損害についても責任を負うことになります。

第三者に対する責任

会社法は、取締役に対して会社以外の第三者に対する特別の責任を認める規定を設けている。そもそも、故意または過失によって他人に損害を与えたときは、民法上、損害賠償責任を負うが（不法行為責任）、役員等については、職務が適正に行われないと会社の内外に広く影響を及ぼすおそれがある。そこで、会社法は、悪意または重過失による任務懈怠の結果として、他人に損害を与えたときは、他人を害することについて故意または過失がなかったとしても、損害賠償責任を負うものとし、役員等の責任を特に重く定めているのである。

第三者が被る損害

第三者を強く保護するという法の趣旨からすると、直接損害だけでなく間接損害についても取締役の賠償責任を認めるべきで、判例もこのような立場に立っている。

取締役の第三者に対する責任

直接損害と間接損害

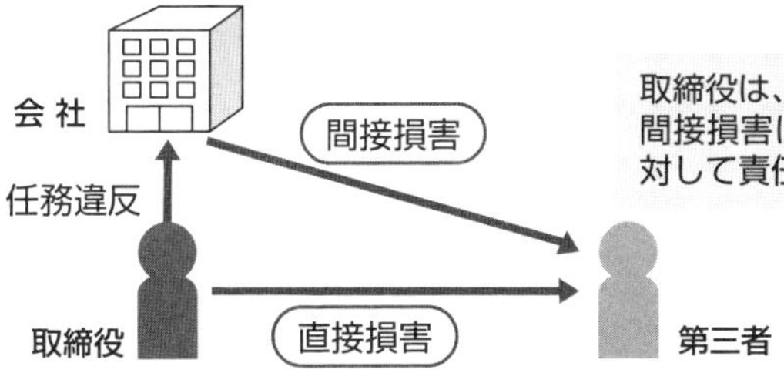

取締役は、直接損害だけでなく、間接損害についても、第三者に対して責任を負う

責任を負う者の拡張

- 名目的取締役 … 取締役として選任されているが、会社との合意などにより、実際には取締役の職務を行っていない者
- 表見取締役 … 実際には取締役の地位にないが、登記簿などの外見上取締役とされている者
- 事実上の取締役 … 取締役の地位にないが、会社を支配するなど実質的に取締役といえる者

■ 不法行為責任との関係

不法行為責任は、契約関係にあるかどうかを問わず、違法行為をした加害者が、被害者に対してその損害を賠償するという責任です。これに対して、取締役の第三者に対する責任は、取締役の職務行為について第三者に生じた損害を取締役に賠償させるものです。不法行為の場合、相手方を害することについて故意（わざと）や過失（不注意）が必要になります。しかし、取締役の第三者に対する責任の場合は、自らの任務懈怠を認識していたり、または重過失（重大な不注意）によって任務懈怠を認識できていなければその責任を負うことになり、相手方を害することについての故意や過失は不要です。また、任務懈怠が法律上または事実上推定されることも多く、被害者にとっては、取締役の第三者に対する責任を追及する方が容易だといえます。

第三者には株主も含まれる

取締役が責任を負うことになる「第三者」とは、取締役・会社以外の者という意味である。会社債権者はもちろん、株主も会社そのものではないので、第三者にあたる。また、会社の従業員も「第三者」に含まれる。

PART5
12

取締役の職務
と責任

補償契約と役員等賠償責任保険

役員などの責任を補填するための制度

■ 補償契約（会社補償）とは

補償契約とは、役員などが株主代表訴訟などにおいて負担する一定の費用の全部あるいは一部について、株式会社が補償するという内容の契約です。会社が役員に金銭的な保護を与えることは、利益相反取引にあたるおそれがありますが、役員の職務執行が萎縮しないよう、このような契約を認める必要もあります。そこで、令和元年改正会社法は、補償契約の具体的な条件を定め、会社法の条件に沿った補償契約については、利益相反取引にあたらないことを明文化しました。

具体的には、役員などが職務遂行にあたって、会社法をはじめとする法令の規定に違反した疑いを持たれ、株主代表訴訟（責任追及等の訴え）を提起された場合に、それに対処するためにかかった費用について、補償契約に基づき、株式会社による補償を受けることができます。また、役員などが職務遂行にあたり、第三者に対して損害を与えた場合に、役員などが第三者に対して負担する損害賠償費用や、和解が成立した場合に支払う和解金などの損失についても、株式会社が補填します。

なお、株式会社が補償する金額は、役員などが負担する上述の費用のうち、通常必要と考えられる費用の範囲内に限られます。また、役員などの会社に対する任務懈怠責任が認められる場合については、補償の対象外です。役員などの、意図的（故意）あるいは重大な落ち度（重大な過失）による職務遂行の結果生じた損害賠償責任についても、補償の対象外となります。

さらに、株式会社が役員などに補償した場合に、役員などが

役員等賠償責任保険（D&O保険）

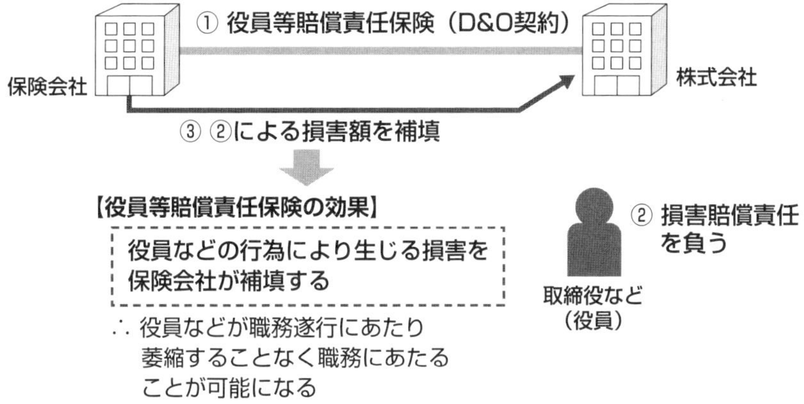

自己や第三者の不正な利益を図り、または、会社に損害を加える目的で職務を行っていたことを知ったときには、株式会社はその役員などに対して、株式会社が補償した金銭の返還を請求することが認められています。

■ 役員等賠償責任保険（D&O保険）とは

役員等賠償責任保険とは、株式会社が保険会社との間で、役員などのために締結する責任保険をいいます。Directors and Officersの頭文字をとって、D&O保険とも呼ばれています。

取締役をはじめとする株式会社の役員などは、職務を遂行するにあたって損害賠償責任を負担する場合があります。そのような場合でも、D&O保険を締結していれば、賠償によって生じた損失を保険料でまかなうことができます。D&O保険についても、補償契約と同様に、実際上の必要性から、会社法の条件に沿ったものであれば、会社が保険料を負担するとしても、利益相反取引にはあたらないとされています。

補償契約と役員等賠償責任保険

補償契約（会社補償）も、役員などの責任を補填する機能を持つが、補償する主体が会社である点で、D&O保険とは異なる。
なお、補償契約と役員等賠償責任保険契約の両方とも、その内容は株主総会（取締役設置会社においては取締役会）の決議で決定されなければならない（株主総会の場合、普通決議で足りる）。

PART5
13

取締役の職務と責任

内部統制システムの整備

業務の適正を確保するしくみ

■ 内部統制システムとは

内部統制システムとは、会社の業務の適正を確保するために必要なしくみ（システム）のことです。

特に大企業の場合、虚偽記載やインサイダー取引などの違法行為が社会に与える影響が大きいため、ある程度の規模をもつ会社では、内部統制システムを作り上げることが必要になります。大会社では、取締役会（設置しない会社では取締役）に内部統制システムの構築の基本方針の決定が義務付けられています。取締役会設置会社の場合は、取締役会で決定し、取締役会を設置しない場合は、取締役が決定しなければなりません。

取締役・執行役は会社に対して、善管注意義務や忠実義務を負います。そして、この義務から派生する義務として、判例や学説上、取締役には、他の取締役を監視する義務（監視義務）があるとされ、会社法上も、これらの義務が明確に規定されています。また、取締役の善管注意義務などに含まれるものとして、各会社の状況に応じた内部統制システムを構築する義務があるものと通常考えられています。取締役がこの義務に違反した場合、損害賠償責任を負うことになります。つまり、法律や社内規程により内部統制システムの構築義務があるにもかかわらず、取締役が適切な内部統制システムを構築していない場合には取締役の責任を追及できます。

しかし、どのような内容の内部統制システムを整備するかは取締役の広い裁量にゆだねられていると考えられています。そのため、実際のところ、取締役の責任が認められるのは、取締

監視義務

他の取締役らが法令・定款を遵守し、適法かつ適正に業務を行っているかどうかを監視し、違法・不当な業務執行を是正する義務。取締役会設置会社では、取締役の職務執行の監督が取締役会の権限とされており、代表取締役や業務執行取締役には、3か月に1回以上、職務執行の状況を取締役会に報告する義務が課されている。取締役の監視義務の範囲は、取締役会に上程された事項に限らず、取締役の業務執行一般に及ぶとするのが判例である。

内部統制システム

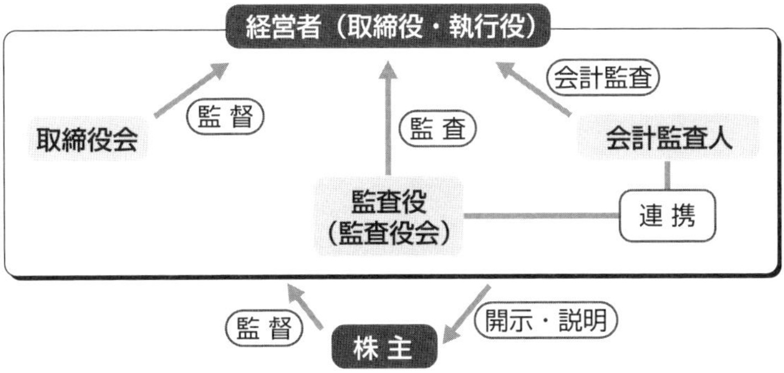

⇒経営者の業務執行の適正確保と子会社も含めた企業集団の業務の適正確保を実現できるような体制を作る

役の事実の認定、選択決定が著しく不合理と評価されるような場合などに限定されてしまう可能性があります。

■ 内部統制システムに関する会社法の規制

内部統制システムについては、大会社では、取締役会（取締役会を設置しない会社では取締役）が基本方針を決定する義務があるとされています。大会社の取締役会などで基本方針を決定すべき内部統制システムの内容については、会社法施行規則に定められています。会社法施行規則に定められた内容には、監査役の監査が十分に機能するような具体的な体制の整備も含まれています。

また、内部統制システムの整備について取締役会または取締役の決定があったときは、事業報告において株主に開示することが義務付けられています。

内部統制システムの内容の例

- 取締役の職務の執行についての情報の保存・管理に関する体制
- 損失の危険の管理に関する規程その他の体制
- 取締役の職務の執行が効率的に行われることを確保するための体制
- 使用人の職務の執行が法令・定款に適合することを確保するための体制

内部統制システムの運用が不適切な場合

たとえば、業務執行取締役が適正に業務を行っていないと疑われる特別の事情があるにもかかわらず、何の措置も採られなかった場合には、その業務執行取締役以外の取締役も責任を負うことになる。

取締役に課せられる罰則

刑法とは別に会社法にも罰則の定めがある

■ どんな罰則規定があるのか

会社財産に対する罪

会社財産に対する罪として刑事罰が科される行為としては、財源規制に違反して分配可能額を超える違法な配当（たこ配当）を行うことなども含まれる（右の図でいうと「②法令・定款に反する剰余金の配当」にあたる）。

会社法では、会社の健全性を守るため、以下のような違法な行為を行った役員らに対して刑罰を科すものとしています。

① 取締役らの背信行為

背任行為とは、他人の事務を委託された者が、自己若しくは第三者の利益を図りまたは会社に損害を加える目的でその任務に背く行為をすることです。取締役が任務に背く行為をすると会社に対する背任行為となり、特別背任罪となります。

② 会社財産に対する罪

「会社財産を危うくする罪」と「預合いの罪」があります。預合いとは、発起人らが銀行と示し合わせ、帳簿上借り入れをし、それを払込みにあてる形をとり、この借入れを返済するまでは預金を引き出さないことを約束する行為をいいます。

③ 株式などに関する罪

「虚偽文書行使等の罪」と「株式の超過発行の罪」があります。発起人や取締役らが株式などの募集に関して虚偽の記載・記録をした場合や、発行可能株式総数を超えて株式を発行した場合に罰則が科されます。

④ 汚職・不正な利益供与の罪

「取締役らの贈収賄罪」と「株主らの権利行使に関する贈収賄罪」「株主の権利行使に関する利益供与罪」があります。株主の権利行使については、贈収賄罪と利益供与罪があります。

⑤ その他

「業務停止命令違反の罪」「虚偽届出等の罪」などがあります。

主な罰則規定

罪名	主体	行為	罰則
特別背任罪	発起人、取締役、執行役、監査役、会計参与など	自己または第三者の利益を図る目的、会社に損害を加える目的で、任務に背く行為をし、会社に損害を加えること	10 年以下の懲役または 1000 万円以下の罰金（両方の場合もある）
会社財産を危うくする罪	発起人、取締役、執行役、監査役、会計参与など	株式などの引受による払込みに際して、裁判所や総会で虚偽の申述、事実の隠ぺいをすること	5 年以下の懲役または 500 万円以下の罰金（両方の場合もある）
	取締役、執行役、監査役、会計参与など	①会社の計算で不正に株式を取得すること、②法令・定款に反する剰余金の配当、③会社の目的範囲外の投機取引のための会社財産の処分	
預合い罪	発起人などや払込取扱機関	発起人らと払込取扱機関が通謀して、帳簿上、借入金の払込みがあったものとし、借入金の返済が済むまでその払戻しをしないとの約束をすること	5 年以下の懲役または 500 万円以下の罰金（両方の場合もある）
取締役らの贈収賄罪	（収賄側としては）取締役、執行役、監査役、会計参与、会計監査人など	（収賄側としては）職務上、不正の請託（依頼）を受け、財産上の利益を受け取り、または要求もしくは約束をすること	（収賄側としては）5 年以下の懲役または 500 万円以下の罰金
株主らの権利行使に関する贈収賄罪	（贈賄側としては）法律上、特に限定はないが、主に取締役、執行役など	（贈賄側としては）株主の権利行使に関し、不正の請託（依頼）をして、財産上の利益を供与し、またはその申込みもしくは約束をすること	5 年以下の懲役または 500 万円以下の罰金（贈賄側も収賄側も同じ）
株主の権利行使に関する利益供与の罪	（利益を与える側としては）取締役、執行役、監査役、会計参与など	株主の権利行使に関し、会社またはその子会社の計算で財産上の利益を与えること	3 年以下の懲役または 300 万円以下の罰金（両方の場合もある）

また、役員らが登記などの情報開示を怠るなど一定の行為については、100万円以下の過料に処せられます。

Column

粉飾決算ってどんなこと？

粉飾とは文字通り「飾る」ことで、粉飾決算とは、売上を水増ししたり、架空の売上を計上したり、さらには経費をごまかしたりして、決算書において実際よりも多くの利益が出ているように見せかけることをいいます。多くの場合、粉飾決算は会社の経営状況をよく見せようとして行われるものであり、粉飾された決算書類を信用した取引先や出資者に対して多大な不利益を生じさせる可能性があります。そのため、決算の粉飾行為は違法行為として厳しいペナルティを負うこととされています。

粉飾決算に関与した取締役は、重大な責任を負うことになります。粉飾決算の結果、会社に財産上の損害を与えた場合には、特別背任罪として刑事上の責任を追及されることがあります。

また、粉飾決算によって、違法配当が行われた場合には、配当を受けた株主は、原則として配当分を返還しなければなりません。違法配当を行った取締役も、刑事上の責任（会社の財産を危うくする罪）を負うことがあります。

もちろん、取締役は、会社や第三者に損害を与えたときは、民事上の責任として、損害賠償責任についても負うことになります。

一番行われる粉飾の方法は、売上の架空計上です。実際には当期には存在しない売上を計上する手法です。この方法も、相手会社が自社とは資本関係のない第三者であれば粉飾はすぐ見破られますが、相手会社が子会社などの場合は巧妙な手口を使った粉飾が行われますので見破れない場合もあります。それは、親子会社間であればつじつま合わせも容易であり、子会社に商品を販売していないにもかかわらず請求書を発行して売上計上するなどの粉飾が行われる可能性があるからです。

また、期末の在庫を水増しすることで、売上原価を少なく計上し、結果として、売上総利益を多く見せかけるといった手口がとられることもあります。

PART 6

取締役会とその他の役員の業務と責任

PART6
1

取締役会とその他の役員の業務と責任

取締役会

株式会社の業務執行を決定する会議体である

取締役会を開催するときの注意点

取締役会が儀式化・形骸化してしまうと、会議本来の意味も薄れてしまう。また、重要な事項については、取締役会において文書などで報告し、会社の経営状況を各取締役が正確に認識できるようにしておくことが必要である。文書資料だと、企業秘密などが漏れるおそれがあるので、極秘資料は報告後に回収することもある。

■ ３人以上の取締役で構成される

取締役会は、株式会社の業務執行に関する意思決定をする会議体です。取締役会は、３人以上の取締役によって構成されます。公開会社、監査役会設置会社、監査等委員会設置会社、指名委員会等設置会社は、取締役会を設置しなければなりません。

取締役の選任など会社経営についての基本的な事項は株主総会で決定しますが、それ以外のほとんどは取締役会で決めることができます。取締役会で出された結論については、代表取締役だけではなく、個々の取締役も責任を負う場合があります。

議案に対して意見があれば、取締役会できちんと反対意見を表明し、なおかつ、議事録に異議を記録しておかなければ、賛成したものとみなされ、損害賠償責任を負う場合があります。

■ 取締役会の開催

取締役会は最低でも３か月に一度は開かなくてはなりません。しかし、実際の会社経営では迅速な判断が求められることも多いでしょうから３か月に一度では少なすぎます。月に一度は開催して業務決定や業務報告をするべきでしょう。

取締役会の専属的決議事項で決議を急ぐ必要がある場合は、臨時的に取締役会を開くことも可能です。

取締役会に出席するのは代表取締役から平取締役までの取締役全員です。また、監査役も出席しなければなりません。

一般の従業員や顧問弁護士については、取締役会の側から必要な場合に出席を求めることもできます。

取締役会の業務

取締役会
- **業務執行の決定**
  - ・重要な財産の処分・譲受け
  - ・多額の借財
  - ・支配人その他の重要な使用人の選任・解任
  - ・支店その他重要な組織の設置・変更・廃止　など
- **代表取締役・業務執行取締役の業務執行の監督**
- **代表取締役の選定・解職**

取締役にとっては取締役会への出席は自身に課せられた義務です。取締役は別の人間を代理人として取締役会に出席させることは許されません。取締役会で決めなければならない事項は法律によって決められています。たとえば、重要な財産の処分、多額の借財、支配人その他の重要な使用人の選任・解任、重要な組織の設置・変更・廃止などです。

■ 特別取締役による取締役会決議とは

取締役会を設置する会社の場合、取締役会で業務執行の意思決定を行い、代表取締役・業務執行取締役が業務を執行します。ただ、大勢の取締役がいる場合、取締役会の招集に手間がかかり、迅速な意思決定をすることが難しくなります。そこで、迅速な意思決定を行うため、特別取締役の制度が設けられました。この制度は、迅速な意思決定が要求される重要財産の処分・譲受や多額の借財について、あらかじめ選んだ３人以上の取締役（特別取締役）の議決をもって取締役会の決議とする制度です。

特別取締役を設置できるのは、指名委員会等設置会社以外の取締役の人数が６人以上で、かつ、社外取締役を１人以上置いている会社です。

特別取締役による取締役会決議を行える場合

次の要件を満たす会社である。
① 指名委員会等設置会社を除く取締役会設置会社であること
② 取締役の員数（人数）が６人以上であること
③ 取締役のうち１人以上が社外取締役であること

PART6
2

取締役会の招集手続き

取締役・監査役全員に通知する必要がある

■ 取締役会の招集権者と招集手続き

取締役会は、各取締役により招集されるのが原則です。ただ、定款または取締役会で、特定の取締役を招集権者として定めた場合には、その招集権者が取締役会を招集することになります。

特定の取締役を招集権者とした場合であっても、招集権者以外の取締役は、招集権者に取締役会の目的事項を示して、取締役会の招集を請求することができます。招集を請求したにもかかわらず、5日以内に、請求日から2週間以内の日を開催日とする取締役会の招集通知がなされない場合には、請求をした取締役が自ら取締役会を招集することができます。

なお、取締役の違法行為などがある場合は、株主が取締役会の招集を請求することもできます。

取締役会を招集する場合には、原則として取締役会の1週間前までに、各取締役に（監査役を設置する会社の場合は監査役に対しても）招集の通知をしなければなりません。通知期間は定款で短縮することもできます。もっとも、取締役と監査役全員の同意があれば、この招集手続きを省略することができます。

監査役も取締役会を招集できる

取締役会を招集できるのは原則として個々の取締役である。取締役が法律や定款に反する行為をしていたり、そのおそれがあったりする場合には監査役にも取締役会招集を請求する権限がある。監査役の請求から5日以内に、2週間以内の日を開催日とする取締役会の招集通知が出されない場合は、監査役自らが取締役会を招集することができる。

■ 取締役会招集通知の記載事項

取締役会の招集通知にすべての議題を示す必要は原則としてありません。したがって、取締役会の当日にある議題について提案することも可能です。

招集通知が全員に行き届いていない場合、取締役会は原則として無効になります。仮に、招集通知が届かなかった取締役が

通知を出すときの注意点

各取締役の様々な考えを集め、最善の決断ができるように、招集通知はすべての取締役・監査役に出す必要がある。海外駐在の取締役に出すことを忘れないようにしたい。
なお、招集権限がない取締役が取締役会を招集するケースでは、招集通知には、会議の目的を記載しなければならない点にも注意が必要である。

取締役会の招集権者

招集権者

- **原則** … 各取締役
- **例外1** … 定款や取締役会で定めた特定の取締役
- **例外2** … 取締役に法令・定款違反またはそれらのおそれがある場合において、監査役設置会社・監査等委員会設置会社・指名委員会等設置会社ではない会社の株主

出席していても、決議の結果には影響はないと認められる特段の事情があるのであれば、あえて決議を無効にするまでもないため、有効となる場合があります。

定例取締役会の場合

取締役・監査役の全員の同意により、毎月一定期日を開催日とする定例取締役会の場合は、取締役は開催日、場所を知っているので招集通知を送る必要はない。

■ 臨時の取締役会を開くときの注意点

会社経営に大きな影響を与えるような事件があったり、即断が必要な業務がある場合など緊急に取締役会を開催しなければならないこともあります。

たとえば、代表取締役の死亡によって法律や定款に定められた取締役の数を満たさなくなってしまった場合には、臨時に株主総会を開き、取締役を選んでもらい、数を満たした上で、取締役会を開き、代表取締役を選ばなければなりません。

一時取締役や一時代表取締役を裁判所に選任してもらうという方法もあるのですが、選任までに時間がかかることもあります。

また、重要な財産の処分などについて取引先が契約締結を急いでいるなどの事情により緊急に取締役会の承認が必要となる状況も少なくありません。緊急時にはすばやく臨時株主総会や臨時取締役会を招集できるように、連絡体制、開催場所、後任候補の確認など、日頃から準備しておくことが大切です。

臨時の取締役会が行われる場合の例

たとえば、代表取締役を設置している会社で代表取締役が死亡した場合、緊急に取締役会を招集・開催して、後任の代表取締役を選定する。

取締役会の権限

業務執行に関する会社の意思決定を行い、業務執行を監督する

■ 業務執行などを決定する機関である

取締役会は、業務執行の決定、取締役の職務執行の監督、代表取締役の選定・解職をします。取締役会の重要な権限の1つに、業務執行を決定する権限があります。業務執行とは、原料を仕入れることや、製品を製造すること、商品を販売すること、必要な設備を整えること、銀行から資金を借り入れることなど、会社を経営していく上で必要なすべての行為を意味します。この決定が取締役会で行われなければなりません。

ただ、すべての業務執行について取締役会の決議を必要としていたのでは経営にスピードが求められるこの時代に対応できない危険性があります。そこで、取締役会で決議しなければならない事項は法律や定款で定めておき、それ以外は代表取締役に決定権をゆだねているのが通常です。なお、業務執行のうち日常的なものは代表取締役に委任して決定させることもできますが、重要財産の処分・譲受、多額の借金、組織の改廃など重要な業務執行の決定を委任することはできません。

代表取締役の選定は取締役会の決議事項の中でも極めて重要なものだといえるでしょう。代表取締役・業務執行取締役の業務の監督も取締役会の重要な役割です。代表取締役・業務執行取締役は取締役会の決議に基づいて業務を執行しなければならないのですが、必ずしも決議を守るとは限りません。そこで、取締役会には代表取締役・業務執行取締役が取締役会決議に基づいた業務執行をしているかどうかを監督し、場合によっては是正しなければなりません。

代表取締役

代表権をもった取締役のこと。与えられる代表権は、会社の営業についての一切の裁判上、裁判外の行為にまで及び大変広い。したがって、代表取締役は、慎重に選ばなくてはならない。代表取締役は1人である必要はない。大企業の中には、代表取締役が何人もいるところもある。

取締役会の権限等

取締役会の職務

- ①業務執行の決定
- ②取締役の職務執行の監督
- ③代表取締役の選定・解職

取締役会の専権事項 … 代表取締役に委任できない事項

- ①重要財産の処分・譲受
- ②多額の借財
- ③支配人など重要な使用人の選任・解任
- ④支店など重要な組織の設置・変更・廃止
- ⑤社債の募集に関する事項
- ⑥内部統制システムの整備
- ⑦取締役会の決議による取締役の責任免除
- ⑧上記①〜⑦以外の、会社にとって重要な業務執行の決定

■ 決議に参加した取締役の責任

明白な違法行為はもちろんのこと、明白に違法でなくとも、会社にとって不適切といえる事項が取締役会で決議されそうな場合には、これに異議ある取締役は、きちんと反対意見を述べ、それを議事録に記載しておかなければなりません。なぜなら、不適切な取締役会の決議により会社に損害が発生した場合、反対意見を述べていたとしても、それが議事録に記載されていなければ、決議に賛成したと推定されてしまうからです。この場合、決議に積極的に賛成したり、反対意見を述べなかった取締役と連帯して責任を負わされることがあります。

反対意見

取締役会議事録に記載されなければならない。もし、反対意見を述べたにもかかわらず議事録に記載されていなかった場合は、賛成したものと推定されるので、結局、責任を負わされることになってしまう。このような決議がなされた場合には、議事録を必ず確認しておきたい。

PART6
4

取締役に対する監視義務

取締役会とその他の役員の業務と責任

代表取締役など他の取締役を監視する義務がある

■ 監視義務とは

取締役には、代表取締役など他の取締役に対する監視義務があります。監視義務とは、代表取締役や取締役の業務執行が法令・定款を遵守し、適正に行われているかを監視・監督する義務のことです。会社法は、取締役により構成される取締役会の義務のひとつとして、「取締役の職務の執行の監督」を規定していますが、この義務は取締役が会社に対して負う善管注意義務・忠実義務からも認められます。

それでは、取締役の監視義務はどの範囲まで及ぶのでしょうか。取締役会に議題として提出された事項（上程事項）を超えて、取締役会の議題になっていない事柄（非上程事項）についてまでも監視義務が及ぶのかという問題があります。この点について判例は、取締役は上程事項にとどまらず、代表取締役等の業務執行一般について監督する義務を負うとしています。

取締役会に上程されない事項についても監督義務が及ぶと考えられているのは、非上程事項についても取締役会の監督義務を認めないと会社の業務執行監督の実効性を確保できないからです。また、各取締役は必要があれば取締役会を招集し、取締役会を通じて業務執行が適正に行われるようにすべき立場にあります。このため、各取締役には取締役会を自ら招集するか、もしくは招集することを求める権限が与えられています。したがって、取締役会に上程されていない事項についても監視義務が及ぶものと考えるのが妥当でしょう。

また、取締役会の監督は、業務の適法性に加え、妥当性にも

取締役相互の監督義務

大会社などでは、各分野のエキスパートが取締役になることがある。しかし、取締役は「会社全体について監督する義務」を負っているのであるから、代表取締役はもちろん、一部の分野しか担当していない平取締役だからといって、他の分野は人に任せきりで放置するというのではいけない。

監視義務の内容

他の取締役が法律を遵守して業務執行を行っているかをチェックするだけでなく、行為が妥当なものであるかどうかも検討する必要がある。もっとも、会社の規模が大きくなれば各取締役の専門性に応じて業務を分担して効率的に経営がなされるべきであり、管掌外の専門部署における業務執行を細部にわたって監視することが困難な場合もある。そこで、各取締役の立場に応じて監視義務の内容に濃淡が認められることがある。

取締役の監視義務違反による債権者の責任追及

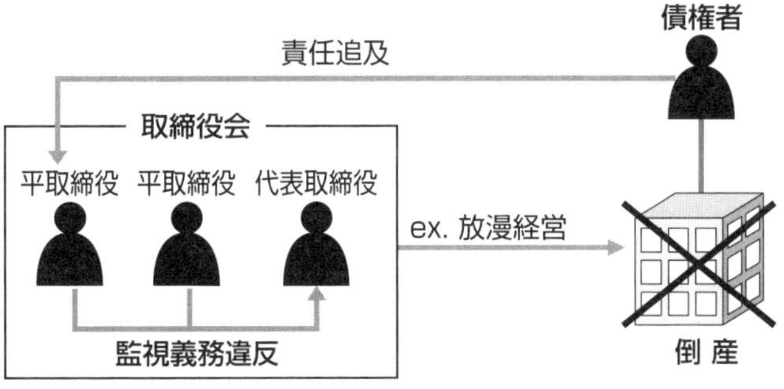

及ぶとされています。

■ 監視義務の実効性の確保

監視義務の内容は、ただ監督するというだけではありません。監督の結果、会社の業務執行が違法または不当となる危険性があるとわかったときは、これを是正する措置をとらなければなりません。会社法は、取締役による監視の実効性を確保するための規定を置いています。たとえば代表取締役は、３か月に１回以上、取締役会で会社の業務執行の状況を報告しなければなりません（会社法363条）。

この場合の報告は、他の取締役全員に対する通知によって代えることはできず、現実に開催された取締役会で報告する必要があります（会社法372条２項）。また、取締役は、自ら取締役会を招集することもできます（会社法366条１項）。これは、取締役が代表取締役らの不正な業務執行を発見した場合には、取締役会の開催により迅速に監督機能を発揮させる必要があるためです。

監視義務違反が問題となるケース

たとえば、無謀な設備投資を行った取締役の業務執行について、取締役会で問題とされることがなかったとしても、他の取締役には責任がないとはいえない。監視義務は取締役会に上程されなかった事項についても及ぶ。したがって、他の取締役についても、監視義務を果たさなかったとして、会社に対する損害賠償の責任（会社法423条）や第三者に対する損害賠償の責任（会社法429条）を負う場合がある。

PART6
5

取締役会とその他の役員の業務と責任

取締役会の決議と議事録の作成

反対意見なども議事録に記載する

■ 取締役会の議決方法

取締役会は、取締役の過半数（定足数）が出席しなければ成立しません。この定足数に満たない場合は決議をしても無効になる可能性がありますから、定足数は取締役会の最初から最後まで維持しなければなりません。

取締役会の決議は、出席した取締役の過半数の賛成が必要です。取締役会を妨害するために反対派の取締役が中座した場合も、残った取締役で決議できます。ただ、その状況をチャンスとして利用したような決議は、不公正であり、決議が無効とされる可能性があります。

また、取締役会は、通常、取締役らが一堂に会して行うものですが、テレビ会議・電話会議のような手段を用いることもできます。取締役会では、取締役はそれぞれ取締役会に出席をし、会社の問題点や課題を理解し、それに対して積極的に発言し、会社の健全な経営のためにも、取締役会を活性化させていかなければなりません。もっとも、書面決議や持ち回り決議と呼ばれるような、取締役の部屋を順番に回って同意や決裁をとっていくような方法は、定款の定めが必要となりますが、全員が書面等で議案について同意を示したときには取締役会決議が成立したものとみなすことができます。

取締役会形骸化の防止策

代表取締役による取締役会への定期的な業務執行状況の報告（3か月に1回以上必要）については、通知によることはできず、取締役会に出席して報告をすることが必要とされている。

決議を経ずに業務を執行した場合

会社が重要な財産を処分する場合には、取締役会の承認決議が必要である。取締役会決議を経ずに、重要な財産を処分する行為は、原則として有効であるが、取引の相手方が、決議が必要であるにもかかわらず決議がないことを知っていたか、または注意すれば知ることができた場合にのみ、その取引は無効となる。もっとも、無効の主張は原則として会社の側からしか主張できない。

■ 取締役決議に参加できない人もいる

決議に特別な利害関係がある取締役はその決議に参加することはできません。そのような取締役に、会社の利益になるかな

取締役会議事録の主な記載事項

取締役会議事録の記載事項

- ① 開催日時・場所
- ② 議事の経過の要領と結果
- ③ 決議事項について特別の利害関係がある取締役がいる場合にはその氏名
- ④ 出席した執行役・会計参与・会計監査人・株主の氏名または名称（出席した取締役・監査役については議事録に署名または記名押印をする）
- ⑤ 議長の氏名

らないかという客観的な判断を期待するのは無理だからです。「特別な利害関係にあるかどうか」の判断はケース・バイ・ケースです。たとえば、代表取締役の解任決議は、その代表取締役は特別な利害関係にあるとされる一方、代表取締役の選任決議は、候補となる取締役は特別な利害関係にはないとされます。

■ 取締役会終了後は議事録を作る

取締役会議事録は、会社に10年間は保存しておかなければなりません。株主から適法な閲覧・謄写の請求があった場合には応じなければなりませんし、会社の登記事項を変更する場合などに、議事録を提出しなければならないこともあります。

また、決議の際に反対票を投じた取締役がいた場合は、議事録にもその旨を記載しなければなりません。取締役会で反対意見を述べたとしても、議事録にその旨が記載されなければ、その決議に賛成したものと推定されます。

取締役会議事録の閲覧・謄写の制限

取締役会議事録は、重要かつ機密性の高い事項を含むことが多いため、閲覧・謄写に一定の制限がある。株主は権利行使に必要な限り営業時間内であればいつでも閲覧・謄写を請求できるのが原則だが、監査役設置会社などでは裁判所の許可が必要である。また、債権者の閲覧・謄写は裁判所の許可が必要である。会社などに著しい損害が生じるおそれがあるときは、裁判所は許可しない。

代表取締役

会社の業務を執行し、会社を代表する機関である

■ 代表取締役とは

会社の業務を執行し、会社を代表する機関です。取締役会を置く会社では、代表取締役を選定しなければなりません。代表取締役とは、会社の業務執行をすると共に対外的に会社を代表する機関です。代表取締役は取締役会の意思決定に従い、具体的に業務を執行します。また、他の会社と契約を結ぶときなども、代表取締役が、会社を代表して契約を結ぶことになっています。

代表取締役を設置しない会社では、取締役が会社の代表権をもちますが、代表取締役を設置する会社では、代表取締役が社内の業務を実際に実行する役割を果たすと同時に、他の会社と取引をする際に会社を代表する権限をもつことになります。

代表取締役は、取締役会設置会社では、取締役会の決議によって取締役の中から選ばれます。解任する場合も、取締役会の決議で行うことができます。代表取締役は取締役としての地位を失えば、当然に代表取締役の地位も失うことになります。逆に、代表取締役としての地位を失っても、当然には取締役の地位を失うことはありません。代表取締役が取締役としての地位にとどまりながら、代表取締役だけを辞めることもできます。その場合、依然として取締役会に出席する権限も義務も残ります。

氏名と住所の登記

代表取締役については、その氏名だけでなく住所を登記する必要がある。

代表取締役の人数

代表取締役の人数は、1人でも2人以上でもかまわない。

■ 代表取締役の任期

代表取締役は、いつでも辞任することができます。代表取締役を辞任しても、取締役の資格まで失うわけではありませんから、その後は取締役として職務を行うことになります。代表取

取締役会と代表取締役

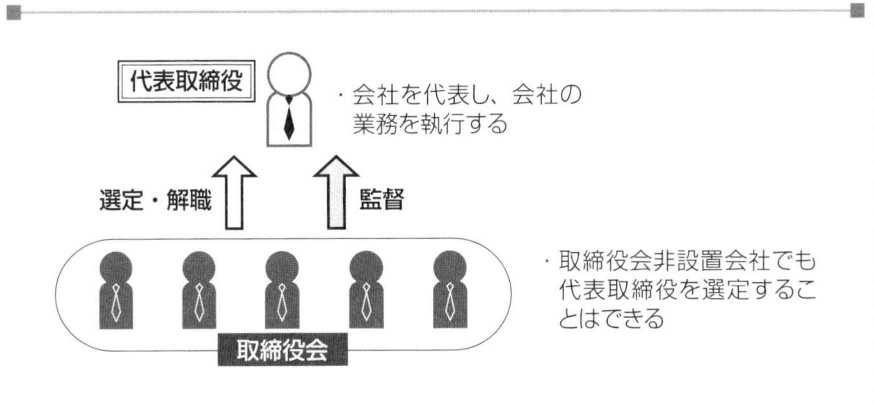

締役の任期についても、法律上の決まりはありません。ただ、代表取締役は取締役であることが要求されていますから、定款または決議で任期を定めていないときには、取締役の任期が代表取締役の任期ということになります。

■ 名目上の代表取締役の責任

代表取締役は、会社を代表し、会社の業務に関する一切の行為をする権限を持つ地位ですので、肩書きだけで会社の業務には一切関与しないという約束で、代表取締役に就任することはできません。たとえ肩書上の代表取締役であっても、問題が発生した場合は、代表取締役としての責任を負わされることがありますので、注意が必要です。

もし、代表取締役ではないにもかかわらず社長の肩書きをもつ取締役が他の会社と取引をして契約を結んだ場合、社長の肩書きをもつ者の行った行為は、会社を代表して契約を行ったのと同じことになる可能性があります。代表取締役ではないにもかかわらず、社長や専務といった肩書きをつけている取締役のことを「表見代表取締役」といいます。

取締役会非設置会社

各取締役が業務を執行し、会社を代表するので、代表取締役を設置する必要はない。ただ、定款または定款の定めに基づく取締役間の互選（互いに選挙して選ぶこと）、あるいは株主総会の決議によって、取締役の中から代表取締役を定めることもできる。

代表取締役の選定決議が無効の場合

代表取締役の選定が無効であったにもかかわらず職務を行った場合、本当は代表取締役ではないにもかかわらず、代表取締役として何らかの行為をしたことになる。取引をした人は、代表取締役でない者が代表権をもっていると信じて取引をしたわけであるから、取引した人を保護する必要がある。会社は原則として取引行為の無効を主張できない。

代表取締役の権限と責任

会社を代表する権限をもつ重要なポスト

■ 代表取締役の権限には何があるか

代表取締役が持っている権限は、①対外的な会社の代表権、②会社の業務執行権限、③取締役会から委任を受けた事項についての意思決定権限です。

取締役会が監督義務を負う

取締役会は、代表取締役が業務を適正に執行しているかどうかを監督する義務を負っている。会社での問題を未然に防ぐために、代表取締役は、取締役会において、業務内容についての報告を定期的に行うようにしなければならない。定期的に報告を受けることで、適正な業務執行が行われているかどうか、実効的に監督できる。

① 対外的な会社の代表権

代表取締役は、会社の代表として、他の会社との取引を行うことができます。つまり、代表取締役が行った行為が、そのまま会社が行った行為として認められることになります。他の会社と契約を結ぶ場合には、代表取締役が会社の代表として契約を結ぶことで取引が成立します。また、他の会社とのトラブルにより裁判所で争うこともありますが、その場合は代表取締役が会社の代表として訴訟を行います。

② 会社の業務執行権限

代表取締役の行う業務は、多岐にわたっています。たとえば、株主総会の招集を通知する仕事があります。株主総会の通知は、代表取締役が会社を代表して通知します。取締役会を招集することもできます。また、新たに株式を発行したり、社債を発行したりするときに使う申込証を作成する仕事や、財務関係の書類を作成したり、定款といった会社の規定を備え置いたりすることなども、代表取締役の仕事です。

③ 取締役会から委任を受けた事項についての意思決定権限

会社の業務執行については、取締役会で決めることが原則ですが、法律で取締役会が決議しなければならないとされているもの以外の事項は代表取締役に委任することができます。たと

代表取締役の行為の効果

①代表権の制限

→ 会社内部で代表権を制限しても、それを知らない（善意）第三者には、その制限を主張できない

②第三者に対する責任

→ 代表取締役が職務を行った結果、第三者に損害を与えた場合には、会社は損害賠償責任を負う

③代表権の濫用

→ 相手方が代表権の濫用を知っていた（悪意）、または、知らないことに不注意（過失）があるときには、代表行為は無効になる

④決議に基づかない行為

→ 株主総会または取締役会の決議がないことを相手方が知り（悪意）、または知らないことに不注意（過失）があるときには、代表行為は無効になる

えば、日常的な業務についての決定は、代表取締役に任せることができるわけです。

■ 代表取締役の行為の効果

代表取締役は、会社の業務を執行し、会社を代表する権限をもつ重要なポストです。そのため、上図のように、その行為や行為の効果には、様々な制約があります。

また、代表取締役ではなく取締役会で決めなければならない事柄もあります。取締役会で必ず決議しなければならない主な事項は以下のとおりです。

① 重要な財産の処分・譲受

どのような取引が重要な財産の処分・譲受にあたるかどうかは、各会社の規模などにもよりますが、判断に迷わないように、

たとえば、総資産の１％を超える取引などといった基準で取締役会決議事項となることを社内規則に定めておくことが有効です。

②　多額の借財

多額の借財についても、重要な財産の処分・譲受と同様に、判断に迷わないよう、社内規則で取締役会決議事項となる具体的な基準を定めておくことが有効です。

③　支配人などの選任・解任

支配人とは、会社に代わってその事業に関する一切の裁判上又は裁判外の行為をする権限を持つ従業員であり、その重要性から、選任・解任には取締役会の承認が必要になります。

④　支店など重要な組織の設置・変更・廃止

会社の内部組織の大幅な変更は、重要であり、取締役会の承認が必要になります。

■ 代表取締役の解任

取締役会の決議を経れば、代表取締役の解任は可能です。解任決議については、解任する正当事由を要件としていないため、特に落ち度がなくても解任することは可能です。

つまり、代表取締役の解任は、取締役会での決議の頭数をそろえれば可能ということになります。

しかし、代表取締役が解任された事実は商業登記簿に記載されるため、取引先や金融機関に不安な印象を与え、その後のビジネスに悪影響が出るおそれがあります。

その点を考慮すれば、解任という手荒な方法よりも、辞任を促すように説得する穏便な方法を選択するのが妥当でしょう。辞任に応じない場合に解任を検討することになります。

■ 表見代表取締役とは

表見代表取締役とは、代表権をもたないにもかかわらず代表者であるかのような名称がつけられている取締役です。

代表取締役の死亡

代表取締役が病気や事故、自殺などで急死した場合、残った取締役で、すぐに新しい代表取締役を選任する必要がある。緊急の臨時取締役会を開催し、新しい代表取締役を選任しなければならない。
取締役会設置会社では取締役が３人以上必要であるところ、代表取締役の死亡により取締役が２人以下になる場合もありうる。その場合、臨時株主総会で３人以上となるように取締役を選任した後で、臨時取締役会で新たな代表取締役を選任することが考えられる。
さらに、死亡した代表取締役を含む取締役３人のうち、過半数である残った２人が出席する取締役会により代表取締役を選任することも、会社法の決議要件を満たすものとして有効と考えられており、株主総会を経る時間的余裕がない場合、取締役が２人の状態のまま取締役会における代表取締役の選任を先行させることも考えられる。

責任を負う場合の拡張

取締役でない場合、たとえば、会社と雇用関係あるいはそれに準じた関係にある使用人であっても表見代表取締役と同様に扱われ、会社が責任を負うことがある。また、取締役選任決議や代表取締役選定決議が無効であった場合でも、その者が事実上代表取締役として行動していたのであれば、会社が責任を負うことがある。

表見代表取締役とは

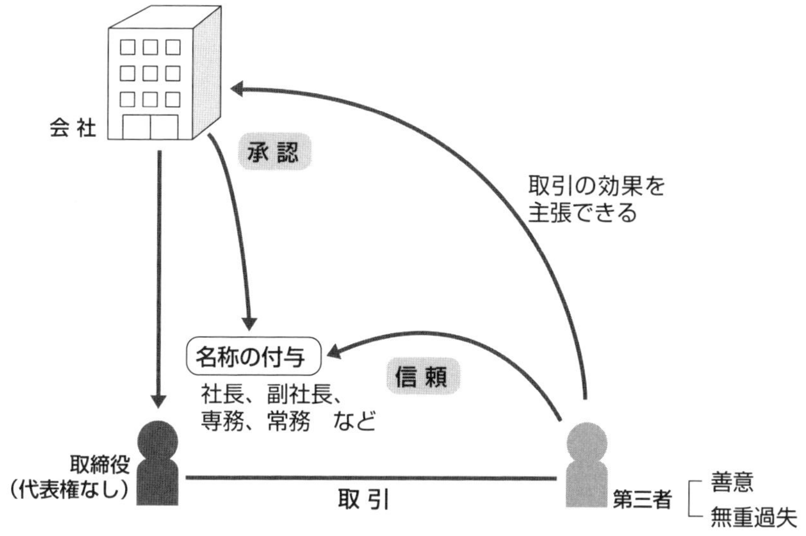

代表権がない以上、会社にはその行為の効果が帰属しないのが原則ですが、それでは、この者に代表権があると信じて取引をした第三者は不測の損害を被ることになりかねません。そこで、会社法は表見代表取締役という制度を設け、その者に代表権があると信じて（善意で）取引をした第三者に対して会社は責任を負うとしています。会社が責任を負うための要件として、以下の３つが必要です。

① 代表取締役以外の取締役に社長、副社長など、株式会社を代表する権限をもつものと認められる名称がつけられていること

② この名称の使用を会社が明示または黙示的に認めていること

③ 表見代表取締役と取引をした第三者がその者に代表権がないことを知らないこと（善意）

表見代表取締役の要件①～③

社長、副社長などと名乗っていなければ、そもそも第三者が信頼するということがないため、①の要件が要求されている。
②の要件からすると、行為者が勝手に代表者であるかのような名称を名乗っている場合は表見代表取締役に含まれないことになる。
③の要件について、代表権がないことを知らないことについて重大な不注意（重過失）がある場合、第三者は保護されない。正当な信頼は保護されるべきといえるが、重大な落ち度がある者を保護する必要はないからである。

監査機関による是正

経営者の職務が適切に行われているかどうかをチェックする

■ 監査機関にもいくつかある

株主による経営者（取締役・執行役）の不正行為などの是正という手段はありますが、会社に常駐しているわけではない株主が経営者を監督するのは簡単なことではありません。また、取締役会による経営者の監督も考えられますが、同僚による監督は十分な効果を期待できないこともあります。そこで、監査専門機関による是正が重要な役割を果たすことになります。

監査機関とは、監査役・会計監査人・指名委員会等設置会社の監査委員会・監査等委員会設置会社の監査等委員会のことです。その他、会計参与も取締役などの不正行為などを是正する一定の役割を果たします。これらの監査機関などによる経営者に対する是正手段としては、以下のものがあります。

① 取締役・執行役の不正行為などの報告

監査役は取締役の不正行為や法令・定款違反行為などがあった場合には、すぐに、そのことを取締役（取締役会設置会社では取締役会）に報告しなければなりません。指名委員会等設置会社の監査委員や監査等委員会設置会社の監査等委員の場合には、そのことを取締役会に報告しなければなりません。会計参与の場合は、株主（監査役設置会社では監査役、監査役会設置会社では監査役会、指名委員会等設置会社では監査委員会、監査等委員会設置会社では監査等委員会）に報告しなければならず、会計監査人の場合は、監査役（監査役会設置会社では監査役会、指名委員会等設置会社では監査委員会、監査等委員会設置会社では監査等委員会）に報告しなければなりません。

会計監査と業務監査

会計監査人は、公的な資格をもつ者として、専門的な見地から「会計監査」を行う。これに対して、監査役と指名委員会等設置会社の監査委員会、監査等委員会設置会社の監査等委員会の委員は、公的な資格は必要とされていない。ただし、非公開会社において監査役の監査内容を「会計監査」に限定した場合を除き、「会計監査」だけでなく、「業務監査」も行う。

監査役会

監査役会は３人以上の監査役で構成され、半数以上は、社外監査役（現行法では、過去に会社や子会社の役員などになったことがない全く外部の監査役）でなければならない。また、監査役会は、監査役の中から常勤の監査役（フル・タイムで監査の職務に専念する監査役）を選定しなければならない。

監査機関などによる是正手段

	取締役・執行役の不正行為などの報告先	株主総会での報告	取締役・執行役の不正行為などの差止請求権
監査役	取締役・取締役会	取締役が株主総会に提出予定の議案・書類などの違法・不当事項についての報告義務	不正行為などの差止めを請求できる
監査委員	取締役会	なし	不正行為などの差止めを請求できる
監査等委員	取締役会	取締役が株主総会に提出予定の議案・書類などの違法・不当事項についての報告義務	不正行為などの差止めを請求できる
会計監査人	監査役（監査役会、監査委員会、監査等委員会）	計算書類についての意見陳述	なし
会計参与	株主（監査役、監査役会、監査委員会、監査等委員会）	計算書類についての意見陳述	なし

② 株主総会での報告

監査役は、取締役が株主総会に提出する議案・書類に、法令・定款違反や著しく不当な事項があるときは、その調査結果を株主総会に報告しなければなりません。会計参与は、取締役と共同で作成した計算書類などについて、取締役と意見が異なる場合、株主総会で意見を述べることができます。

③ 取締役・執行役の不正行為などについての差止請求権

取締役らが法令・定款違反行為をしたり、そのおそれのある行為をして、会社に著しい損害が生じるおそれがある場合、監査役は、取締役に対してそれらの行為を止めるよう請求できる他、裁判所に対して、それらの行為の差止めを申し立てることもできます。指名委員会等設置会社の監査委員、監査等委員会設置会社の監査等委員も、取締役・執行役に対して、同様の措置をとることができます。

監査等委員会設置会社の場合

監査等委員会設置会社の監査等委員についても、監査役と同様に、株主総会での報告義務が定められている。

会計監査人の報告権限

会計監査人は、計算書類などが法令・定款に適合するかどうかについて、監査役と意見が違っていた場合には、株主総会に出席して意見を述べることができる。

監査役の権限・責任

業務監査と会計監査が主な仕事

■ 監査役の選任・解任

監査役とは、取締役の不正行為などを是正・防止するために、取締役の職務の執行を監査する会社の機関です。監査役は、原則として取締役会設置会社では設置しなければなりません。取締役会設置会社では、株主総会の権限が限定され、取締役の職務執行を監査する必要性が高まるためです。

監査役は、監査等委員会設置会社と指名委員会等設置会社を除いて、取締役会設置会社に原則として必ず置かれる機関です。

監査役の選任は、株主総会の普通決議で行います。株主総会における監査役の選任方法は、原則として議決権を行使することができる株主の議決権の過半数にあたる株式を有する株主が出席し、その議決権の過半数で選任されることになります（普通決議）。

監査役にも取締役と同様の欠格事由があります。また、取締役や執行役などの経営者を監査する立場に立つため、監査役は会社やその子会社の取締役や執行役、支配人などを兼ねることはできません（兼職禁止）。監査役も取締役と同様、株主総会の決議で選任されますから、会社から委任される関係になります。このため、監査役は取締役と同じように会社に対して善管注意義務を負うことになります。

■ 監査役の人数・任期

監査役の定数は、一般に定款で定めます。監査役会設置会社の場合は、監査役は3名以上必要とされていますが、それ以外

監査役は兼任できるか

他の会社の役員と兼任することができない場合もある。つまり、会社法では、監査役は自社または子会社の取締役を兼任することが禁止されている（会社法335条）。これは、取締役の職務が適正に行われているのかを監査する役割をもつ以上、自分の職務を自分が監督するという矛盾を防ぐためである。また、監査役は、自社や子会社の支配人やその他の使用人（従業員）を兼任することもできない。

支配人

会社からその事業に関する一切の裁判上・裁判外の行為をする権限を与えられた使用人のこと（会社法11条、商法21条）。支店長の肩書きをもつ人が支配人であることが多い。支配人の選任および解任は取締役会で決定し、支配人を選任または解任した場合には本店所在地においてその登記をしなければならない。支配人には、競業避止義務（会社法12条、商法23条）等が課せられている。

監査役による取締役の職務執行に対する監査

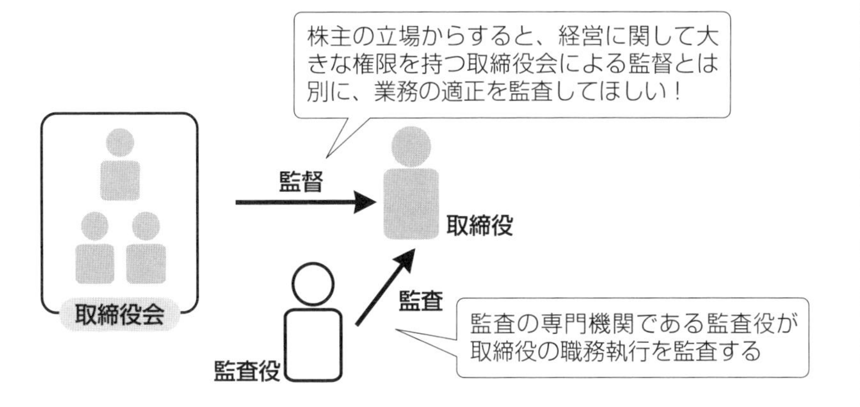

の会社については、定数の定めがなく、１名でもよいとされています。監査役の任期は４年です。監査役に就任してから４年内に終了する事業年度のうち最終のものに関する定時株主総会の終結の時までとされています。非公開会社では、定款で最長10年まで伸長できます。

■ 監査役が行う監査の内容とは

監査役の監査の内容は、取締役が業務を適正に遂行しているかを監督する業務監査と、取締役が株主総会に提出する会計書類を調査する会計監査が基本となります。

業務監査とは取締役が行った意思決定などが法令や定款に違反せず適正に行われているかを監査することです。具体的には、会社業務についての取締役会での意思決定やその意思決定により行われる業務が適法であるか、などについて監査を行うことになります。

会計監査とは、取締役が株主総会に提出する会計書類について調査し、意見を報告する業務のことです。

会計監査で監査する書類は、会計に関する部分の事業報告や貸借対照表や損益計算書などです。

ただし、会計監査人や監査役会を設置していない非公開会社については、定款規定を置くことにより、監査役の権限を会計監査だけに限定することができます。なお、この限定規定を置いている会社については、その旨を登記することが義務付けられています。

会計監査人がいる場合

会計監査についての事項は会計監査人が監査し、その報告をするので、監査役は主として会計監査人の職務が適正に行われているかどうかを監査することになる。

監査役の権限

迅速に正確な情報を収集することができるように、監査役には法律上、次のような権限が認められています。

①　取締役会に関する権限・義務（取締役からの業務執行状況報告の聴取）

会社の業務を執行する取締役は、３か月に１回以上、業務の執行の状況を取締役会に報告する必要があります。監査役は、取締役会に出席し、取締役による会社業務の執行状況報告を聴取することになります。

株主総会での株主への説明義務

監査役には、株主の質問に対して説明する義務があるため、株主総会に出席する義務がある。会社の実質的所有者は株主である。株主が、会社の業務が適正に行われているかどうかを把握するのは当然のことであり、そのために取締役や監査役には説明義務が課せられている。

監査役は、取締役会へ出席し、必要があると認めるときは、意見を述べなければなりません。また、取締役に対して取締役会の招集を請求することもできます。

②　業務調査権（事業報告請求権・業務財産状況調査権）

監査役は、取締役や支配人その他の使用人に対し事業の報告を求め、会社の業務・財産の状況を調査することができます。

③　子会社調査権

親会社の監査役は、その職務を行うため必要があるときは、子会社に対し営業の報告を求めることができます。また、子会社の業務と財産の状況を直接調査することもできます。

監査役についての会社法上の規制

取締役と異なり、監査役は会社の業務執行機関ではないので、忠実義務や競業避止義務や利益相反取引についての規制はない。なお、監査役を解任する場合には、取締役の解任の場合と異なり株主総会の特別決議が必要である。

④　株主総会に関する権限・義務

監査役は、取締役会が株主総会に提出する議案・書類に違法または著しく不当な事項がある場合には、株主総会で報告しな

監査役の権限

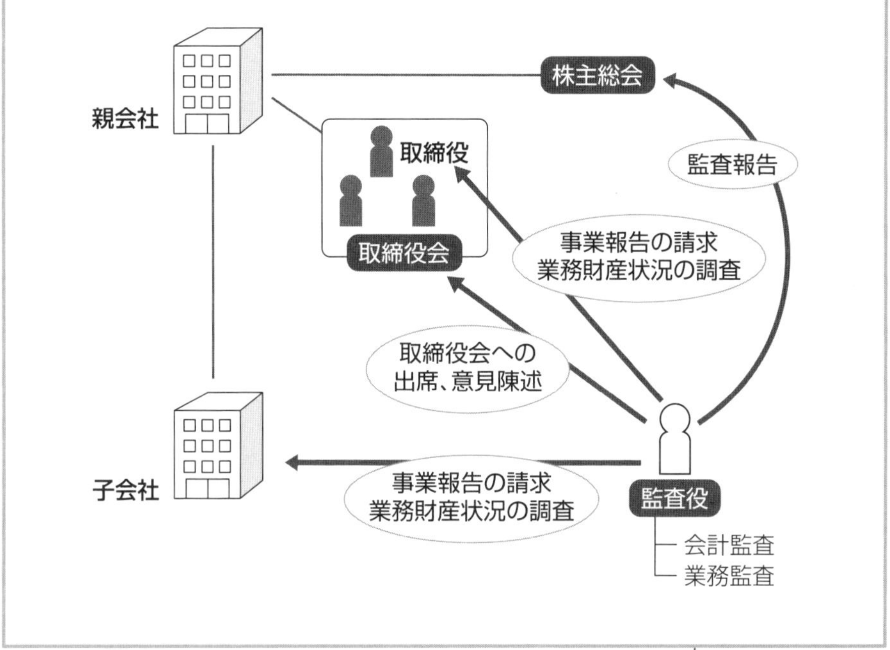

ければなりません。取締役の職務遂行について不正の行為、重大な違法事実を発見した場合には、監査報告書にそれを記載する必要があります。

⑤　その他

監査役には、取締役の行為の差止請求権があります。監査役の差止請求権は、取締役が会社の目的の範囲外の行為その他法律や定款に違反する行為をし、または、それらの行為を行うおそれがあり、その行為によって会社に著しい損害が発生するおそれがある場合に認められます。また、会社と取締役との間の訴訟について、監査役は会社を代表します。

株主の違法行為差止請求権

取締役が会社の目的の範囲外の行為や法令・定款に違反する行為をし、またはそのおそれがある場合で、その行為によって会社に著しい損害が生じるおそれがあるときには、個々の株主は、会社のためにその行為の差止請求ができる。ただし、監査役設置会社、指名委員会等設置会社、監査等委員会設置会社における差止請求の場合は、上記の「著しい損害」の要件が、それより重い「回復することができない損害」に要件変更される。

監査役会

３人以上の監査役で構成される

監査役会とは

監査役によって構成される株式会社の監査機関です。主に大規模な会社において、監査役の調査を分担するなどして監査の実効性を高めようとするためのものです。もっとも、中小規模の会社にも監査役会を設置することはできます。指名委員会等設置会社・監査等委員会設置会社を除く公開会社である大会社は、監査役会を置かなければなりません。

監査役会は３人以上の監査役で構成され、そのうちの半数以上は、社外監査役でなければなりません。また、監査役会は、監査役の中から常勤の監査役（フル・タイムで監査の職務に専念する監査役）を選定しなければなりません。

監査役会の権限

監査役会は、株主総会に提出する監査報告を作成し、常勤の監査役の選定・解職の権限をもちます。また、監査の方針や会社の財産状況の調査方法など、監査役の職務執行に関する事項を決定します。この決定は、監査役の権限行使を妨げることはできません。取締役を監査する役割を果たす監査役には、職務の独立性が確保されていなければ、公正な監査が期待できないからです。監査役は、監査役会の求めがあるときは、いつでも職務執行の状況を監査役会に報告しなければなりません。

監査役会の招集・決議

監査役会は、各監査役が招集します。監査役は、監査役会の

監査役会の運営

監査役会は各監査役が招集する。監査役は、監査役会の１週間前までに、各監査役に招集の通知をしなければならないのが原則である。ただ、監査役全員の同意がある場合には、この招集手続きを省略して監査役会を開催することができる。監査役会の決議は、監査役の過半数で決定する。監査役は、監査役会の議事録を作り、これに署名または記名押印をしなければならない。

大企業における監査機関の監督

会社法は、特に社外の者が経営者の職務が適切に行われているのかをチェックするしくみとして、監査役会・指名委員会等設置会社・監査等委員会設置会社という、３つの制度を置いている。
監査役会は、半数以上が社外監査役の３名以上の機関である。

指名委員会等設置会社における監査委員会

過半数以上が社外取締役の取締役３名以上で構成される機関である。委員は取締役として、取締役会での議決権を持つ。

監査役会の組織

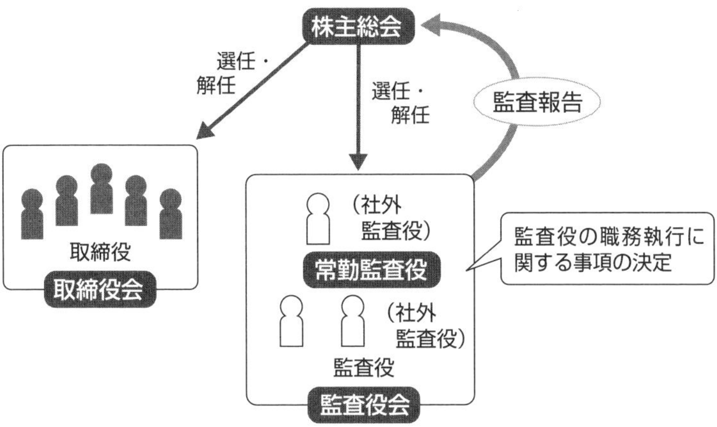

１週間前までに、各監査役に招集の通知をしなければならないのが原則ですが、監査役全員の同意がある場合には、この招集手続を省略することができます。

監査役会の決議は、監査役の過半数をもって決定します。監査役は、監査役会の議事録を作り、これに署名または記名押印（電磁的記録による場合は、署名・記名押印に代わる措置）をしなければなりません。決議に参加した監査役が議事録に異議をとどめない場合、その決議に賛成したものと推定されます。したがって、監査役会の決議に違法・不正があった場合、議事録に異議をとどめなかった監査役は、原則として責任を負うことになります。

■ 監査報告書を作成する

監査役会設置会社においては、監査役会は、監査報告書に記載すべき事項などについて監査役の報告を受け、協議の上、監査報告書を作成しなければなりません。

監査等委員会設置会社における監査等委員会

構成や権限は指名委員会等設置会社の監査委員会とほぼ同様であるが、取締役の指名権や報酬の決定権限などを、取締役が持ったままで設置することができる。

会計参与

取締役らと共同して計算書類などを作成する

■ 会計参与とは

会計参与とは、取締役や執行役と共同して計算書類などを作成し、株主総会で説明をする職務を担う機関です。主に中小企業での計算書類の正確性を確保することを目的としています。

中小企業では、税理士や公認会計士が会計参与として計算書類などを作成することがあります。株式会社の機関設計の類型において、取締役会を設置する場合であるにもかかわらず監査役を設置しないパターン、具体的には、非公開会社において「株主総会＋取締役＋取締役会＋会計参与」という機関構成が認められますが、このパターンは、監査役を設置する負担を避けつつ、会計参与により、計算書類の適正な作成が担保されることになります。

会計参与は、誰でもなれるわけではありません。公認会計士（監査法人を含む）、税理士（税理士法人を含む）でなければ会計参与になれません。また、会社やその子会社の取締役、執行役、監査役、使用人などとの兼任はできません。

■ 会計参与の任期・報酬

会計参与は株主総会で選任され、任期は原則２年ですが、定款の定めによって短縮することもできます。非公開会社では定款で最長10年まで伸長できます。

会計参与の報酬は、監査役の場合と同様です。定款に定めがなければ、株主総会の普通決議で決定します。会計参与が複数いる場合において、個々の会計参与の報酬が定款や株主総会の

会計参与と会計監査人

言葉は似ているが、会社における役割は異なっている。会計参与は計算書類等を作成する権限をもっているが、会計監査人は計算書類等の監査をする権限をもっている。
会計参与を設置するかどうかは原則として自由である。他方、大会社、監査等委員会設置会社および指名委員会等設置会社は会計監査人を置かなければならないとされている。

大会社

最終事業年度にかかる貸借対照表上の資本金の額が５億円以上または負債総額が200億円以上の株式会社のこと。大会社には、会社の機関として、監査役会（監査等委員会設置会社及び指名委員会等設置会社を除く）、会計監査人の設置が義務付けられている。

普通決議

議決権を行使できる株主の議決権の過半数を有する株主が出席し、出席した当該株主の議決権の過半数をもってする決議。

会計参与制度

制度趣旨	主に中小企業の計算書類の正確性の確保
選任・解任	株主総会の普通決議
資　格	公認会計士（監査法人を含む）、税理士（税理士法人を含む）であること 会社や子会社の取締役、執行役、監査役などとの兼任はできない
任　期	２年（定款で短縮できる） 例外１…非公開会社では、最長１０年まで伸張できる 例外２…指名委員会等設置会社・監査等委員会設置会社では１年

決議で決まっていないときは、その報酬総額の範囲内で会計参与の協議によって各報酬額を決めます。ただ、指名委員会等設置会社では、会計参与の報酬は、報酬委員会が決定します。

■ 会計参与の権限と義務、責任

会計参与は、計算書類の作成を行う機関ですから、いつでも会計帳簿を閲覧・謄写することができ、また、取締役や執行役に会計についての報告を求めることができます。必要があれば、子会社に対しても会計についての報告を求め、財産の状況を調査したりすることができます。

取締役会が設置されている会社の場合には、会計参与は、計算書類などの承認を行う取締役会に出席しなければならず、必要があると認めるときは、意見を述べなければなりません。

会計参与の義務・責任については、会計参与も役員として職務を行う際に善管注意義務を負います。他の役員等と同様で、その任務を怠ることで会社に与えた損害を賠償する責任を負います。

会計監査人

会社から独立して会社の会計をチェックする

■ 会計監査人とは

会計監査人とは、主に大会社の計算書類やその附属明細書などを監査した上で、会計監査報告書を作成する専門の機関です。慎重かつ確実に監査を行うことにより適正な計算の実現を図るためのものです。会社から独立して会社の計算書類などの内容をチェックする機関ですから、計算書類などの作成をする会計参与とは役割が違います。会計監査人も取締役や監査役と同様、株主総会の決議（普通決議）によって選任・解任されます。

なお、株主総会に提出する会計監査人の選任・解任に関する議案の内容は、会計監査人の独立性を確保する観点から、監査役（監査役会設置会社の場合は監査役会、監査等委員会設置会社の場合は監査等委員会、指名委員会等設置会社の場合は監査委員会）が決定します。また、監査役等は、一定の場合には、会計監査人を解任する権限を持ちます。

会計監査人の資格

会計監査人は、公認会計士または監査法人でなければならない。公認会計士法の規定により、株式会社の監査をすることができない者は、会計監査人になれない。監査法人が会計監査人に選任された場合には、監査法人は社員の中から会計監査人の職務を行う者を選定し、会社に通知しなければならない。また、その職務上、会社やその子会社の取締役、執行役などとの兼任はできない。

■ 会計監査人の任期・報酬

会計監査人の任期は１年で、定時株主総会で別段の決議がなされない限り、原則として再任されます。株主総会に提出する会計監査人の不再任に関する議案の内容は、選任・解任の場合と同様、会計監査人の独立性確保のため、監査役（監査役会）・監査等委員会・監査委員会が決定します。

会計監査人の報酬は取締役会が決定しますが、この報酬を決定するには、取締役は、監査役（監査役会）・監査等委員会・監査委員会の同意を得る必要があります。会計監査人の職務の

会計監査人制度

制度趣旨	主に大企業の計算の適正を確保
資格	公認会計士または監査法人であること 会社や子会社の取締役、執行役、監査役などとの兼任はできない
報酬	取締役は、監査役または監査役会、監査委員会の同意を得て会計監査人の報酬を決定しなければならない
権限・責任	会社の計算書類やその附属明細書などを監査し、会計監査報告書を作成し、株主総会で意見を陳述する 取締役の不正等を監査役（監査役会）に報告し、取締役らや子会社に対して会計に関する報告を求めることができ、必要があるときは、子会社の業務財産の状況を調査することができる

独立性を確保するため、取締役の一存で決められないようにするためです。

■ 会計監査人の権限と義務

会計監査人は、会社の計算書類などを監査し、会計監査報告を作成しなければなりません。会計監査人は、いつでも会計帳簿を閲覧・謄写することができ、取締役・執行役・会計参与・支配人その他の使用人に対して会計についての報告を求めることができます。必要があれば子会社にも会計についての報告を求めることができ、会社または子会社の業務と財産の状況を調査することができます。

定時株主総会の決議で出席を求められた場合、会計監査人は出席して意見を述べなければなりません。株主総会に提出する計算書類などが法令や定款に適合しているかどうかについて、監査役と意見が異なる場合、株主総会で意見を述べることができます。また、取締役の違法・不正な行為を監査役等に報告する義務を負います。

指名委員会等設置会社

執行役が業務執行をする

■ 指名委員会等設置会社とは

指名委員会等設置会社とは、指名委員会、監査委員会、報酬委員会という3つの委員会を設置した上で、業務の執行を担当する執行役を設置する会社のことをいいます。指名委員会等設置会社でない会社の場合、取締役会の構成員は、自ら業務を執行する代表取締役や業務執行取締役が多数を占めることも多く、業務の執行の実効的な監督を期待しにくい面があります。他方、指名委員会等設置会社では、委員会の委員は、過半数を社外取締役から選任するため、取締役会および委員会による実効的な監督が期待できます（執行と監督の分離）。取締役会と会計監査人を置く会社は、定款で定めることによって、指名委員会等設置会社になることができます。

執行役は取締役会の決議で選任されます。執行役は取締役を兼ねることができます。執行役の人数は、1人以上でかまいません。執行役が複数いる場合には、会議体（執行役会）を設けて業務執行に対応することもできます。

■ 指名委員会等設置会社の各委員会

各委員会は、3人以上の委員で構成され、取締役の中から取締役会の決議により選任されます。各委員会の委員の過半数は社外取締役でなければなりません。また、監査委員会の委員は、会社やその子会社の執行役、業務執行取締役、使用人などを兼任することはできません。同じ取締役が複数の委員会の委員を兼ねることもできます。各委員会は、以下のような権限をもちます。

指名委員会等設置会社の取締役と会社の関係

通常の株式会社と同じように委任の関係にあり、取締役は会社に対して善管注意義務、忠実に職務を遂行する義務を負う。そこで、取締役が任務を怠ったときは会社に対して、損害賠償義務を負う。

指名委員会等設置会社の組織

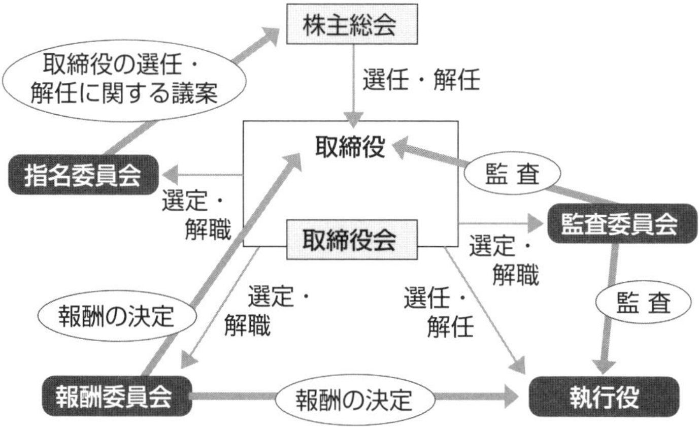

① **指名委員会**

指名委員会では、株主総会に提出する取締役・会計参与の選任・解任に関する議案の内容を決定します。

② **監査委員会**

監査委員会は、執行役や取締役の職務執行を監査し、監査報告を作成する委員会です。また、株主総会に提出する会計監査人の選任・解任や不再任に関する議案の内容を決定する権限をもちます。

③ **報酬委員会**

報酬委員会は、執行役や取締役の個人別の報酬などの内容を決定する権限をもつ委員会です。

■ 指名委員会等設置会社の取締役

指名委員会等設置会社の取締役の選任や解任については、通常の会社と同じように、株主総会の決議によります。しかし、株主総会に提出する取締役の選任・解任に関する議案は、取締役会ではなく、指名委員会が決定することになります。指名委員会等設置会社の取締役の任期は1年になります。

■ 執行役とは

指名委員会等設置会社の制度は、取締役会の監督機能の強化、業務執行の効率性の確保などのために認められたものです。

執行役は、取締役会による委託によって、これまで取締役会が決定していた会社の業務執行の中の一部についての決定と、業務の執行をします。一方で、取締役会は会社の経営方針など基本的な事柄について意思決定すると共に執行役を監督します。執行役は取締役会により選任・解任されます。

執行役の任期は就任後1年以内に行われる最終事業年度に関する定時株主総会の終了後、最初に開催される取締役会の終結の時までです。通常の株式会社の場合、取締役の任期は原則として2年ですが、指名委員会等設置会社の場合は、業務執行に対する監督を重視することとしたため、毎年、取締役会の信任を要するとしています。

■ 執行役の会社に対する義務・責任

執行役と会社との関係は、取締役と同様、委任関係となります。執行役は、会社に対して善管注意義務や忠実義務を負います。また、競業取引、利益相反取引についても規制を受け、それらの行為をする場合には、取締役会の承認を必要とします。

執行役も大きな権限をもちますから、会社の利益が害されないように法的に規制する必要があるわけです。

執行役は会社に対して善管注意義務、忠実義務を負っているため、執行役が任務懈怠によって会社に損害を与えた場合には、その損害を賠償する責任を負います。執行役が会社の承認を受けないで利益相反取引を行い、会社に損害が生じた場合には、

代表執行役

代表執行役とは、指名委員会等設置会社を代表する権限をもっている者である。通常の会社の代表取締役と同じように、会社の業務に関する一切の行為について、包括的な代表権をもつ。執行役が1人の場合は、その執行役が当然に代表執行役となり、会社を代表することになる。執行役が複数いる場合には、取締役会の決議によって、代表執行役を選定する。指名委員会等設置会社では、代表執行役が会社を代表することになるので、代表取締役は設置されない。

執行役の責任

執行役は、株主代表訴訟の対象となる。もっとも、取締役の責任と同じように、総株主の同意、または、株主総会、取締役会の決議によって、責任の免除・軽減が認められる。

善管注意義務

110ページ参照。

忠実義務

110ページ参照。

執行役の職務と責任

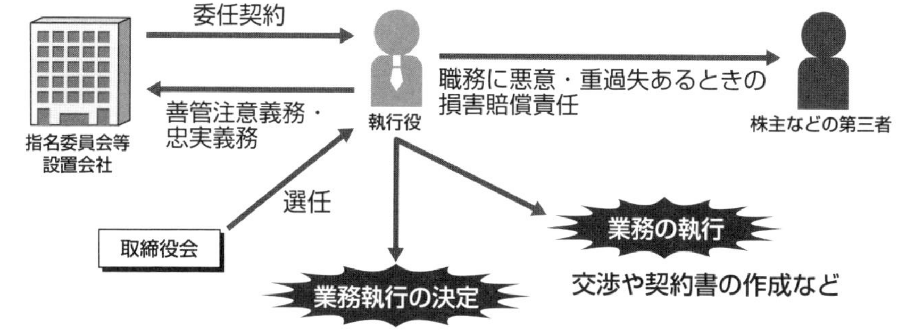

自分に任務懈怠がなかったという証明をしない限り、会社に対して損害賠償責任を負います。

競業取引の規制に違反した場合も、その執行役は会社に対して損害賠償責任を負います。その取引によって執行役や第三者が得た額が会社の損害額と推定されます。また、利益供与に関わった執行役は連帯して、供与した利益に相当する金額を会社に支払わなければなりません。

■ 執行役の第三者に対する責任

執行役が自らの任務懈怠を認識し（悪意）、または重過失（重大な不注意）により認識できておらず、それによって株主などの第三者が損害を受けた場合には、当該執行役は、その損害を賠償する責任を負います。

第三者に対する加害行為そのものについて故意や過失がなかったとしても、自らの任務懈怠を認識し（悪意）、または重過失（重大な不注意）により認識できていなかった場合には、執行役の責任が認められます。執行役は、直接損害だけでなく間接損害についても責任を負うことになります。

執行役の解任

執行役の任期が満了する前であっても、取締役会の決議によって、いつでも執行役を解任することができる。ただ、解任について正当な理由がない場合には、執行役は、会社に対して、解任によって生じた損害の賠償を請求することができる。

直接損害

執行役の行為によって直接第三者が損害を被る場合。

間接損害

執行役の行為から1次的に会社が損害を受け、その結果として2次的に第三者が損害を受ける場合。

PART6
14

監査等委員会設置会社

指名委員会等設置会社よりも導入しやすい

■ 監査役会設置会社や指名委員会等設置会社との違い

上場会社は、基本的には、上場規程で、監査役会、指名委員会等または監査等委員会の設置が求められます。また、会社法では、大会社は、いずれかの設置が義務付けられています。多くの上場会社では、監査役会が設置されています。

監査役会設置会社では、監査役および監査役会による監査機能はあるものの、取締役会の構成員は、自ら業務を執行する代表取締役や業務執行取締役が多数を占めることも多く、取締役会による業務の執行の実効的な監督を期待しにくい面があります。

他方、指名委員会等設置会社では、委員会の委員は、過半数を社外取締役から選任するため、取締役会および委員会による実効的な監督が期待できます（執行と監督の分離）。もっとも、各委員の過半数が社外取締役で構成される指名委員会や報酬委員会に人事や報酬をゆだねることへの抵抗感や社外取締役の負担感などから、あまり広く利用されていないのが実情です。

その点、監査等委員会設置会社では、指名委員会等と同様、監査等委員の過半数を社外取締役から選任するため、取締役会および監査等委員会による実効的な監督を期待できる上、指名委員会等設置会社とは異なり、監査等委員会は人事や報酬に関しては決定権を持たないため、抵抗感や負担感が少なく、指名委員会等に比べて、監査等委員会は導入しやすいといえます。

監査等員会設置会社のしくみ

取締役会と会計監査人を設置している会社のみ認められることは指名委員会等設置会社と同じであるが、執行役・代表執行役も設置せず、業務の執行は代表取締役（または業務執行取締役）が行う。

業務執行に対するチェックの必要性

大規模な会社では、会社の外部の者が、適正な経営を行っているのかどうかをチェックするための制度を作り上げることが大切であり、とりわけ、取締役会の監督機能の強化が重要である。そのため、取締役としてその会社の意思決定に対して議決権を持ちながらも、経営者の指揮命令を受けずに、監査・監督機能を果たすことができる社外取締役を有効に活かすことで、企業の不祥事を未然に防ぎ、適正な企業活動が行われるしくみを整えるため、指名委員会等設置会社や監査等委員会設置会社の活用が期待されている。

■ 指名委員会等設置会社などとは別個の制度

監査等委員会設置会社は、監査役会設置会社や指名委員会等

監査等委員会設置会社の特徴

監査役会設置会社

3 名の監査役のうち半数以上は社外監査役⇒取締役会の監督機能を強化するために、さらに社外取締役を選任するとなると、会社の負担が大きすぎる

指名委員会等設置会社

社外取締役が過半数を占める各委員会や、各委員も議決権を行使する取締役会による監督機能が強化される
反面、報酬や人事を各委員会にゆだねることへの社内の抵抗感や社外取締役の負担感が、導入のネックになることもある

監査等委員会設置会社

社外取締役が過半数を占める監査等委員会や、監査等委員も議決権を行使する取締役会による監督機能が強化される
また、監査等委員会は、人事や報酬の決定権を持たないので社内の抵抗感や社外取締役の負担感は比較的少ない

設置会社とは全く異なる制度であることに注意が必要です。監査等委員会設置会社に移行しようと考える場合には、定款の変更手続きが必要です。監査等委員会設置会社には、指名委員会等設置会社と同様に、機能的に重複する監査役（会）を置くことはできません。

また、定款の変更の効力が生じた時点で、それまで取締役であった者などは、全員任期満了となるため、改めて取締役などを選任し直す必要があることにも留意する必要があります。

「監査等」とは

監査だけでなく、監督権限も一部持つことから「監査等」委員会という名称になっている。

■ 監査等委員の選任・解任

監査等委員の選任・解任に関して、業務執行の監査等をする者として、業務執行をする者を含む他の取締役からの地位の独立性を確保するために、特別の手続が定められています。

まず、監査等委員はそれ以外の取締役と区別して、株主総会

によって選任されます。この際に、地位の独立性を確保するためには、監査等委員会自身が、自らの人事に対して主導権をにぎっている必要があるため、監査等委員会は、取締役に対して監査等委員である取締役の選任を、株主総会の議題としてもらうこと、または、選任すべきと思われる取締役の議案を提出することができます（選任議案の提出権）。

また、監査等委員以外の取締役が、自分に都合のよい人材を監査等委員に選任しようとすることを防ぐために、取締役が監査等委員の選任に関する議案を株主総会に提出するときは、監査等委員会の同意を得なければならないと定められています（選任議案の同意権）。

監査等委員である取締役を解任するためには、株主総会の特別決議によらなければ解任できないとされています。監査等委員は、監査等委員の解任・辞任に関して株主総会において意見を述べることができます（解任・辞任についての意見陳述権）。

なお、監査等委員以外の取締役の任期が選任後１年以内に終了する事業年度の中で最終のものについての株主総会終結時までであるのに対して、監査等委員である取締役の任期は、選任後１年以内の部分が、選任後２年以内と定められています。

解任・辞任についての意見陳述権

経営者と意見が異なる監査等委員などを保護する目的で、その者が辞任したときは、辞任後に最初に開催された株主総会で、辞任の事実や辞任の理由を述べる機会が与えられ、経営者が辞任を強制することを心理的に防ぐと共に、経営者との対立を株主に知らせる機能があると考えられている。

監査等委員の兼任禁止

監査等委員が、その会社や子会社の業務執行取締役や支配人・その他の使用人などを兼ねることも許されていない。監査等委員は経営者の業務執行を監査・監督する職務を負っているため、監査を行う者が、監査を受ける者と実質的に同一であっては、監査等委員会を置いた目的が無意味になってしまうためである。

■ 監査等委員会のしくみ・権限・義務

監査等委員会は、取締役３名以上からなる監査等委員により構成されています。そして、そのうちの過半数が社外取締役でなければなりません。これは、監査等委員会が置かれた主たる目的が、経営のトップの指揮命令を受ける立場にない者による、経営者の監査・監督を行うことだと考えられているため、そのような社外取締役による監査・監督を適正に行うことができるような制度となっています。

監査等委員会の権限・義務は、①主に経営を担当する取締役などの職務執行を監査する権限と、②企業の人事や報酬に関す

監査等委員会設置会社のしくみ

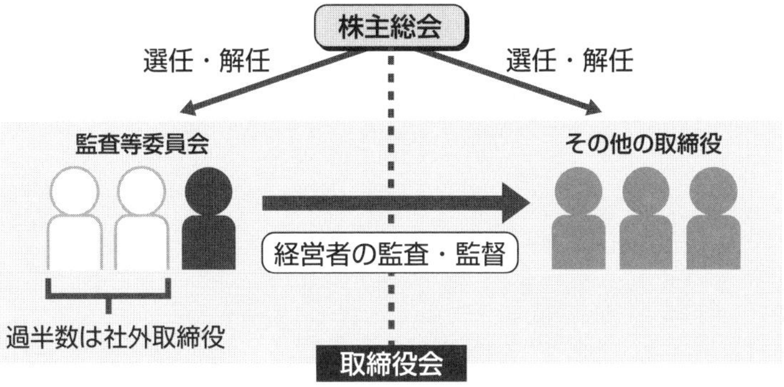

る権限に分けることができます。

このうち②の権限とは、監査等委員以外の取締役の選任についての意見を陳述する権限と、監査等委員以外の取締役の報酬についての意見を陳述する権利を指します。監査権限については、指名委員会等設置会社における監査委員会と同様の監査権限と、監査等委員会にのみに認められる権限に分類されます。

■ 監査等委員会設置会社の取締役会の権限

監査等委員会が取締役として、内部統制システムを通して監査・監督を行うという性質上、経営の基本方針の決定、監査等委員会の職務のために必要な事項、内部統制システムの決定については、必ず取締役会が決定しなければならない事項であるとされています。

また、重要な業務執行の決定についても、取締役の過半数が社外取締役である場合や、株主の判断で定款により定めた場合には、重要な事項の決定の多くについて取締役に委任することが許される場合もあります。

社外取締役・社外監査役

業務の監督・監査という点で重要な役割を果たす

■ 社外取締役の役割と要件の改正

取締役会設置会社における取締役は、取締役会により代表取締役の業務執行を監督する役割を担っています。しかし、実務上、取締役は社内から選ばれることが多いため、代表取締役や取締役相互間においてもなれあいが生じ、本来の役割を全うできないことが多いようです。このような場合に社外取締役を選任して、取締役会の監督機能強化を図ります。

社外取締役の選任要件は、以下のとおりです。以下の要件を満たす者が社外取締役になることができます。

・過去10年にわたり、その会社や子会社の業務執行取締役・執行役・従業員でないこと

・過去10年以内に、その会社や子会社の取締役・会計参与・監査役になったことがある者については、それらの就任前の10年にわたり、その会社や子会社の業務執行取締役・執行役・従業員でないこと

・その会社の支配株主や、親会社の取締役・執行役・監査役・従業員でないこと

・兄弟会社（同じ親会社の傘下にある他の子会社のこと）の業務執行取締役・執行役・従業員でないこと

・その会社の支配株主や、会社の取締役・執行役・支配人等の配偶者や２親等内の親族でないこと

なお、令和元年の会社法改正により、社外取締役に業務執行を委託することが認められる場合があります。たとえば、子会社との取引などにより、取締役が株主の利益を害するおそれが

社外取締役の就任要件

かつての会社法では「過去」に当該株式会社や子会社の業務執行取締役、執行役といった経営に関わっていたものは社外取締役になることができなかった。しかし、現在の会社法では、経営にかかわらなくなってから10年経てば、自身が過去に行ったことの影響は残っておらず、現状の取締役らとの関係性も希薄になっていると考えられるため、「就任前10年間」となっており、社外取締役に就任することができる要件が緩和されている。

社外取締役の要件

	社外取締役就任の可否
20年前に当社に在籍していた者	社外取締役になれる
親会社の取締役など	社外取締役になれない
兄弟会社の業務執行取締役など	社外取締役になれない
取締役の配偶者や2親等内の親族	社外取締役になれない

ある場合には、その都度、取締役の決定（取締役会設置会社では取締役会の決議）により、業務の執行を社外取締役に委託することが可能です。このような業務によって社外取締役の社外性は失われないことが明文で定められました。

■ 社外取締役はどのような会社で設置するのか

会社法では、社外取締役は以下の場合に選任しなければならないとされています。

① 特別取締役を選任する場合

特別取締役とは、6人以上の取締役が選任されている会社で、一定の重要事項につき意思決定をすることができる取締役をいいます。特別取締役を選任する場合は必ず、3人以上選任します。このような特別取締役を選任する場合は、6人以上の取締役のうち、1人を社外取締役とする必要があります。

② 指名委員会等設置会社の場合

指名委員会等設置会社については、各委員会の過半数は社外取締役でなければなりません。

③ 監査等委員会設置会社の場合

監査等委員の過半数は社外取締役でなければなりません。

④ 大会社である上場会社などの場合

令和元年の会社法改正により、公開会社であり、大会社であ

監査等委員会の取締役

監査等委員会の監査等委員は取締役としての地位も持つため、その取締役会で議決権を行使することが予定されている。取締役会が代表取締役の選定や解職の権限を持つことは、監査等委員が代表取締役の選定・解職に対して議決権を行使することで、経営に対する監督を行うことができることも意味している。

る監査役会設置会社のうち、金融商品取引法に基づき有価証券報告書の提出が義務付けられている会社は、社外取締役の設置が義務付けられていますので注意が必要です。

■ 社外監査役の役割と要件

監査役は、取締役の業務執行を監査する立場です。この点で、代表取締役の業務執行を監督する社外取締役よりも、より独立で公平な立場を求める社外監査役が選任されます。つまり、社外監査役は通常の監査役の監査機能を高める役割を担っています。

社外監査役は社外取締役と同様に要件が設けられており、以下の要件を満たす者が社外監査役となることができます。

・過去10年にわたり、その会社や子会社の取締役・会計参与・執行役・従業員でないこと

・過去10年以内にその会社や子会社の監査役になったことがある者については、その監査役に就任する前の10年にわたり、その会社や子会社の取締役・会計参与・執行役・従業員でないこと

・その会社の支配株主や、親会社の取締役・執行役・監査役・従業員でないこと

・兄弟会社の業務執行取締役・執行役・従業員でないこと

・その会社の支配株主や、会社の取締役・執行役・支配人等の配偶者や２親等内の親族でないこと

少しややこしいですが、社内取締役との大きな違いは、過去10年以内に業務執行取締役ではない取締役や会計参与であった者も社外監査役にはなれない点です。

親子会社間における監査役就任

本文記載のように、親会社の監査役は子会社の社外監査役に就任することはできないが、親会社の監査役が、子会社の社外監査役以外の監査役を兼任することは可能であるため、注意が必要である。

■ 社外監査役はどのような会社で設置するのか

資本金５億円以上または負債200億円以上の大会社であって公開会社である場合は、①監査役会を置くか、②指名委員会等設置会社、または③監査等委員会設置会社の形式を選択しなけ

公開大会社の機関設計と監査役会のしくみ

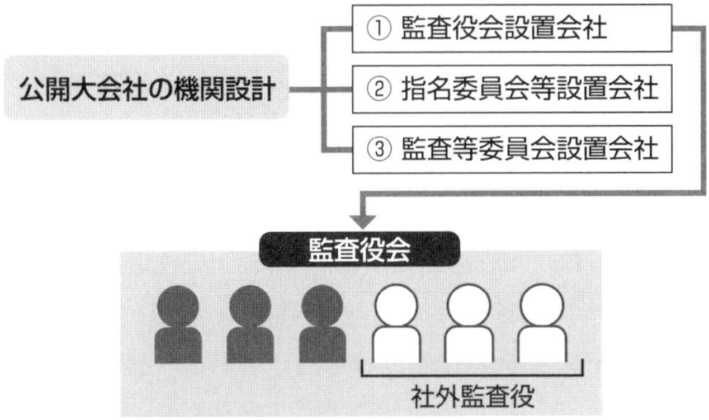

・監査役会には監査役が３人以上必要
・監査役の半数以上は、社外監査役でなければならない

ればなりません。監査役会の場合は３人以上の監査役を選任します。そしてその中の半数以上は社外監査役であることを要します。なお、指名委員会等設置会社や監査等委員会設置会社では監査役を置くことはできません。

■ 監査等委員会設置会社や指名委員会等設置会社の社外取締役

これらの会社においては、社外取締役の機能を活用するため、各委員会は取締役である委員３人以上で構成されており、それらの過半数は社外取締役でなければなりません。監査等委員会設置会社や指名委員会等設置会社は、社外取締役を選任することで、業務の執行に対する取締役会の監視・監督機能を強化するものであると評価することができます。

このように、大会社かつ公開会社の場合、監査役会、指名委員会等設置会社、監査等委員会設置会社のうち、いずれの機能を選択するのが自社にとって最善であるかについて検討した上で、選択することになります。

一時取締役と職務代行者

裁判所に一時的な取締役を選任してもらう

■ 一時役員とは

辞任や死亡によって取締役が欠けた場合には、すみやかに後任の取締役を選任しなければなりません。しかし、何らかの事情で取締役選任の手続ができないような事情がある場合には株主や取締役などの利害関係人が裁判所に申し立てることによって、一時的に取締役の職務を行う人（一時取締役）を選任してもらうことができます。

一時取締役を選任してもらうことができるのは取締役が死亡したが後任をすぐに選任できない場合や株主間で訴訟を抱えているなど、株主総会を開催できないような事情がある場合に限られます。株主総会を開催できるのであれば、臨時株主総会を開催するか、近い時期に開催される定時株主総会において、後任の取締役を選任すべきであり、一時取締役の選任を裁判所に申し立てる必要はないことになります。

また、一時取締役と似た制度に職務代行者の制度があります。一時取締役も職務代行者も、裁判所に取締役の職務を行う人を選任してもらう制度ですが、一時取締役の制度は、取締役が死亡や辞任により欠けた場合の制度です。他方で職務代行者は、取締役として登記された者の取締役の地位を争う紛争がある場合に、裁判所の仮処分により、その者の取締役としての職務の執行を停止し、代わりに職務を行う職務代行者を選任する制度です。職務代行者の場合には職務の制限がありますが、一時取締役の場合には、取締役と同じ権限があります。

一時取締役や職務代行者は、紛争に関わる場面で選任される

過料の制裁

選任の手続を怠ると100万円以下の過料が科される。

一時取締役の要否

前任者が任期を満了した、もしくは辞任しただけであれば、後任が決まるまでは前任者が取締役の地位にあり、職務を行う。また、一時的に病気というだけでは一時取締役の選任は認められない。株主総会を開くことができるような場合も認められない。

一時取締役と職務代行者

	一時取締役	職務代行者
選任を申し立てられる場合	取締役が欠けた場合	取締役の地位に争いがある場合
申立権者	利害関係人	紛争当事者
与えられる権限	取締役と同じ	会社の日常の業務のみ（新株発行や臨時株主総会の招集はできない）

ことが多く、弁護士が選任されることが多いといえます。なお、一時取締役についても、「職務代行者」と呼ばれることがありますので、両者の区別に注意が必要です。

一時役員
取締役だけでなくその他の会社法上の役員、つまり、監査役と会計参与の場合も、裁判所による一時役員選任の制度がある。

■ 職務代行者とは

取締役（執行役）や代表取締役（代表執行役）の選任の無効など、その地位を否定する訴えを提起した場合でも、裁判が確定するまでは、取締役らはその地位を失うわけではありません。

しかし、訴えられた取締役がそのまま職務を行うと会社にとって不都合な場合があります。そこで、取締役らの地位を否定する訴えを提起する際に、申立人は訴えられた取締役らが職務を執行しないように裁判所に求めることができ（仮処分命令の申立て）、訴えられた取締役らに代わって職務を執行する者を選任するように求めることができます。このようにして選任された者を職務代行者といいます。

職務代行者は、会社の日常の業務（常務）は自由に行えますが、常務にあたらない行為（たとえば、新株発行や取締役の解任を目的とする臨時株主総会の招集など）をするには、裁判所の許可を得る必要があります。この点は取締役と同じ権限が与えられている一時取締役と異なるところです。

Column

内部告発と公益通報者保護制度

従業員が内部告発をすることで、会社から報復的な措置を受けてしまうということになると、違法行為を察知していても通報することを控えてしまうのが心情です。そこで、企業の法令違反行為などを通報した者（内部告発者）を解雇や減給などの制裁措置から保護することを目的とする公益通報者保護法が作られ、平成18年４月から施行されています。

この法律ができたことにより、公益通報を行ったことを理由とする解雇は無効とされ、降格や減給など不利益な扱いをすることも禁止されます。たとえば、労働者（正社員だけでなく、パートやアルバイト含む）が、その事業所で刑法・食品衛生法・金融商品取引法などの法律に違反するような行為が行われている（または行われる可能性がある）ことを通報した場合に、この法律の保護を受けることができるわけです。実際に内部告発者の正当性を認めた裁判例もあります。

通報先は、①事業所内部、②行政機関（監督官庁など）、③事業者外部（新聞社など）となっています。事業所内部の者に対する通報については、会社の業務の適法性を担保するために必要な体制づくり（内部統制システム）の一環として、内部通報制度を整備している会社もあります。具体的には、社員などが、役員などの違法な業務執行の事実を知った場合に、不利益を被ることなく、監査役や弁護士にその事実を通報することができます。ただし、事業者外部への通報が保護されるためには、証拠隠滅のおそれがある場合や、人の生命や身体に危害が及ぶ状況にある場合、など一定の場合に限られます。

このように内部告発者を保護することを目的とした法律ですが、取引先や退職した元従業員など、部外者は保護の対象とされておらず、税法は対象とならない（脱税などの内部告発は保護対象とならない）など、法の実効性について問題点も指摘されています。

PART 7

会社の計算と新株発行・社債のしくみ

PART7
1

会社の計算と
新株発行・社債の
しくみ

決算手続きと計算書類

決算期ごとに貸借対照表や損益計算書を作成する

■ 決算の手続きはどうなっているのか

決算期

1事業年度の期間については、特に会社法は規定を置いていない。一般的には、4月から翌年3月までの1年間を一事業年度とする会社が多いようである。

決算とは、会社が事業年度ごとに計算書類（会計に関する書類）などを作成し、収支や損益の状況を明らかにする手続きです。会社は、決算期ごとにその事業年度の計算書類、事業報告、附属明細書などを作成します。①貸借対照表、②損益計算書、③株主資本等変動計算書、④個別注記表を会社法上、計算書類といいます。

①　貸借対照表

一定時点における会社の資産、負債、自己資本の内訳を金額で表示したもので、会社の財政状態を表すものです。定時株主総会では事業年度末（当期末）の財政状態を記載した貸借対照表を株主に開示します。

②　損益計算書

一定期間における会社の収益、費用の内訳と、それらの差額である損益を金額で表示したもので、会社の経営成績を表すものです。その事業年度の損益がどうなっているか、またその原因はどこにあるのかを把握するのに適しています。

③　株主資本等変動計算書

事業年度中の会社の純資産の変動を株主資本その他の区分に応じて金額で表示したもので、剰余金の配当を含めた、会社の利益の使途を表すものです。会社は株主への剰余金の配当を行う時期を自由に決めることができますが、株主資本等変動計算書によって事業年度中の株主資本の額の変動を明らかにすることで、株主側は会社の行った剰余金の配当状況が妥当だったか

会社法で定められている４種類の計算書類

貸借対照表	事業年度末（当期末）の会社の財政状態を具体的な数値で表した書類
損益計算書	一定の期間中における会社の経営成績を数値で表した書類
株主資本等変動計算書	事業年度中の純資産がどれだけ変動したのかを示す書類
個別注記表	計算書類を理解するために必要となる重要な事項を注記として記載してまとめた書類

どうかを把握することができます。

④　個別注記表

貸借対照表、損益計算書、株主資本等変動計画書によって明らかになった会社の経営成績や財政状態に関する数値データを株主が判断するために必要な事項について文章で説明した書類です。公開会社、非公開会社について、それぞれ注記が必要な事項が定められています。

■ 計算書類は原則として株主総会の承認を受ける必要がある

事業報告は、会社の状況を数値で表す計算書類とは異なって、会社の事業の状況を文章で説明したもので、書類を作成する際の基となる情報も会計帳簿だけに限りません。附属明細書は、計算書類と事業報告の記載内容を補足するもので、重要な事項の明細を記載した書類です。計算書類と事業報告、附属明細書は監査役に提出され、監査役は監査報告を作成します。その後、取締役会の承認を経た上で、前述した書類を定時株主総会に提出します。事業報告については内容を報告すれば足りますが、計算書類については株主総会の承認を得なければなりません。決算手続きの流れは、会社の機関構成によって多少の違いがありますが、基本的には同様です。

会計監査人設置会社

会計監査人を設置している会社の場合、取締役が計算書類の内容を定時株主総会に報告するだけで、本文記載の計算書類についての株主総会の承認を得なくてもよい場合がある。

資本金・準備金・会計帳簿

適切な会社財産の維持が図られるようなしくみをとっている

■ 資本金と準備金

資本金とは、株主の出資金を基準に定めた計算上の金額のことをいいます。会社は、設立時や株式発行時の出資金の２分の１以上を資本金として計上しなければなりません。

準備金には資本準備金と利益準備金とがあります。株主の出資金の２分の１以下については、資本金ではなく資本準備金として計上することができます。また、株主に剰余金の配当を行う際に一定割合の金額を利益準備金として積み立てることが義務付けられています。

資本金や準備金は、剰余金の配当の原資とすることはできません。株式会社の場合、株主には間接有限責任しかないので、会社債権者にとっては会社財産のみが唯一の弁済原資となるところ、資本金や準備金は、配当によって会社財産が過度に株主に流出することを防ぐ機能を持ち、株主の利益と会社債権者の利益を調整する機能を持っているといえます。

このような重要性から、資本金の額は登記事項になっている他、資本金の額の減少は、株主総会の特別決議が必要となっています。

資本金と準備金の関係

株主の出資金は、資本金または資本準備金に計上される。
準備金には、資本準備金と利益準備金がある。原則として、会社に払い込まれた額が資本金となるが、会社に払い込まれた額の2分の1以下の額は資本金にせず、資本準備金にすることもできる。
また、配当する剰余金の10%に相当する金額を利益準備金として積み立てなければならない。

■ 剰余金の額の計算方法

配当原資となる剰余金の額の計算方法は、次のように複雑です。

① **決算日における剰余金の額**

（資産額＋自己株式の簿価）

－（負債額＋資本金・準備金＋法務省令で定めるもの）

資本金と準備金の役割

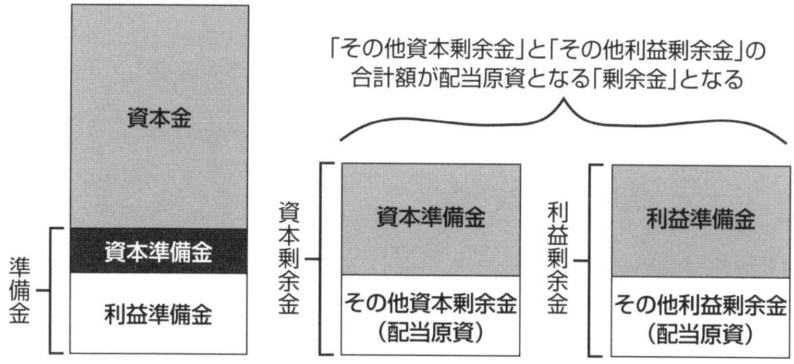

② **決算日以降、配当時までの剰余金の変動額**

（自己株式の処分損益＋減資差益＋準備金減少差益）

－（自己株式消却額＋剰余金配当額＋法務省令で定めるもの）

③ **自己株式等の額**

自己株式の簿価＋決算日後の自己株式の処分対価＋法務省令で定めるもの

①に②を加算して配当時の剰余金の額を計算し、③を差し引いて分配可能額を算出します。

剰余金を資本あるいは準備金に組み入れたり、準備金を資本に組み入れたりする場合には、株主総会の普通決議が必要になります。

■ 会計帳簿

企業の営業上の財産・取引の状況を継続的・組織的に記載・記録した帳簿のことです。株式会社は、会社計算規則の定めに従い、適時に、正確な会計帳簿を作成しなければなりません。また、会計帳簿とその重要な資料については、会計帳簿の閉鎖の時から10年間保存しなければなりません。

剰余金

会社の純資産額から、会社に留保しなければならない資本金や準備金などを差し引いた額のこと。

普通決議

92ページ参照。

会計帳簿の閲覧請求

総株主の議決権の100分の3以上の議決権を有するなど、要件を満たす株主は、会社に対して会計帳簿の閲覧を請求することができる。

財源規制

剰余金の分配などについて規制がある

■ 財源規制とは

財源規制とは、株主に対する剰余金（利益）の配当や自己株式の取得に関して、限度が設定されていることです。

無制限に剰余金の配当や自己株式の取得ができることになれば、債権の回収を期待する会社債権者の利益を損ないます。そのため、剰余金の配当や自己株式の取得をする場合には、このような財源規制がなされています。

財源規制をかけない主な場合

① 単元未満株式の買取請求権が行使された場合
② 事業全部の譲受により譲渡会社からの株式を取得する場合
③ 合併により消滅会社からの株式を承継する場合
④ 吸収分割により分割会社からの株式を承継する場合

■ 剰余金の配当とは

会社があげた利益を株主に分配することを、剰余金の配当といいます。会社は営利を目的とする法人です。「営利」とは、単に会社自身が事業活動を通じて利益をあげるだけではなく、あげた利益を出資者に分配することを意味します。この出資者への分配が剰余金の配当ということになります。

剰余金とは、会社の純資産額から、会社に留保しなければならない資本金や準備金などを差し引いた額のことです。剰余金の配当は、株主総会の普通決議で、いつでも行うことができます。また、取締役会設置会社は、定款で定めれば、1事業年度の途中で1回に限り、取締役会の決議で剰余金の配当をすることができます。これを中間配当といいます。

剰余金の配当は、分配可能額を超えて行うことはできません。分配可能額とは、剰余金の額から自己株式（会社の自社株）の帳簿価額などを差し引いた額のことです（177ページの計算方法参照）。無制限に剰余金の配当ができるとすれば、会社財産が

中間配当

剰余金の配当は、株主総会の普通決議で、いつでも行うことができる。また、取締役会設置会社は、定款で定めれば、1事業年度の途中で1回に限り、取締役会の決議で剰余金の配当をすることができる。

財源規制違反の責任

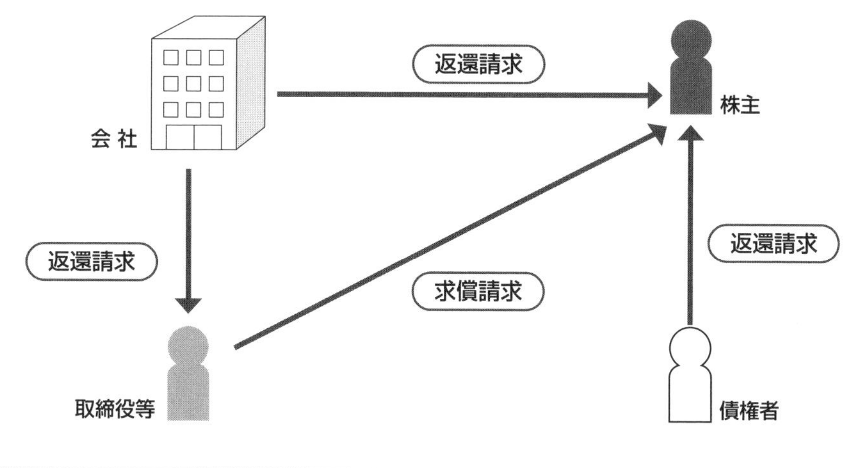

過度に流出して会社債権者の利益を害する危険があるからです。

なお、配当後の純資産額が300万円未満となるような剰余金の配当も禁止されています。

■ 違法な剰余金配当の効力

分配可能額を超えてなされた剰余金の配当（「たこ配当」）は、無効です。まず、会社は、違法な配当を受けた株主に対して、その返還を請求することができます。また、会社債権者も、株主に対して、直接自分に返還するように請求することができます。また、分配可能額を超えて剰余金の分配がなされた場合には、取締役は分配された額を会社に支払う義務を負います。分配可能額を超える部分についての責任は、総株主の同意によっても免除することはできません（分配可能額までは総株主の同意によって免除することができます）。

違法な剰余金配当により第三者に損害を与えた場合には、関与した取締役は連帯して賠償責任を負います。

取締役会決議による剰余金の配当等

会計監査人を設置する会社では、取締役の任期が1年を超えないことや、計算書類が法令·定款に従って会社の財産・損益の状況を正しく表示していることなどを条件に、剰余金の配当等を取締役会の決議によって決定することができる旨を定款に定めることができる。この場合、剰余金の配当等について「株主総会の決議によっては定めない旨」を定款に定めることができる。

PART7
4

会社の資金調達方法

内部資金と外部資金に分かれる

■ どのような資金調達方法があるのか

会社が事業を拡大していく上で、資金の調達は欠かせません。資金調達源は、企業内で調達する「内部資金」と企業外から調達する「外部資金」に分けることができます。

内部資金には、①会社の利益を株主の配当に回さないで事業のために使う場合、②資産を現金化する場合があります。外部資金の調達方法としては、①債務を負う形で調達する方法（借入金、社債）と②増資する（新株発行）という方法があります。

内部調達は、外部調達と異なり、新たに金利や配当などの負担が生じることはありませんが、利用できる剰余金や資産は限られています。

ここでは、外部資金の調達方法について見ていきましょう。

新株発行のメリット

新株発行は、再建資金を出資するスポンサーにとってもメリットのある手法。会社が再建された後で、値上がりした株式を売却すれば、債権の元本および利息の回収以上のリターンを得ることができる可能性があるためである。さらに、株式を保有することで会社の経営に対して影響力を持つこともできる。

■ 借入金・社債による資金調達

会社が債務を負担する形で行う資金調達の中で、最も単純なものは、銀行など特定の者から調達する借入です。

これに対して、広く一般の人に起債することによって調達することができるのが社債です。社債は、特定の者に対して発行することも可能ですので、会社法の社債発行手続きに従った資金調達といった方が正確です。銀行借入も社債も負債ですから、いずれ返済することになります。返済の際には利息を支払う必要があります。

資金調達手段

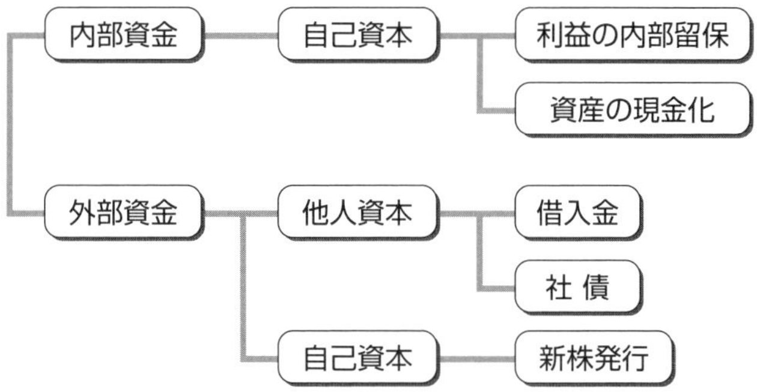

■ 新株発行はどんな場合にするのか

新株を引き受けた者が、会社に払込みをすることによって資本が増加する場合です。負債と違って、返済することは前提とされていません（会社が解散する場合は残余財産が株主に分配されます）。新株の発行は、経営状況に応じてなされるものですから、公開会社の場合、原則として経営を担う取締役会が決定しますが、非公開会社の場合には、株主総会が決定することになります。新株発行にも様々なパターンがあり、割当先や対価の支払いの有無で場合分けすることができます。会社が、株式を引き受ける者の募集をするときは、まず、募集株式の数やそれに対する払込金額、払込期日などの募集事項を決定しなければなりません。公開会社では取締役会の決議、非公開会社では株主総会の決議で募集事項を決定しますが、公開会社の場合でも、払込金額が株式を引き受ける者に特に有利な場合には、株主総会の決議が必要になります。

なお、新株予約権が行使された場合も、行使の際に支払った価格が新たに会社財産に加わります。

公開会社／非公開会社

公開会社とは、譲渡制限のない株式を発行している会社をいう。一方、非公開会社は、発行する株式のすべてに譲渡制限を設けている会社をいう。

新株予約権

会社に対して行使することによって、会社の株式の交付を受けることができる権利のこと。

新株発行のしくみと手続き

公開会社と非公開会社とで手続が異なる

■ 公開会社ではどんな手続きをするのか

会社法では、株式を発行するのが公開会社か非公開会社かによって新株発行の手続きが異なっています。新株発行には、株主割当て、第三者割当て、公募の３つの場合があり、それぞれ手続が異なる点がありますが、以下では、共通する原則的な手続の流れについて説明します。

まず、会社が募集株式を発行しようとする場合には、募集株式の数や、株式の払込金額や出資の履行方法など、募集事項を決定しなければなりません。公開会社では、その募集事項を決定する機関が、取締役会でよいと規定されています。つまり、公開会社では、原則として取締役会の決議で新株発行を行うことができます（支配権の異動を伴う募集株式の発行における株主総会決議については184ページ参照）。この場合に必要になる手続きは次の①②です。

①　取締役会決議

発行する株式の数、１株あたりの払込金額（代金）、払込期日、増加する資本金および資本準備金に関する事項などを取締役会で決議します。

②　株主に対する通知・公告

第三者割当の新株発行は、既存の株主の議決権割合を低下させる効果を持ちます。そのため、新株発行によって不利益を受ける株主には、新株発行の差止請求権が与えられています。しかし、新株発行に関する情報がなければ、株主は差止請求権を行使すべきか否かを判断できません、そこで、会社は新株発行

「募集株式の発行等」とは

株式会社が企業の規模を拡大する場合など資金が必要になった際に、その資金を調達する方法の一類型。通常の株式の発行と自己株式の処分をあわせて、募集株式の発行等と呼んでいる。自己株式の処分については、会社が持っている自社の株式を他人に有償で譲渡することで、同様に会社が資金を調達することが可能であるため、株式の発行と同じ規律に服すると定められている。

新株発行の手続きの原則的な流れ

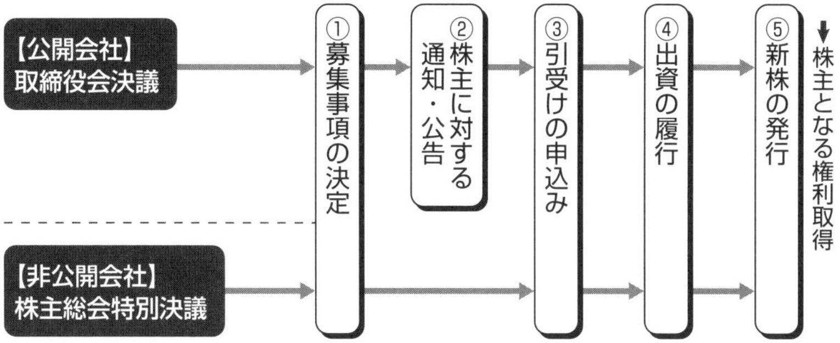

の内容を株主に個別に通知または公告することになっています。

なお、公開会社が、第三者に対して、払込金額が株式の時価に比べて大幅に低い価額で売却されるなど特に有利な金額で新株を発行する場合には、原則として株主総会の特別決議が必要になります。この場合には、取締役は、株主総会で有利発行によって株式を発行しなければならない理由を説明しなければならないため、上記①②の手続きは不要となります。

■ 非公開会社ではどんな手続きをするのか

株式が譲渡制限されている非公開会社では、他の者が新たに株主として参入することに消極的であるといえ、募集株式の発行について、特に既存の株主が持っている持分比率ができるだけ維持されるように、公開会社とは別の規律が置かれています。

非公開会社では、募集事項の決定について、原則として株主総会の特別決議が必要になります。ただし、株主総会で、募集株式の上限と払込金額の下限を定めれば、その他の募集事項については取締役（会）に委任することが認められる場合があります。

有利発行の判断

実務上は、「特に有利な金額」がどの程度の金額なのかが問題になっている。その点、上場会社の株式については、市場価格の1割引程度であれば特に有利な金額にはあたらないとされる場合が多い。他方、非上場会社の株式については、会社の資産、収益、配当、類似する会社の株式価格などを考慮して判断する。

非公開会社の場合

非公開会社では、募集事項の決定は株主総会決議で行う。ただし、株主割当の場合には、定款で取締役または取締役会に授権している場合は取締役または取締役会の決議で募集事項の決定を行う。

■ 引受けの申込み・履行・効力の発生について

申込手続きとしては、募集事項が株式を引き受けようとする者に対して通知され、株式を引き受けようとする者は、会社に対して氏名・名称、住所や申し込む株式数などを、会社に対して書面で交付しなければならないと定められています。会社は、原則として自由に株式を割り当てる者を決定することができ、株式を割り当てられた者が引受人となります。

株式の引受人は、金銭や現物出資を履行することによって、株主となる権利を取得します。この効力は、払込期日が決められている場合には、払込期日に金銭等を支払うことによって、そして、払込期間を定めている場合には、引受人が履行した日に生じると規定されています。

■ 支配株主の異動を伴う募集株式の割当の特則

公開会社では、取締役会決議で募集株式の発行をすることができるので、既存株主の保護のため、募集株式の発行によって支配株主の異動が生じる場合の特則が定められています。引受人（その子会社等を含む）が引き受けた募集株式の株主になった場合に持つことになる議決権数の、募集株式の引受人全員が引き受けた募集株式の株主となった場合における総株主の議決権数に対する割合が、２分の１を超える場合に特則の対象となります。

特則の具体的な内容としては、支配権の異動が生じる場合、公開会社は株主に対して支配権の異動が生じたことなどについて、通知または公告をしなければなりません（情報の開示）。そして、総株主の議決権の10分の１以上を持つ株主が、支配権の異動を伴う株式の発行に反対の意向を会社に対して示した場合には、原則として募集株式の発行について株主総会の普通決議による承認を得なければなりません。

募集株式の割当の特則の影響

この特則により、会社にとって重大な決断を、取締役会のみではなく、株主の判断を受けることができるようになる。もっとも、事業再生のために支配権の異動が生じるような株式を発行する必要がある場合などのように、緊急に資金が必要な場合等には、株主総会の開催は不要であると定められている。

支配株主の異動を伴う募集株式の割当と総会決議

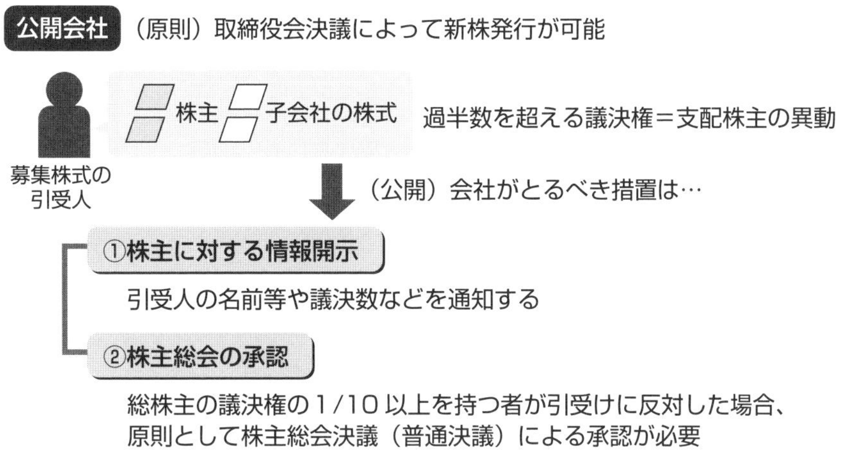

■ 募集株式が譲渡制限株式である場合

募集株式が譲渡制限株式である場合、募集事項の決定だけでなく、募集株式の割当ての決定についても、定款に別段の定めがある場合を除き、株主総会決議（取締役会設置会社では取締役）によって行う必要があります。譲渡制限株式を発行するような閉鎖的な会社の場合、誰が株主になるのかについて、既存株主は重大な関心を持つからです。なお、募集株式が譲渡制限株式の場合で、その全部を総数引受契約によって発行する場合も、やはり株主総会決議などが必要になります。

■ 新株発行の瑕疵と株主の対抗手段

新株発行に瑕疵（問題）があった場合、新株発行の法的効力について争う方法として、会社法では、次のような手段について規定しています。

①　新株発行の差止め

募集株式の発行に瑕疵がある場合に、その効力が生じる前に、手続き自体を事前に止めてしまう方法です。新株発行の効力が生じるまでの間、株式の価値が薄められ、経済的損害がもたらされる場合のような、株主が不利益を受けるおそれがあるときは、株主等は、法令・定款違反または著しく不公正な方法による新株発行の差止めを請求することができます。

②　新株発行無効の訴え

新株発行が効力を生じた後は、瑕疵が重大である場合（たとえば、新株発行差止めの仮処分に違反して発行した場合、通知・公告を欠いて発行した場合、定款に定めのない種類の株式を発行した場合など）には、株主等は、新株発行無効の訴えを提起できます。新株発行の無効が認められた場合、会社は新株の払込みをした者に、払い込まれた金額または価格相当の金銭を支払わなければなりません。

③　新株発行不存在確認の訴え

上記②の新株発行無効確認の訴えに関連して、もはや株式が発行されたということが困難であるといえるような場合には、新株発行不存在確認の訴えを提起できます。また、無効確認は訴訟によってのみ主張することができますが、不存在については訴訟によらずに主張することもできますし、株主等でなくても不存在を主張することができます。何が不存在事由となるのかについて、様々な見解がありますが、一般には必要な手続が一切なされていない場合、権限のない者が新株発行を行った場合など、手続上の瑕疵が著しく、法的に株式が発行されたと評価することができないような場合とされています。

■ 関係者の責任

以上の他に、新株発行をめぐって関係者が民事上の責任を負う場合があります。

差止請求が認められる場合

たとえば、有利発行にあたるにもかかわらず、株主総会特別決議を経ることなく、新株の発行が行われる場合（重大な法令違反）などに認められると考えられている。

新株発行無効の訴えの提訴期間

公開会社の場合には、新株発行の日から6か月以内、非公開会社の場合には、新株発行の日から1年以内であれば訴えを提起できる。

新株発行無効の訴えの効果

遡ることはなく、無効であると判断された以後の将来に向かって効力を否定するしくみになっている。
なお、原告が敗訴した場合でも、原則として会社に対して損害賠償責任を負わない。例外的に、原告が新株発行に瑕疵（問題）がないことを知っていた（悪意）か、知らないことについて重大な不注意があった（重過失）場合には、原告は、会社に対して連帯して損害賠償責任を負う。

株主の対抗手段と関係者の責任

新株発行に問題（瑕疵）があった場合

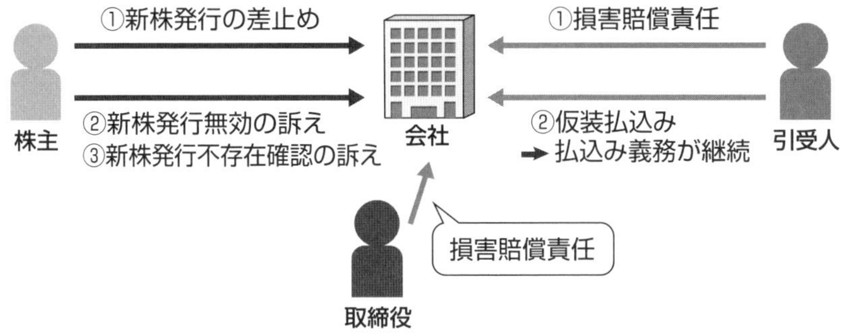

① 取締役等の責任

株主総会の特別決議が必要であるにもかかわらず、それを経ずに特に有利な払込金額で募集株式の発行等を行った取締役等は、公正な払込金額と特に有利な（不公正な）払込金額との間の価額（差額）について、会社に対する損害として賠償する責任を負うと考えられています。また、現物出資の価額が募集事項と比べて著しく不足する場合、関与した取締役らが不足分を支払う義務を負うことがあります。さらに、引受人が払込みを仮装した場合、関与した取締役らが払込金額を支払う義務を負うことがあります。

② 引受人の責任

不公正な払込金額で募集株式を引き受けた者は、公正な価額との差額について支払義務を負うと規定されています。また、現物出資の価額が募集事項と比べて著しく不足する場合も、不足分を支払う義務があると定められています。さらに、引受人が仮装払込みを行った場合、仮装払込みを行った引受人は依然として払込義務を負うと定められています。

現物出資の補てん責任

取締役等の負う責任として、給付の対象が現物の出資である場合に、その価額が募集事項で定めた額に比べて著しく不足する場合には、その不足している額について、取締役等が補てんする責任が規定されている。

引受人の責任について

公正な価額との差額の支払義務については、取締役等と通謀したことが必要とされている。現物出資の不足分を支払う義務については、引受人の責任が過度にならないように、価額の不足について知らず（善意）、かつ知らないことについて重過失がない場合については、株式の引受けを取り消すことができるとされている。

新株予約権

事前に決められた価格で株式を買い取ることができる権利

■ 新株予約権の発行手続き

新株予約権とは、会社の株式を事前に決められた価格で会社から買い取ることができる権利です。買取りの対象は、新株でも、会社がすでに発行している自己株式でもかまいません。

新株予約権を発行するための手続きとして、特に新株予約権を募集の形で発行しようとする場合には、新株発行の手続きと類似の手続きを経ることになります。

もっとも、新株発行の場合は出資の払込みが完了した時点で株主の地位が生じますが、新株予約権の場合は、新株予約権の対価の払込みがされたかどうかにかかわらず、募集事項において定める割当日に、新株予約権者の地位が生じることに注意が必要です。つまり、新株発行手続きと同様に、申込みを経て割当が行われますが、割当が終了した段階で、権利者は確定し、新株予約権の対価の払込みを行わない者は、新株予約権を行使できないにすぎません。

そして、募集新株予約権についても、公開会社と非公開会社とでは扱いが異なります、公開会社では新株予約権を発行する際は原則として取締役会の決議が必要です。非公開会社は株主総会の決議（特別決議）が必要になりますが、株主総会で発行に関する主要な項目を決議すれば、具体的な項目の設定を取締役会に一任することができる場合があります。

新株予約権の発行に関するルールは株式と同じです。証券に関しては、不発行が原則です。新株予約権の行使は会社への請求と権利行使価格分のお金を払い込むことで完了します。

買取請求権を行使する場合

買取り請求権を行使する場合、会社は新株予約権の保有者に対してこれらの事由の効力発生日の20日前までに、もしくは、株主総会決議等の日から２週間以内（事由により異なる）に通知するか、公告しなければならない。

新株予約権の発行手続きの原則的な流れ

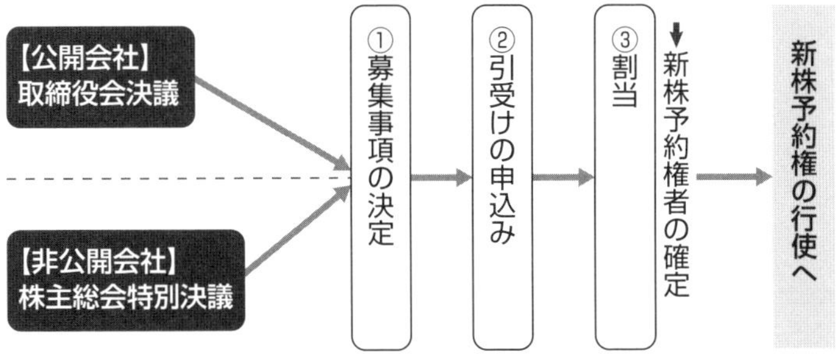

なお、以下のようなケースにおいて、会社に対する新株予約権の買取請求権が認められています。

・会社が組織変更（株式会社の持分会社への変更および持分会社の株式会社への変更のこと）した場合
・合併により会社が消滅する場合
・会社分割により会社が分割する場合
・株式交換などにより会社がある会社の完全子会社になる場合

保有者が買取請求をしてきた場合

会社は請求者と買取価格を協議する。買取金額で合意できた場合は、買取請求のきっかけになった事由の効力発生日、もしくは、設立会社の成立の日（事由により異なる）から60日以内に買取代金の支払が行われなければならない。

■ 新株予約権無償割当とは

新株予約権を株主に割り当てる方法として、新株予約権無償割当という方法があります。新株予約権無償割当は、前述した募集新株予約権の発行を無償で株主に割り当てる場合と類似していますが、こちらは、あくまでも株主の申込みを待って初めて割り当てられるもので、株主に対して当然に割当が行われる新株予約権無償割当とは異なります。

新株予約権無償割当（ライツ・イシュー）は、権利行使価額が市場の株価に比べて比較的安い価格に設定されるため、株主による権利行使を期待できるもので、会社の資金調達上、非常に便利な制度だといえます。

新株予約権無償割当

新株予約権無償割当とは、株主に対して、新たに払込みをさせることなく、持っている株式の割合に応じて新株予約権を割り当てること。

ライツ・イシュー

新株予約権無償割当を活用した資金調達・増資のこと。「ライツ・オファリング」と呼ぶこともある。

新株予約権無償割当を行う場合、割当ての効力発生日後、遅滞なく、会社は、株主に対して新株予約権の内容について通知をします（割当通知）。株主は、通知された内容に基づいて新株予約権の行使を検討するわけですが、十分な検討の余裕を与える必要があります。そこで、割当通知の送付期限はないものの、割当通知が株主に到達してから2週間以内に新株予約権の権利行使期間が終了してしまう場合は、権利行使期間が割当通知到達後2週間まで延長されることになります。

なお、上場規程では、新株予約権無償割当の権利行使期間の満了日は基準日から2か月以内であることが求められています。

基準日

どの時点の株主に割り当てるかの基準となる日。

■ 公開会社の支配株主の異動を伴う新株予約権割当の特則

公開会社の新株発行について、支配株主の異動を伴うような、議決権の過半数となる新株が発行される場合には、株主に対する情報公開が義務付けられると共に、株主総会の承認を得なければならないと定められています。

■ 新株発行の瑕疵と株主の対抗手段

新株予約権の募集手続きに問題（瑕疵）がある場合には、新株発行手続きと同様で、基本的にこれを事前に差し止める措置と、事後的に募集新株予約権発行無効の訴えを提起する方法を用意しています。つまり、新株予約権の発行が法令や定款に違反しており、株主が不利益を被るおそれがある場合には、募集新株予約権の発行差止請求権を行使することができます。

また、新株予約権の発行について著しい法令違反などがある場合には、新株予約権発行無効確認の訴え、そして、瑕疵の程度が新株予約権の発行が存在したと認められないような場合には、新株予約権発行不存在確認の訴えを提起できる点についても新株発行の場合と同様です。

新株予約権無償割当の割当通知と権利行使期間

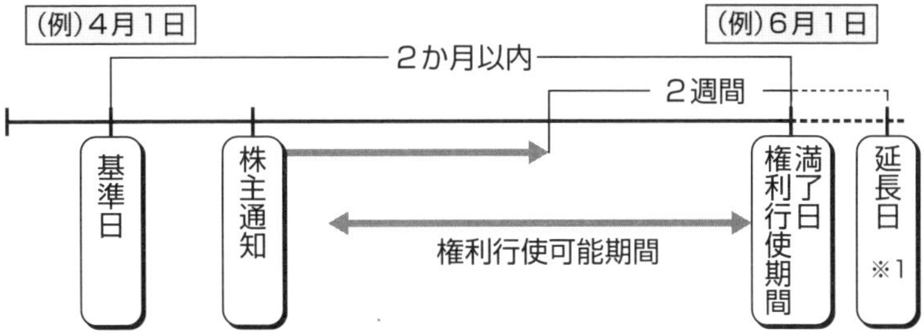

※1 通知が到達した時点で2週間以内に権利行使期間の末日が到来してしまう場合には、通知の日から2週間が 経過するまで権利行使期間が延長される。

■ 関係者の責任

新株発行の瑕疵と株主の対抗手段の他にも、新株予約権発行をめぐって、払込金額などで不公正な手段を用いた者に対して、民事上の責任を追及する手段が用意されています。取締役らの責任については、必要な株主総会の特別決議を経ずに、特に有利な払込金額で新株予約権発行等を行った取締役等の会社に対する損害賠償責任や、現物出資の価額の不足を補てんする責任、仮装払込みに関与した場合の責任があります。そして、引受人については、不公正な払込金額で新株予約権を行使した者の公正な価額との差額の支払義務、現物出資の価額の不足を補てんする責任、仮装払込みの場合の払込義務の継続があります。

■ 新株予約権に関する登記について

新株予約権を発行したときは、変更登記が必要です。特に重要な登記事項として、募集新株予約権の払込金額が挙げられます。もっとも、登記申請時に払込金額が確定していない場合には、払込金額の算定方法を登記しなければなりませんので、注意が必要です。

社債

広く一般人から借金をして資金を集める方法

■ 社債とは

会社法の規定に従って会社が割当てをすることにより発生する債権で、利息の支払いと元本の償還が必要な借入れとしての性質を有するものです。会社の外部資金調達のひとつです。社債も金銭の消費貸借の一種に含まれるため、会社法に特に規定がない事項については、民法（あるいは商法）の金銭債権や消費貸借契約に関する規定が適用されます。社債権者は期限が到来すると、元本の返済を受け、それまでの間は利息の支払を受ける権利をもちます。株式会社だけでなく、合同会社や合資会社、合名会社でも社債を発行することができます。

社債は、一般の投資家に割り当てることができ、償還期限までの間、会社は継続的に社債権者と利害関係をもつものですから、社債権者を団体的に取り扱い、保護する必要があります。

社債は、会社に対する権利ですから、そのままでは目に見えるものではありませんが、証券化することもできます。社債権を証券化したものが社債券です。証券化することにより、権利を譲渡しやすくすることができます。

社債券には、権利者の名前が記載されている記名式社債券と権利者の名前が記載されていない無記名式社債券があります。

社債は負債ですから、いずれ返済することを前提にしており、返済までは利息を支払うことが予定されています。また、社債と新株予約権をセットにした新株予約権付社債という社債もあります。新株予約権付社債とは、新株予約権が付与された社債で、予約権を行使することにより株式を取得し得るものです。

社債の譲渡・質入

社債権者は、社債を譲渡することも質に入れることもできる。譲渡・質入には当事者の契約が必要であるが、社債券が発行されていない場合と発行されている場合とで、譲渡・質入の手続きが違ってくる。

① 社債券が発行されていない場合

当事者間で譲渡・質権設定の合意をすれば、契約は効力をもつが、社債原簿に権利者の氏名や名称、住所（質権の場合はその旨）を記載・記録しなければ、その権利を会社や第三者に主張できない（無記名社債は除く）。

② 社債券が発行されている場合

当事者間で譲渡・質権設定の合意をするだけなく、権利者に社債券を交付しなければ、契約は効力をもたない。また、権利を第三者に主張するためには、社債券を占有（所持）していなければならない。

社債の発行手続きの流れ

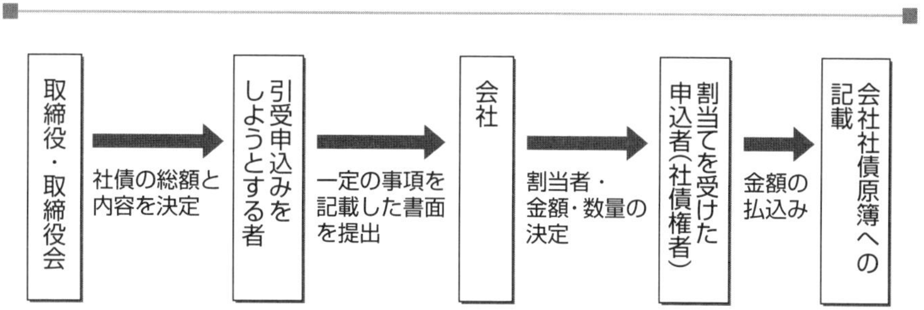

※特定の者が社債の総額をまとめて引き受ける場合、割当を受ける者の決定などの手続きは不要

■ 社債の発行手続き

社債を公募により発行する場合（公募発行）には、次のような手順をとります。

① 取締役や取締役会は、社債の総額と内容（金額、利率、償還方法・期限、利息の支払方法・期限など）を決定し、社債権者を募集します。

② 募集に応じて引き受ける者は、社債申込証を会社に提出します。

③ 会社は募集者の中から割当を受ける者を決定し、割当の金額、金額ごとの数を決定します。

④ 割当を受けた者は、その金額を会社に払い込み、社債権者となります。この際、社債券（社債権を証券にしたもの）を発行することもできます。

⑤ 会社は社債原簿を作成し、社債権者の名前・住所や社債の金額・利率など必要事項を記載します。

なお、特定の者が社債の総額をまとめて引き受ける場合（総額引受）には、以上の②～④のような公募発行における手続きは不要です。

社債原簿記載事項を記載した書面の交付等

社債権者や社債発行会社の債権者などは、社債原簿に記載された事項を記載した書面の交付または記録した電磁的記録の提供を会社に請求することができる。

社債管理者等・社債権者集会

社債権者を集団的に扱ってその保護を図る

■ 社債管理者とは

会社法は、社債権者を保護するため、社債を発行する場合には、原則として会社は社債管理者を設置しなければならないとしています。社債管理者とは、社債権者のために社債の管理をする機関です。銀行や信託会社など法定の資格をもつ会社でなければ、社債管理者にはなれません。

■ 社債管理補助者とは

社債の管理に関して、社債管理者の適切ななり手を探すことが困難である場合があります。なぜならば、社債管理者は権限が広い反面、責任が重く、利用コストも高くなるためです。

そこで令和元年会社法改正で、社債管理補助者の選任が認められることになりました。社債管理補助者は、各社債の金額が1億円以上の場合など、社債管理者を設置せずに社債の管理を社債権者が行うことができる場合について、社債の管理を補助する役割を担います。株式会社が社債管理補助者を選任する場合には、社債権者のために社債の管理の補助を行うことを委託して選任することになります。社債管理補助者の資格は、銀行、信託会社、弁護士（弁護士法人）などが持ちます。

社債管理補助者は、①破産手続きへの参加、②強制執行あるいは担保権の実行の手続きが行われる場合に配当を要求すること、③清算株式会社に対して、債権の申し出を行うことが認められています。また、社債管理補助者は、社債権者のために、委託契約の範囲内において、④社債に関する債権の弁済を受け

社債管理者を置かなくてよい場合

①各社債の金額が1億円以上の場合、②その他社債権者の保護に欠けるおそれがない場合には、社債管理者の設置は義務付けられていない。小口の社債権者については、団体的に処理して保護を図るべきであるが、大口の社債権者にはその必要がないと考えられ、社債権者の保護に欠けるおそれがなければ、社債権者保護のための社債管理者もいらないといえるからである。

社債管理者の権限・義務

社債管理者は、社債権者のために弁済の受領や債権の保全など社債管理に関する一切の権限をもつ一方、公平・誠実に社債を管理する義務や社債権者に対する善管注意義務を負う。

社債管理補助者

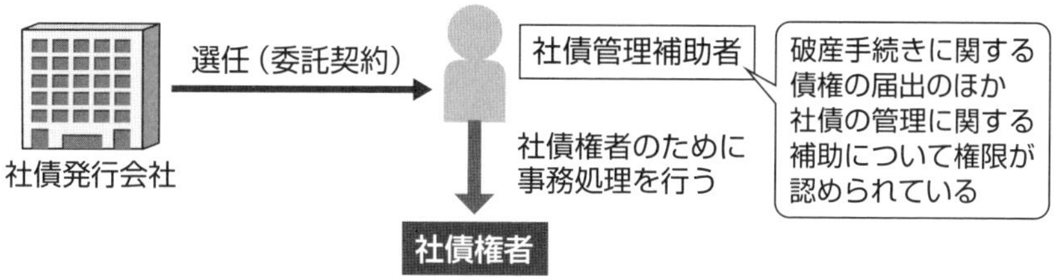

ること、⑤社債に関する債権について必要な裁判上・裁判外の行為、⑥社債の全部について行う、支払いの猶予、社債に関する債務の不履行に基づく責任の免除・和解、⑦社債の全部について行う訴訟行為・破産手続等に関する手続に属する行為、⑧会社が社債全部について期限の利益を喪失することになる行為を行うことができます。

ただし、社債管理補助者が以下の行為を行うためには、社債権者集会の決議を得る必要があります。具体的には、上記の⑤の行為のうち、社債の全部について、その支払いを請求する行為、社債の全部に関する債権について行う、強制執行・仮差押え・仮処分、および、上記の⑥～⑧の行為です。

社債管理補助者は、委託契約に基づき、社債の管理に関する事項について、社債権者に報告を行い、あるいは、社債権者が必要な事項を知ることができるような措置をとらなければなりません。また、社債管理補助者は、会社法や社債権者集会の決議に違反する行為を行った場合には、社債権者に生じた損害について、賠償する責任を負う場合があります。

社債管理補助者は、社債発行会社あるいは社債権者集会の同意を得た場合には、辞任をすることができます。また、社債発行会社や社債権者集会が裁判所に申し立てた場合には、裁判所

社債管理者の権限

社債管理者は、社債権者集会の決議によらなければ、社債全部の支払の猶予、債務不履行責任の免除、和解、訴訟行為、法的倒産手続などをすることができないのが原則である。もっとも、法的倒産手続きなどについて、社債管理委託契約に定めがあるときは、社債管理者は社債権者集会の決議を経ることなく行うことができる。また、社債発行会社が減資・合併・分割などを行う際には、社債権者は、社債権者集会の決議によって異議を申し立てることができるが、社債管理者は、社債権者集会の決議を経ることなく、社債権者のために異議を申し立てることができる。

が、社債管理補助者が義務に違反していることや、事務処理が不適任であると認めた場合などには、その社債管理補助者は解任される場合があります。

■ 社債権者集会とは

社債権者の利害に関する事項について、社債権者が集まり、意思決定をする集会を社債権者集会といいます。社債権者集会は、会社または社債管理者が招集します。社債権者は社債の金額に応じて議決権をもちます。社債権者集会の決議は、出席議決権者の議決権の総額の過半数でなされるのが原則です。なお、社債権者集会の決議内容の妥当性を担保するため、社債権者集会の決議があってから１週間以内に、社債権者集会の招集者は、裁判所に決議の認可を申し立てなければなりません。

裁判所は、法令違反や不正・不公正な決議などの事由にあたらない限り、決議を認可します。裁判所の認可を受けた後、はじめて決議が有効に成立し、社債権者集会の決議内容が執行に移されます。

また、社債発行会社、社債管理者、社債管理補助者（社債権者集会の同意が必要な事項に限られます）、社債権者が、社債権者集会の目的事項について提案を行った場合で、社債権者集会における議決権を持つ者全員が、書面あるいは電子メールなどにより同意した場合には、提案が可決されたものと扱われ、社債権者集会の決議を省略可能です。

社債権者集会の決議を省略することが認められる場合には、議決権を持つ社債権者の同意を示した書面や、電子メールなどについて、株式会社の本店に10年間の備え置かなければならず、社債権者が営業時間内に閲覧や謄写を請求した場合には、株式会社はこれらの請求に応じなければなりません。

社債権者集会

招集権者	原則、社債発行会社　or　社債管理者
費用負担者	社債発行会社
議決権	社債金額に応じる
決議要件	原則、出席議決権者の議決権の総額の過半数
成立要件	裁判所の認可が必要（決議の日から１週間以内に招集者が認可の申立てをしなければならない）

■ 社債管理者の義務・責任

社債管理者は、社債発行会社に対して、社債管理委託契約に基づく義務を負う以外に、社債権者に対して一般的な義務として公平誠実義務・善管注意義務を負います。

社債管理者は社債発行会社に対して債権をもつこともあります。この場合、社債管理者が社債権者に優先して債権の回収を図るのは公平とはいえません。そこで、会社法は、社債発行会社が、社債の償還・利息の支払を怠り、または、支払の停止があった３か月前以降に次の行為をした場合、社債管理者は社債権者に対して損害賠償責任を負うものとしています。

① 社債管理者が社債発行会社に対して有する債権について担保の供与、弁済などを受けること

② 社債管理者の子会社など特別の関係をもつ者に債権を譲渡して①の行為をすること

③ 社債管理者が、社債発行会社との間の債権債務を相殺すること

もっとも、社債管理者が、社債の管理を誠実にすべき義務を怠らなかったこと（無過失）、または、社債権者の損害が社債管理者の行為によって生じたものでないこと（因果関係がないこと）を証明したときは損害賠償責任を負いません。

社債管理者と社債管理補助者

社債管理補助者は、あくまでも社債の管理を補助する者であり、管理権限は、原則として社債権者自身が持つ。これに対して、社債管理者が選任された場合については、社債管理権限は、社債管理者に移るため、原則として、社債権者は、自ら社債の管理を行うことができない。

Column

ストック・オプション

ストック・オプションは、取締役・使用人などに対して与えられる、将来の一定期間中に、あらかじめ決められた価格（権利行使価格）で、自社の株式を購入できる権利のことです。

権利行使価格よりも株価が上がれば、利益を得ることができるので、業績向上によって株価が上がるよう、取締役や使用人が努力するようになるという効果を期待できます。

また、利益の追求をめざすことになれば、株主の利益と取締役や従業員の利益が一致することになりますから、株主重視の経営につながることになり、この意味でもメリットとなります。

ストック・オプションの発行手続きは、通常の新株予約権の発行の場合と同様、募集事項（募集新株予約権の内容・数のほか、金銭の払込みを要しない旨）の決定が必要です。また、取締役にストック・オプションを付与する場合は、報酬にあたるため、報酬に関する定款の定めまたは株主総会決議が必要になります。

■ ストック・オプションのしくみ ……………………………

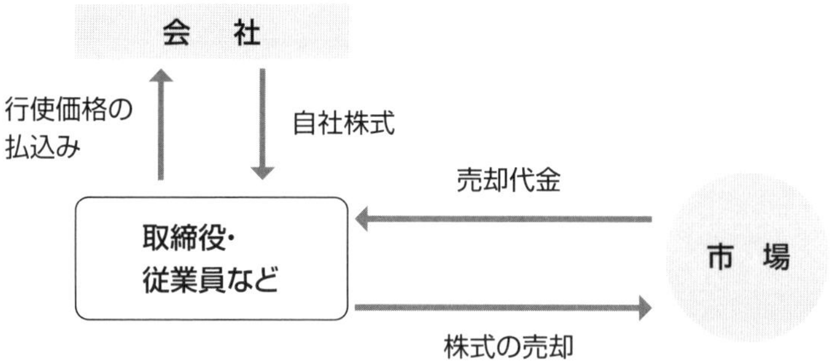

PART 8

組織再編と解散・清算のしくみ

PART8
1

組織再編と
解散・清算のしくみ

組織再編とM&A

代表的な手法としては、合併、株式譲渡、事業譲渡、会社分割などがある

■ どのような手段があるのか

会社法には、事業再編成の手続きとして、①合併、②事業譲渡、③会社分割、④株式交換、⑤株式移転、⑥株式交付、⑦組織変更が用意されています。このうち①②③④⑥は、M&Aの手段として頻繁に利用されています。その他、M&Aの最も単純な手段として、⑧株式譲渡があります。以下、M&Aの代表的な手段であるこれらの規定について紹介します。

・合併（上記①、204ページ）

複数の会社が統合して、ひとつの会社になることを合併といいます。合併の特徴は、個々の会社が持っていた権利義務（財産や負債など）を包括的に統合後の会社に引き継ぐことです。

・事業譲渡（上記②、208ページ）

相手企業が運営している事業のうち、必要な事業を、お金を支払って買い取る方法です。会社を丸ごと取得するのではなく、事業に含まれる個々の権利義務を取得する点が特徴です。

・会社分割（上記③、212ページ）

会社の事業の全部または一部を別の会社に包括的に引き継がせる手法です。合併と同様に事業に関連した個々の権利義務（財産や負債など）を包括的に他社に引き継ぐことが可能です。

・株式交換（上記④、216ページ）

相手企業の発行済み株式を100％取得して、完全子会社化する手法です。株式取得の対価が、原則としてお金ではなく、自社株式である点で、株式譲渡による買収とは異なります。株式交換による買収のメリットは、資金を調達できない場合でも買

中小企業とM&A

中小企業の場合は、後継者・人材の不足や事業規模の点で問題を抱えており、それらの問題を解消するためにM&Aを活用することが多い。また、事業再生の場面でもM&Aが活用される。

合併・会社分割などにおけるリスク

事業譲渡の場合は承継する個々の権利義務が明確になるが、合併や会社分割の場合、会社の権利義務を包括的に承継するため、取引先に対する損害賠償責任といった簿外債務など、予想外のものを承継してしまうリスクがある。

代表的なM&Aスキームの比較

	事業譲渡	合併		会社分割		株式譲渡	株式交付
		吸収合併	新設合併	吸収分割	新設分割		
株主総会の特別決議	事業の全部または重要な一部の譲渡、事業全部の譲受けの場合、必要	必要	必要	必要	必要	不要（譲渡制限株式の場合、譲渡承認は必要）	必要
株式買取請求権	あり	あり	あり	あり	あり	なし	あり
債権者保護手続き	なし	あり	あり	あり	あり	なし	一定の場合にあり
効力発生日	契約で定められた日	契約で定められた日	設立登記日	契約で定められた日	設立登記日	契約で定められた日	契約で定められた日
株主の変動	なし	消滅会社の株主は原則として存続会社の株主となる	消滅会社の株主は原則として新設会社の株主となる	原則としてなし	原則としてなし	株式の譲受人が譲渡会社の株主になる	親子会社の関係になる

収可能なことです。

・株式交付（上記⑥、220ページ）

株式交換と同様に、子会社になる会社の株式を取得する対価として、自社株式を交付する手続きをいいます。株式交換と異なり、完全子会社とする必要はありません。

・株式譲渡（上記⑧、56ページ）

実質的には、株式の売買契約です。相手企業の株式を購入することで、相手企業に対する支配権を獲得します。とくに、1～数人の大株主から株式を取得すれば支配権を獲得できるような会社のM＆Aには、この手法が向いています。株式譲渡によ

会社分割の種類

会社分割には、既存の会社に事業を引き継ぐ吸収分割と新設された会社に事業を引き継ぐ新設分割がある。

る買収の主なメリットは、手続きが簡単であることです。主なデメリットは、取得の対価は金銭であることが多く、株式を対価とする場合の株式交換と異なり、多額の資金が必要になります。

■ 簡易組織再編・略式組織再編とは

組織再編の中には、会社に与える影響が軽微なものもあります。また、大企業が分割会社となる場合でも、巨大な資産のうちのごく一部だけを承継会社に引き継ぐのであれば、会社に与える影響は軽微です。会社の事業に与える影響が少ないにもかかわらず、原則通り株主総会の特別決議を求めると、負担が大きすぎます。そこで、規模の大きな会社が組織再編を行う場合などに、一定の条件をクリアすれば株主総会の特別決議を省略できる制度が設けられています。これが簡易組織再編です。簡易組織再編は、合併、分割、株式交換、株式交付について認められます。事業譲渡についても同様の簡易事業譲渡が認められます。

略式組織再編も、簡易組織再編と同様に、株主総会決議の省略を可能にする制度です。主にグループ企業内の事業再編などを想定した制度です。この制度は、株式による支配関係のある会社間での組織再編について株主総会決議の省略を認める点がポイントです。株式の大部分を保有している子会社を吸収合併する場合、子会社で株主総会を開いて決議を得る意味がありません。株主総会を開催すれば当然、決議が可決されるからです。そこで、一方の当事会社およびその直接または間接の100％子会社が相手方の総株主の議決権の90％以上を所有している会社の組織再編については、株主総会決議を不要とする取扱いにしています。

■ 事業再編と事前の差止請求

事業再編については、合併、会社分割、株式交換、株式交付の場合には株主による事前の差止請求が認められています。差止

「5分の1」が基準

簡易組織再編の具体的な要件は組織再編の種類によって異なるが、イメージとしては、存続会社では「対価として交付する財産の価額がその会社の純資産額の5分の1（20％）を超えない場合」に総会特別決議を省略でき、吸収分割の分割会社では「承継させる資産の価額がその会社の総資産の5分の1を超えない場合」に省略できる制度と捉えればよい。

簡易組織再編における株式買取請求

簡易組織再編の存続会社の株主には、株式買取請求権は認められない。

略式組織再編における株式買取請求

略式組織再編を行う株式会社の特別支配会社（議決権の90％以上を保有している会社）について、買取請求権は認められない。

簡易組織再編と略式組織再編（吸収合併の場合）

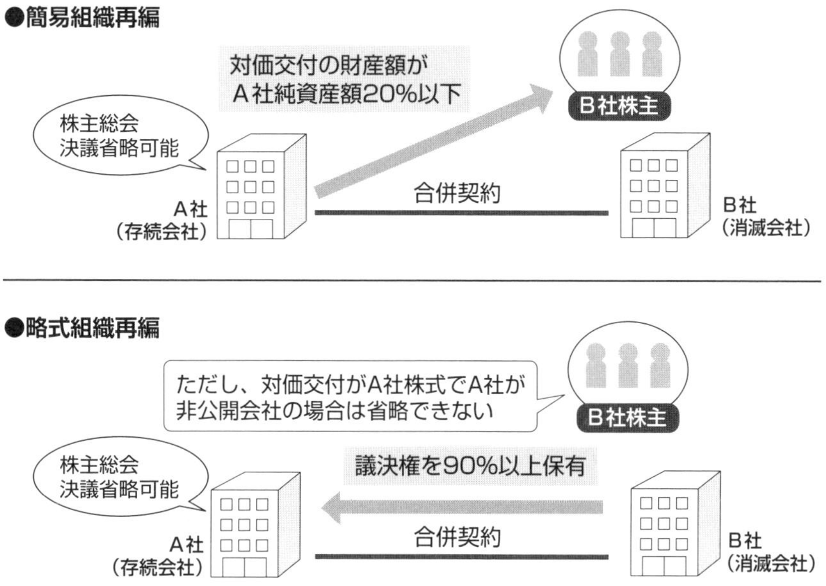

請求が認められる要件は以下の①と②の双方を満たすことです。

① その組織再編が法令または定款に違反する場合

② 株主が不利益を受けるおそれがあるとき

略式組織再編の場合は、②の要件は変わりませんが、①について、法令・定款に違反する場合の他、組織再編の対価が著しく不当な場合も差止請求が可能です。したがって、これらの組織再編について、反対株主らがその効力を争う方法は、組織再編無効の訴えの方法もありますが、時間がかかる上に事後的な解決であるため、株主が不利益を受けるおそれがあるときは、事前の差止請求を行うことが有効です。

ただし、簡易組織再編については差止請求はできません。

新設型組織再編と4倍ルール

新設型組織再編には、新設合併及び新設分割による新会社の設立、株式移転による完全親会社の設立がある。このような組織再編による新会社設立の場合でも、設立時の発行可能株式総数が、設立時の発行済株式総数の4倍を超えてはならない。ただし、非公開会社には適用されない。

合併

吸収合併と新設合併の２種類がある

M&Aのメリット

M&Aのメリットとしてまず挙げられるのが事業規模の拡大である。事業の規模が大きくなれば、売上が増えるだけでなく、オフィスや管理部門の集約化などを含め、規模の経済が働き、利益率も向上する。また、複数の異なる事業を持つことになれば、リスク分散にもなる。さらに、異なる事業の間におけるシナジーも期待できる場合がある。

M&Aのデメリット

企業風土があまりにも異なる会社同士が経営統合すると経営陣や従業員の間に派閥争いが起こり、現場が混乱して、事業遂行に支障が出るおそれがある。また、事業規模の拡大により、逆にすべての事業・店舗が赤字になった場合には、事業の建て直しに必要な資金や労力も多大なものになる。

■ 合併とは

合併には、吸収合併と新設合併があります。吸収合併は、合併する複数の会社のうちの１社が存続して、他の会社を吸収する方式です。新設合併とは、新しい会社を作って、合併する複数の会社が新会社に吸収される方式です。いずれの場合も吸収された会社は消滅します。新設合併の場合、新会社は改めて登記をしなければならない、許認可が必要な業種では新しく許認可を取り直さなければならないなどの事務手続上の煩わしさがあるため、合併では、吸収合併を利用するのが通常です。

合併交渉の初期の段階では、交渉の基本方針等を定めた基本合意書が締結されるのが一般的です。この基本合意書には、合併の目的・要旨、対象企業の精査（デューデリジェンス）を含む合併交渉の進め方、独占交渉権の有無、交渉決裂時の処理などが定められます。

合併のような事業再編を行う場合、相手企業について「合併後に簿外の債務が発覚する」といったリスクがあることをふまえなければなりません。そのため、相手企業の資産や負債の内容や、抱えている紛争やリスクなど、合併相手の実態を把握するための事前の調査が不可欠となるのです。

■ 簡易合併と略式合併

①　簡易合併

簡易合併は、吸収合併に関して、存続会社における株主総会特別決議を省略できる制度です。簡易合併の要件は、吸収合併

新設合併と吸収合併

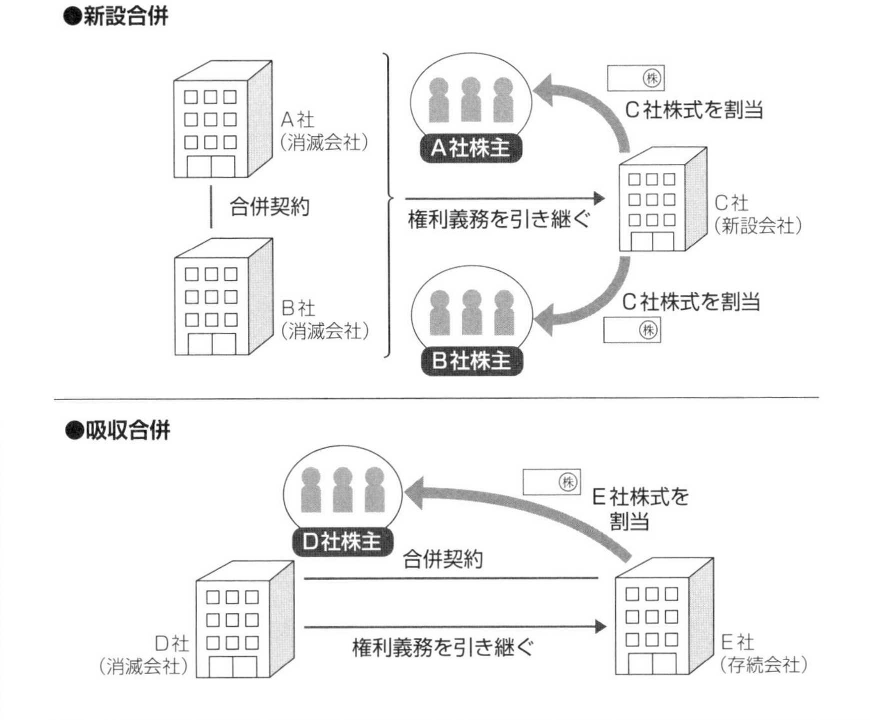

について、存続会社が合併対価として交付する株式等の額が純資産額の５分の１以下であることです。存続会社について株主総会の特別決議が要るのは、合併対価が過大だと会社の財産が流出して、会社に重大な影響を及ぼすためです。しかし、簡易合併では、合併対価が、会社の資産の５分の１以下に抑えられているため、会社の財産に重大な影響を及ぼすことはありません。そのため、簡易合併では存続会社の株主総会決議の省略が認められています。

② 略式合併

略式合併は、吸収合併の存続会社が消滅会社の株式の９割以上を保有している場合に、消滅会社の株主総会決議を省略できる制度です。簡易合併と異なり、消滅会社の株主総会の特別決議を省略できる点に特徴があります。

■ 三角合併

吸収合併を行う際、存続会社は自社の株式だけでなく、その親会社の株式を合併対価として交付できます。存続会社がその親会社の株式を交付するタイプの合併を三角合併と呼びます。三角合併によって、外国会社の株式を対価とすることもできるため、国際的なＭ＆Ａも可能となります。

■ 合併契約書作成時の注意点

会社法には、合併契約書に必ず記載しなければならない事項が定められています。株式会社間で吸収合併を行う場合は、以下の事項を合併契約書に必ず記載しなければなりません。

① 存続会社と消滅会社の商号と住所

② 存続会社が消滅会社の株主に交付する株式等に関する事項

③ 存続会社が消滅会社の新株予約権者に対して、その新株予約権に代わって交付する存続会社の新株予約権等に関する事項

④ 合併の効力発生日

実務上は、会社法で定められた記載事項以外の様々な事項が合併契約書には記載されています。たとえば、合併の効力発生までの善管注意義務に関する事項、従業員の雇用継続に関する事項、契約解除に関する事項などが定められています。合併契約書は、取締役会及び株主総会に提出して承認を得ることが必要です。開催後は、議事録を作成することになります。

合併の登記

吸収合併を行った場合は、存続会社についての変更登記と消滅会社についての解散登記の２つの登記を申請する。存続会社の代表者が、存続会社の変更登記の申請だけでなく消滅会社の解散登記の申請も行う。登記申請書は、変更登記と解散登記の申請書をセットにして、存続会社の本店所在地を管轄する登記所に提出する。
新設合併の登記の場合もほぼ同様の手続きとなるが、存続会社の変更登記ではなく新会社の設立登記を行うという点で、吸収合併の場合と異なる。

合併手続きの流れ

① 合併契約の締結

・存続会社と消滅会社が合併契約を結ぶ
・合併契約書の記載事項に不備がないようにする

② 事前開示

・株主や会社債権者のために合併に関する資料を備え置く
・存続会社と消滅会社の各本店に備え置く

③ 株主総会

・原則として存続会社、消滅会社双方で株主総会の特別決議が必要
・簡易合併の場合には存続会社の総会決議を省略できる
・略式合併の場合には消滅会社の総会決議を省略できる

④ 反対株主の株式買取請求

・合併に反対する株主は会社に対して公正な価格での株式の買取りを請求できる

⑤ 債権者保護手続き

・債権者に対する公告を行う
・存在を知っている債権者には個別の催告が必要

⑥ 登記

・効力発生日から2週間以内に登記をする
・吸収合併の場合、存続会社については変更登記を、消滅会社については解散の登記を行う
・新設合併の場合は設立の登記と解散の登記を行う

⑦ 事後開示

・吸収合併の効力発生後、遅滞なく、事後開示書面を作成し、本店に備え置き、株主と債権者が閲覧できるようにする
・備え置く期間は、効力発生日から6か月間

3 事業譲渡

会社の事業を手放す場合の手続き

■ 事業譲渡とは

事業譲渡とは、従業員や工場、設備、取引先といった、ある事業を営むために組織化された財産の全部または重要な一部を譲渡することです。会社は、従業員、工場、設備、仕入先、納入先、金銭といった財産を持っています。そしてそれぞれの財産を組み合わせて、1つのしくみとして機能させることで利益を生み出しています。この「利益を生み出すしくみ」を「事業」といいます。

事業の全部を譲渡することも可能です。事業譲渡と合併との違いは、譲渡会社が、事業をすべて譲渡しても当然には解散しないのに対して、合併の場合は消滅会社は当然に解散し、清算手続も要らないということです。

会社法は、事業を譲渡する場合と、事業を譲り受ける場合の両方について株主総会の特別決議が必要な場合を規定しています。

事業譲渡は、会社の重要な財産を失うという非常に大事な決定ですので、取締役の判断のみで簡単に譲渡を可能としてしまうと、会社に不測の損害が生じるおそれがあります。そのため、一定の事業譲渡については、株主総会の特別決議によって、事業譲渡の契約の承認を受けなければなりません。そして、事業譲渡に反対する株主に対しては、株式買取請求権が認められており、自分の持っている株式を公正な価格で買い取ってもらうことができます。

会社分割との違い

会社の事業の一部を他の会社に承継する場合、事業譲渡と会社分割のどちらも利用することができるが、両者の根本的な違いとしては、会社分割は対象事業に関する権利義務を包括的に承継するのに対し、事業譲渡では対象事業に関する個々の権利義務を承継するものである。したがって、事業譲渡では、承継する資産等を取捨選択する余地がある一方、会社分割では、簿外債務などの思わぬ権利義務を承継するリスクを伴う。
もっとも、事業譲渡では、個々の権利義務の承継について取引先の同意が必要となる場合が多いなどの煩雑さがある。

事業譲渡のしくみ

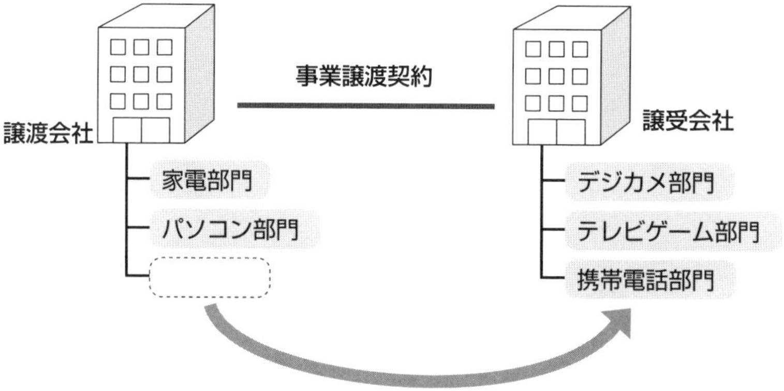

※譲渡会社から譲受会社に「携帯電話部門」が
譲渡されたケース

■ 株主総会の特別決議が必要な主な場合

具体的に、株主総会決議が必要になる場合として、以下の事項が挙げられます。

・事業の全部または重要な一部の譲渡

事業の全部または重要な一部の譲渡については、株主の利益に重大な影響を与える行為であることから、原則として、株主総会の特別決議が必要であると規定されています。

・事業の全部の譲受け

事業の全部を譲り受ける場合には、実質的に吸収合併と変わらないといえるため、株主総会の特別決議が必要になります。ただし、事業の一部を譲り受ける場合には、株主総会の決議が不要である点に注意する必要があります。

・事業全部の賃貸・経営委任などの契約

事業全部の賃貸、経営委任に関する契約の締結、変更、解約等の契約についても、企業結合の主要な一形態であるとの観点から、事業の譲渡と同様に株主総会の特別決議が必要になります。

・子会社株式の譲渡

グループ企業などでは、子会社株式の譲渡であっても、重要な事業の一部の譲渡と同視できる場合があります。そこで、子会社株式の簿価が親会社の総資産の簿価の５分の１を超える場合で、譲渡により親会社が保有する子会社の議決権が過半数を下回って支配権を失うときは、株主総会の特別決議が必要になります。事業譲渡が行われる場合に、事業譲渡に反対する株主は、自分の持っている株を公正な価格で買い取ってもらうことができます。子会社の株式を譲渡する場合にも、反対株主には同じような権利があります。具体的には、親会社は、子会社の株式譲渡の効力発生日の20日前までに、株主に、「子会社の株式を譲渡する」ということを通知しなければなりません。その上で譲渡に反対する株主は効力発生日の前日までに株式を買い取ってくれるよう請求します。

■ 簡易事業譲渡と略式事業譲渡

事業を譲渡する場合であっても、株主総会の特別決議を省略できる場合があります。それは、簡易事業譲渡と略式事業譲渡の場合です。簡易事業譲渡は、譲渡会社では、譲渡の対象になる資産の帳簿価額が会社の総資産額の５分の１を超えない場合、譲受会社では、対価が純資産額の５分の１を超えない場合です。この場合は会社に重大な影響を与えるものではないものとして、株主総会の特別決議は不要です。

他方、略式事業譲渡は、譲受会社が特別支配会社である場合です。具体的には、A社がB社の総株主の議決権の９割以上を保有している場合、B社から見てA社が特別支配会社にあたり、譲渡会社であるＢ社における株主総会の特別決議が不要になります。

■ 事業譲渡の手続の流れ

事業譲渡には、原則として、取締役会決議と株主総会の特別

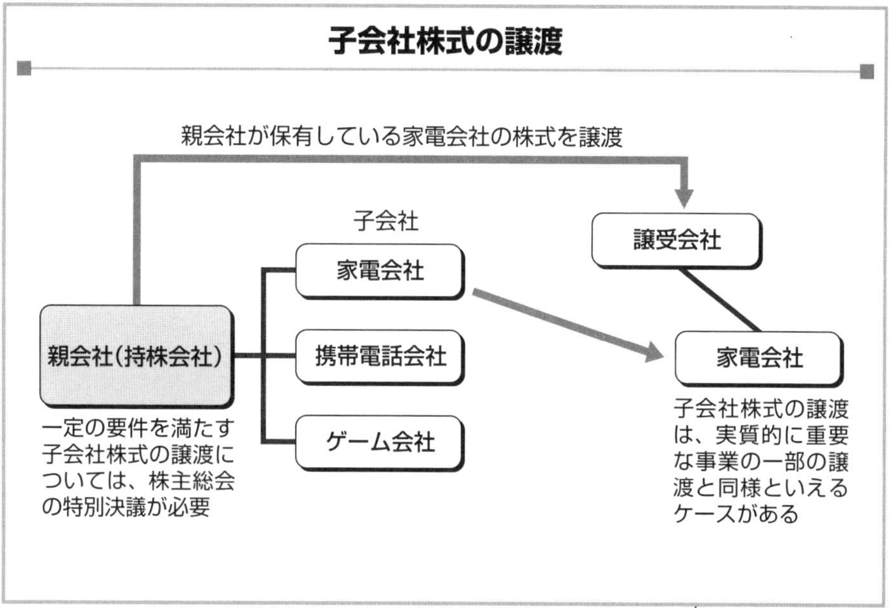

決議が必要になります。そして、事業譲渡の効力発生日の20日前までに、株主への通知または公告が必要になります。また、反対株主には株式買取請求権が認められます。他方、合併や会社分割とは異なり、債権者保護手続、事前開示、事後開示の手続はありません。

■ 詐害的な事業譲渡が行われた場合

事業譲渡は、会社の財産が他の会社に移ることですので、会社分割と同じく、債権者の利益が害される場合があります。このため、詐害的な事業譲渡が行われた場合には、詐害分割と同様に、残存債権者を保護するための制度があります。譲渡会社が、債権者に不利益になるという点を把握しているにもかかわらず事業譲渡をしたような場合に、残存債権者は事業を譲り受けた会社に対して、債務を履行するように請求することができます。

詐害分割（詐害的会社分割）
分割会社に残る債権者（残存債権者）を害することを知って行われる会社分割のこと。濫用的会社分割ともいう。

PART8
4

組織再編と
解散・清算のしくみ

会社分割

吸収分割と新設分割の２種類がある

■ 会社分割とは

会社分割とは、会社の事業の全部または一部をその会社から切り出して、別の会社に包括的に承継させることです。会社分割には吸収分割と新設分割の２つの方法があります。吸収分割とは、会社が切り分けた事業を既存の他の会社に継承させる方法です。新設分割は、新設した会社に事業を継承させる方法です。事業を分割する側の会社を分割会社、事業を継承する会社を承継会社と呼びます。なお、株式を対価とすることもできますが、会社分割を利用した会社清算などを行いやすいように株式の代わりに金銭を支払うこともできます。

会社分割の対象は事業に関して有する権利義務の全部または一部です。事業とは、事業譲渡における事業と同義とされています。

会社分割を行うためには、吸収分割の場合は吸収分割契約書、新設分割の場合は新設分割計画書を作成する必要があります。必ず記載しなければならない事項が会社法で決められており、法定記載事項に漏れがあれば会社分割は法的に無効となります。

■ 会社分割の手続の流れ

吸収分割契約書、新設分割計画書の策定後に、利害関係者の承認を得る必要があります。分割会社、承継会社共に会社分割の効力が発生する前日までに株主総会の特別決議による承認を受けます。株主総会の開催にあたって、それらに関する資料を一定期間は会社の本店に置き、株主や債権者が閲覧できるよう

吸収分割契約書等の法定記載事項

吸収分割契約書の記載事項については会社法758条に規定されている。
新設分割計画書の記載事項については、会社法763条に規定されている。

物的分割と人的分割

物的分割とは、承継会社が分割会社に株式等を交付する会社分割である。人的分割とは承継会社が分割会社の株主に株式等を交付する会社分割である。会社法上規定されている会社分割は物的分割である。ただし、会社分割の効力発生日に分割会社が株式の現物配当を行うことが認められており、承継会社の株式の現物配当を行う場合には事実上人的分割と同様の結果を実現できる。なお、剰余金の配当を行う場合にはその10分の１相当額を準備金として計上しなければならないが、人的分割の場合、財源規制はなく、準備金の計上も義務付けられていない。

新設分割と吸収分割

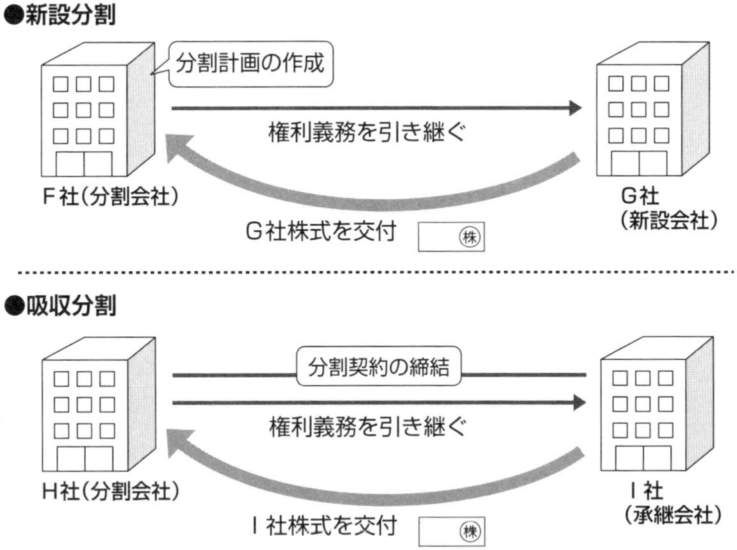

にしておかなければなりません（事前開示）。会社分割の効力発生日の20日前に株主への通知または公告が必要になります。株主総会決議に反対する株主は保有する株式を会社に対して買い取るように請求できます。会社が、株主から、株式の買取りを請求された場合には、会社はこれを拒否することはできません。また、後で説明する債権者保護手続が必要になります。さらに、効力発生日後6か月は関係資料を本店に備え置く必要があります（事後開示）。

会社分割では、従業員も承継の対象になりますので、従業員にも保護措置をとる必要があります。会社には、転籍などの書面の通知・交付などが義務付けられている他、従業員には会社に対して分割会社への残留や存続会社への移籍についての異議を申し立てる権利が与えられています。

会社分割の際に注意すること

吸収分割の場合に分割会社は承継会社から適正な対価を受け取らなければならない。たとえば、適正な対価を受け取らないで会社清算手続きをしてしまうような場合、分割会社は債権者から偽装倒産の疑いで裁判所に訴えられるおそれがあり、最悪の場合、会社分割そのものが無効となる可能性がある。

■ 会社分割と債権者保護

会社分割によって不利益を被るおそれのある債権者は異議を申し立てることができます。

承継会社の債権者は、吸収分割について、常に異議を述べることができます。分割の対価の流出により、会社財産の変動を伴うことから、承継会社の債権者を保護する必要があるためです。

他方、分割会社の債権者については、原則として、①債権者が分割会社に対して債務の履行を請求できなくなる場合に、異議申立てが認められます。債務の履行を請求できる相手方が変わると債権者の利害に関わるためです。また、分割会社に対して債務の履行を請求できる債権者であっても、②分割対価として取得した承継会社の株式を配当として分割会社の株主に交付する場合（人的分割）には、異議申立てが認められます。

異議申立てが認められる債権者に対して、会社は最低1か月の異議申立期間を設定した上で、吸収分割の内容を公告します。また、官報による公告を行った上で、会社が知れている債権者（存在が判明している債権者）に対しては個別に異議申立てができる旨を催告するのが原則です（ただし官報公告に加えて、定款所定の日刊新聞への公告または電子公告を行った場合（ダブル公告）には、原則としてこの個別の催告は不要です）。この個別の催告がされていなければ、債権者は分割会社または承継会社に対して債務の履行を請求できます。なお、異議を申し立てた債権者に不利益が生じるおそれがある場合には、弁済や担保の差入れといった救済措置をとる必要があります。

他方、分割会社に知られていない債権者は、会社が催告をしなかった場合、官報公告がなされていても、実際に気づく人は少なく、異議申立てをする機会が実質的には与えられていないことだといえますので、会社分割がなされた場合、官報公告のみがなされて、個別の催告を受けなかった場合には、会社に知

催告・公告を省略できる場合がある

債権者への公告は、官報によって行い、名前を知っている債権者に対しては個別に催告を行う。
分割会社の債権者の中には、会社分割が行われても権利の行使に影響がない債権者もいる。このような債権者に対しては、異議を述べる機会を与える必要はない。したがって、分割会社の債権者の全員が異議を述べることができない場合には、催告と公告を省略できる。

詐害的な会社分割の規制

債権を請求できず、残存債権者の保護が十分でなかったため、一定の限度額の範囲で承継会社や設立会社に債務の履行を請求できるようにした

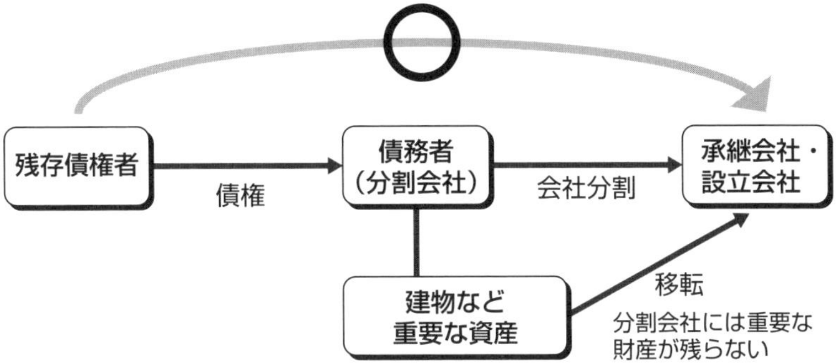

られていない債権者であっても分割会社または承継会社に債務の履行を請求できることになっています。

■ 詐害的な会社分割の規制

詐害的な会社分割とは、持っている債権が承継会社・設立会社に移らないことになったにもかかわらず、会社分割を行った会社が資産を承継会社・設立会社に移してしまい、債権の回収が困難になってしまうような場合です。この場合、そのような債権者は債権者保護手続の対象ではなく、知らないうちに会社分割が行われていた、ということがあります。

このように分割会社に残る債権者（残存債権者）を恣意的に区別するような会社分割に対して債権者を保護するため、残存債権者に不利益になるということを知って会社分割を行った場合、残存債権者は承継会社・設立会社に対して一定の限度額の範囲で債務を履行するように請求することができます。

従業員の扱いはどうなるのか

会社分割に伴い、分割会社の従業員の雇用関係がどうなるかについては労働契約承継法に規定がある。具体的には、分割の対象になる事業に主に従事していた労働者については、その承諾を得ずに、労働契約を承継会社に引き継ぐ（移籍）ことができる。移籍する従業員については、解雇扱いにはならないため、退職金を支払う必要がない。なお、分割される事業に従事していなかった労働者については、本人の意思に反して承継会社に移籍させることはできない。

株式交換

買収対象を100%子会社とする場合に利用される

■ 株式交換とは

ある会社が別の会社の株式をすべて買い取って完全子会社にしようとすれば、完全子会社にする予定の会社の株主から株式を買い取らなければなりません。その際に、株式買取りの対価として自社の新株か自己株式を交付する手法を株式交換といいます。株式交換では、金銭を流出させることなく、他の会社を完全子会社にできます。たとえば、Ｊ社がＫ社を完全子会社としたい場合に、Ｋ社の株式をもつＫ社株主からＫ社株式を譲り受ける代わりにＪ社株式を割り当てるような場合です（次ページ図参照）。

株式交換の手続きの流れは合併の場合とほとんど同様です。具体的には、①株式交換契約の締結、②事前開示、③株主総会による承認、④反対株主の株式買取請求、⑤債権者保護手続き、⑥登記、⑦事後開示の手続きを行います。

①　株式交換契約の締結

契約書は、完全親会社となる会社と完全子会社となる会社の商号、株式交換の効力発生日など会社法で定められる記載事項を含むものでなければなりません。

②　事前開示

事前に情報を開示することを事前開示といいます。完全親会社となる会社、完全子会社となる会社に、株式交換契約に関する資料を備え置く必要があります。

③　株主総会による承認

完全親会社となる会社、完全子会社となる会社の両方について、株主総会の特別決議が必要です。ただし、対価が純資産額

株式売却との違い

株式交換は、株式取得によって相手企業に対する支配権を獲得する点では、株式売却と共通している。しかし、株式交換は、株式取得の対価が自社の株式である点で株式の取得対価が金銭である株式売却とは異なる。また、株式売却の場合、相手企業の株主が売却に応じなければ実現しない。

株式交換が活用されている理由

① 相手の会社の独立性に配慮した形での支配が可能である
② 相手企業の一部の株主が反対しても、会社を完全に支配できる
③ 買収資金が不要である

株式交換のしくみ

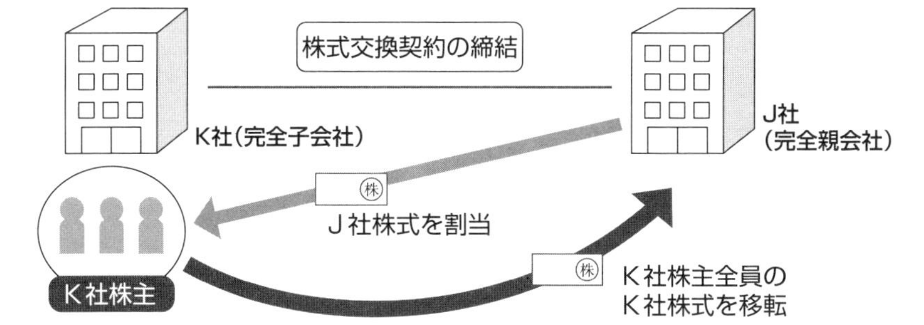

の５分の１以下である場合の簡易株式交換については、完全親会社となる会社では不要であり、相手会社の議決権の90％以上を保有する特別支配会社である場合の略式株式交換については、完全子会社となる会社では不要です。

④　反対株主の株式買取請求

双方の会社において、株主総会で株式交換が決議された場合でも決議に反対した株主は、保有している株式について公正な価格での買取を請求できます。

⑤　債権者保護手続き

株式交換の場合は、完全子会社となった会社がそのまま存続するため、原則として債権者保護手続きは不要です。株主が変わるだけなので、特別な場合を除き、債権者が不利益を被る心配がないからです。

⑥　登記

株式交換に伴って、新株の発行などを行った場合には登記の申請が必要になります。

⑦　事後開示

完全親会社になった会社と完全子会社になった会社は、一定期間本店に事後開示書面を備え置きます。

PART8
6

組織再編と
解散・清算のしくみ

株式移転

グループ企業を統括する純粋持株会社を作る場合などに利用される

株式移転のメリット

①純粋持株会社の傘下にグループ企業を完全子会社として置くことができ、グループ全体の経営戦略を策定しやすい。
②それぞれの会社がそのまま存続するため、企業文化が違う会社同士でも活用しやすい。
③たとえば、企業風土の違いなどからすぐに統合することが難しい会社同士が、統合の準備段階として株式移転を行うケースがある。

株式交換との共通点

株式移転に反対の株主には株式買取請求が認められている点や、債権者保護手続きが必要になる場合がある点は、株式交換と同じである。ただし、株式移転では、株式交換とは異なり、簡易組織再編、略式組織再編が認められていない。

■ 株式移転とは

株式移転は、株式交換と同様に100％子会社を作るための制度です。株式移転は、新設した会社が完全親会社になる点で、既存の会社が完全親会社となる株式交換とは異なります。主な目的は完全子会社の株式を保有する点にあり、事業を行うことが主目的ではない純粋持ち株会社の制度を導入する際に利用されます。新設される純粋持ち株会社の完全子会社になる会社の株主は、自分の持つ株式を持ち株会社に渡し、代わりに持ち株会社の株式を受け取ります。

株式移転の手続きの大まかな流れは、次のとおりです。

①　株式移転計画書の作成

完全子会社となる複数の会社が、株式移転計画書を作成する必要があります。

②　事前開示

完全子会社となる会社の本店に株式移転に関する資料を備え置く必要があります。

③　株主総会

完全子会社となる会社について、株主総会の特別決議が必要になるのが原則です。

④　持ち株会社の設立

各社の株主総会で承認を受けた後に、純粋持ち株会社を設立します。持ち株会社の傘下に入る会社が株式移転計画を策定し、持ち株会社を登記します。既存の株主は、持ち株会社の株主になります。

株式移転のしくみ

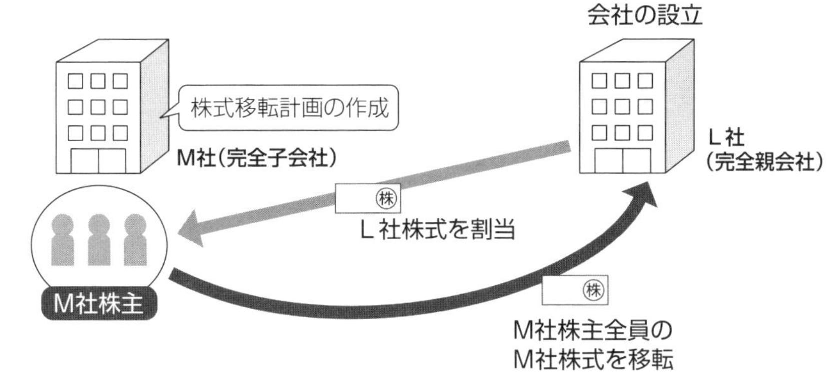

⑤　**株主の株式買取請求権と債権者保護手続き**

株式移転についての株主総会決議で、株式移転に反対した株主は、株式交換の場合と同じく、株式の買取りを会社に対して請求できます。

なお、債権者の権利保護については、株式交換の場合と同じです。基本的に考慮する必要はありませんが、持ち株会社の傘下に入る各会社の新株予約権付社債の保有者がいる場合には保護のための手続きが必要になります。

総会特別決議が必要

略式・簡易の手続きがないため、株主総会の特別決議を省略できる場合はない。

⑥　**登記**

完全親会社となる会社は、設立登記の日に完全子会社の発行済み株式の全部を取得します。株式移転による設立登記を申請する際には、株式移転計画書や定款などの書面を添付する必要があります。

⑦　**事後開示**

完全親会社と完全子会社は、それぞれの本店に事後開示書面を備え置く必要があります。備置き期間は、完全親会社成立の日から6か月間になります。

株式交付

株式交換に類似するが、完全子会社化を必要としない点で異なる

■ 株式交付とは

株式交付とは、株式会社が他の会社を子会社にする際に、子会社になる会社の株式を譲り受ける対価として、自社の株式を交付することです。すでに子会社である会社の株式を追加で取得したい場合には利用できません。株式交付親会社は、株式交付を行う際には、次ページ図の株式交付計画を作成しなければなりません。

株式交付は、大まかに以下の流れに従って行われます。まず、株式交付親会社は、株式交付子会社の株式の譲り渡しを希望する者に対して、株式交付親会社の商号や株式交付計画の内容などを通知します。これに対して、株式交付子会社の株式を、株式交付親会社に対して譲り渡すことを希望する者は、その名称・住所、譲り渡しを希望する株式の数などを記載した書面を、株式交付親会社に対して交付しなければなりません。これを受けて、株式交付親会社は、実際に株式交付子会社の株式を譲り受ける者を選定して、自社の株式を交付する数を決定します。

そして、株式交付計画で定めた効力発生日に、株式交付親会社は、株式交付子会社の株式を譲り受けることになります。また、株式交付子会社の株主のうち、株式交付親会社に対して、株式交付子会社の株式を譲り渡した者は、株式交付親会社の株式が割り当てられることから、株式交付親会社の株主になることになります。

反対株主の株式買取請求権

本文記載のように、株式交付に反対する株式交付親会社の株主は、株式交付親会社に対して、自己が保有する株式を公正な価格で買い取るように請求することができる。

株式交付親会社／株式交付子会社

株式交付をする会社を株式交付親会社といい、株式交付親会社が株式交付に際して譲り受ける株式を発行する会社を、株式交付子会社という。

■ 株式交付親会社における手続きと株式交付無効の訴え

株式交付親会社は、株式交付の効力が発生する前日までに、

株式交付計画の内容

株式交付計画の記載事項	
①	株式交付子会社の商号・住所
②	株式交付親会社が譲り受ける株式の数
③	株式交付親会社が交付する株式の数や割り当てに関する事項
④	株式交付親会社が株式交付にあたり金銭などを交付する際に必要な事項
⑤	株式交付親会社が株式交付子会社の株式の他に、株式交付子会社の新株予約権や新株予約権付社債を譲り受ける際に、その内容・算定方法など
⑥	株式交付子会社の株式などの譲り渡しの申込期日
⑦	株式交付の効力発生日

株式交付計画について株主総会の承認を得なければなりません。また、株式交付計画を定めて、一定の時期から、実際に株式交付の効力が発生した後６か月間は、株式交付計画の内容などを記載した書面、あるいは、ＰＣ上のデータなどを本店に備え置かなければなりません（事前開示および事後開示）。株式交付が法令などに違反するために、株主に不利益が生じるおそれがある場合には、株式交付親会社の株主は、株式交付親会社に対して、株式交付を止めるように請求することができます。実際に株式交付が行われる際に、株式交付に反対する株主は、株式交付親会社に対して、株式買取請求を行うことが可能です。

株式交付後に、株式交付の効力を覆すには、株式交付の無効の訴えによらなければなりません。株式交付の無効の訴えは、株式交付の効力が生じた日から６か月以内に、株式交付親会社を被告として、訴えを提起しなければなりません。株式交付の無効の訴えは、株式交付の効力が生じた日に、株式交付親会社の株主あるいは、株式交付親会社に対して株式交付子会社の株式を譲り渡した者など、一定の者に限り提起できます。

定款の変更

原則として株主総会の特別決議が必要

■ 定款の変更とは

定款は会社の根本規則ですから、その内容を変更すれば会社の根本的な性質を変えることになる可能性もあり、出資者である株主にとっては重大事だといえます。そこで、定款を変更するには原則として、①議決権の過半数にあたる株式をもつ株主の出席と、②出席した株主の議決権の３分の２以上の賛成という２つの要件（特別決議）を満たすことが必要とされています。

ただし、定款の変更内容によっては特殊決議が必要になります。また、一定の事項の変更については例外的に株主総会決議が不要とされています（次ページ図の※参照）。

■ 定款を変更する主なケース

以下で示すようなケースで、定款の変更がなされます。

・商号変更を行った場合

商号は定款の絶対的記載事項ですから、それを変更するには、株主総会の特別決議が必要になります。

・目的の変更を行った場合

目的も定款の絶対的記載事項ですから、それを変更するには、株主総会の特別決議が必要になります。

・公告方法の変更を行った場合

定款で定められている公告方法を変更する場合も株主総会の特別決議が必要になります。

・本店移転を行った場合

定款に詳細な本店所在地を記載していた場合はもちろん、市

定款の規定に基づく特別決議の要件の修正

特別決議が成立するためには、原則として、①議決権の過半数にあたる株式をもつ株主の出席と、②出席した株主の議決権の３分の２以上の賛成という２つの要件が必要であるが、①の要件については、定款に定めることで、緩めることも厳しくすることもできる。一方、②の要件については、定款で定めることで要件をより厳しくすることができる。つまり、「議決権の４分の3以上の賛成」のように、要件を引き上げることも可能である。

通知や公告が必要な場合もある

定款の変更により、株主に対する通知や公告が必要になる場合もある。たとえば、取締役の決定（取締役会設置会社については、取締役会の決議）によって、定款を変更して単元株式数を減少する場合、または単元株式数についての定款の定めを廃止する場合には、株式会社は、当該定款の変更の効力が生じた日以後、遅滞なく、その株主に対して、定款を変更したことの通知または公告をしなければならない。

定款の変更手続き

株主総会の招集	取締役会決議または取締役の決定により株主総会を招集する。
↓	
定款の変更 （原則として特別決議）	定款の変更内容によっては特殊決議が必要になる。※ 定款の変更がある種類の種類株主に損害をもたらす場合、種類株主総会の決議が必要になる。
↓	
変更登記申請	定款の変更事項が登記事項にもあたる場合、変更登記申請も必要になる。

※　以下の決議は取締役会決議（または取締役の決定）で行うことが可能
・単一株式発行会社が株式分割に伴い分割の割合で発行株式総数を増加させる場合
・定款所定の単元株式数を減少する場合、または単元株式数についての定款の定めを廃止する場合

町村のみ定款に記載していたが本店を別の市町村に移転したような場合には定款変更の手続き（特別決議）が必要です。

■ 定款変更の流れ

実際に定款変更を行う場合、原則として株主総会を招集して株主総会決議を得ることになります。取締役会設置会社では、取締役会決議（開催せず省略する手続きも認められている）で招集事項を決定し、代表取締役が招集するのが一般的です。一方、取締役会非設置会社では、取締役の過半数の決議を経て、招集を決定します。

株主総会の招集手続きについては、株主の全員の同意があるときは、招集の手続きを経ることなく開催することができます。

定款変更の効力の発生時期については、株主総会の決議によって定款変更の効力が当然に生じます。変更事項が登記事項にも該当する場合、変更登記申請を行うことになります。

定款変更と４倍ルール

定款変更によって非公開会社が公開会社に変更した場合に、発行可能株式数は定款変更時の発行済み株式総数の４倍を超えてはならない（４倍ルール）。株式発行に一定の制約をかけるのが目的である。４倍ルールは、株式の発行が、原則として取締役会の決議で決定される公開会社について、株式発行に一定の制約をかけるのが目的であるため、定款変更で公開会社となる非公開会社も同様の規律に服する。

9

会社の組織変更

株式会社を持分会社に、持分会社を株式会社に変更すること

■ 組織変更とは

会社が、その同一性を維持しながら、その組織を変更してその会社の種別を変えることです。

会社には、大きく分けて株式会社と持分会社（合名会社、合資会社または合同会社）があります。組織変更とは、株式会社から持分会社になることと、その反対に持分会社から、株式会社になることです。

なお、持分会社間の変更、たとえば、合同会社から合資会社となる変更、合資会社から合名会社となる変更は、この組織変更に含まれません。これらを持分会社の種類の変更といいます。

■ 株式会社が持分会社になるための手続き

株式会社が持分会社へ組織変更する場合、まず、組織変更計画を立てます。組織変更が有効となるためには、この組織再編計画について総株主の同意を得ることが必要になります。

また、組織変更計画が承認されると、株券発行会社の場合には、株券提供公告が必要になります。登録株式質権者・登録新株予約質権者に対する、組織変更をする旨の個別の通知も必要です。また、新株予約権者にも同様の通知・公告が必要です。債権者異議手続きも行う必要があります。

これらの手続きがすべて問題なく終了した場合、効力発生日に株式会社から持分会社に組織が変更します。この効力が生じると、効力発生日から２週間以内に株式会社は解散の登記を、持分会社は設立の登記をそれぞれ行わなければなりません。

事業再編と組織変更

組織変更と同様の変更は、合併、株式分割、事業譲渡等の組織再編行為等によっても可能であるが、会社法上の組織変更手続きを行った方が、はるかに容易に目的を達成できる。

組織変更の手続き

会社は組織変更計画を作成し、これを開示（備置・閲覧）しなければならない。次に、組織変更計画について総株主（株式会社の場合）または総社員（持分会社の場合）の同意を得なければならない。
総株主の同意を得て、かつ、債権者保護手続などの所定の手続を行うと、組織変更計画で定めた日にその効力が発生し、組織変更がなされる。株式会社が組織変更する場合には、新株予約権者は、その株式会社に新株予約権の買取を請求することができる。また、会社債権者は、組織変更について異議を述べることができる。組織変更の効力を争う場合、株主、社員、会社債権者らは、組織変更後の会社を被告として組織変更無効の訴えを提起することができる。

組織変更の手続き

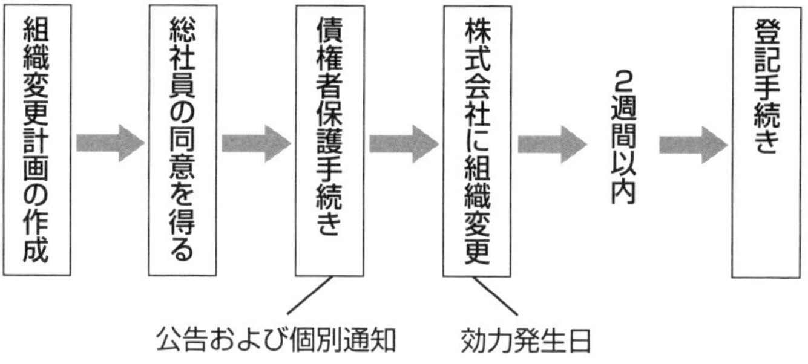

■ 持分会社が株式会社になるための手続き

持分会社から株式会社へと組織変更する場合、まず、組織変更計画を立てます。この計画においては、変更後の株式会社の定款の記載事項、役員などの組織・体制、社員が取得する株式等に関する事項、組織変更手続きの進行時期について定めます。その後、この組織変更計画について、総社員の同意を得ます。なお、定款に別段の定めがある場合には、総社員の同意を得なくてもよい場合もあります。計画について総社員の同意が得られたら、次に債権者異議手続きを行います。この債権者異議手続きは、合同会社から株式会社への変更の場合には、株式会社から持分会社への変更の場合と同様、官報公告の他、一定の方法で公告を行うこと（ダブル公告）により債権者への個別の通知を省略することができます。しかし、合名会社・合資会社からの変更の場合には、ダブル公告による省略はできず、常に債権者への個別の通知が必要になります。

これらの手続きが終了すると、変更計画で定めた効力発生日に、持分会社から株式会社への組織変更の効力が生じます。この効力が生じると、その日から２週間以内に、持分会社では解散の登記を、株式会社では設立の登記を、それぞれ行います。

組織変更の事前開示

総株主の同意を得た日などの一定の時期から、その組織再編計画は、組織変更の効力発生日までの一定期間、その内容を記載した書面が本店に備え置かなければならない。

持分会社への変更計画の内容

この計画においては、変更後の持分会社の組織・体制等、組織変更に際して株主などに支払われる金銭等、手続きの進行時期等を定める。

株式会社の解散

直ちに法人格が消滅するわけではない

■ 解散とは

解散は、会社の法人格を消滅させるきっかけです。あくまで「きっかけ」なので、解散すれば直ちに会社が消滅するわけではありません。会社を消滅させるには、解散後に清算という手続きを経る必要があります。清算は、債権債務の後始末や、残余財産の株主への分配などを行う手続きです。なお、解散しても清算手続きが行われない場合もあります。会社が破産した場合と合併した場合です。破産の場合は、破産手続きによって処理されます。一方、合併の場合は、消滅会社は、解散と同時に消滅し、清算手続きは行われません。

会社法では、会社が解散する原因が７つ規定されています。その中では、株主総会決議による解散が実務上最もよく行われています。

総会決議による解散の特徴

①事業不振の会社を早めに整理したい場合や、会社組織から個人事業主に変更したい場合など様々な用途に利用できること（解散の理由を問わない）、②破産手続きと比べてコストが安いこと、③通常清算の場合は、手続きが簡単で柔軟な処理が可能なこと、④破産と比べた場合に、マイナスのイメージが薄いこと、である。

■ 解散事由について

会社法には、会社が解散する原因が７つ規定されています。

①　定款で定めた存続期間が満了すること

会社は、定款で会社の存続期間を定めることができます。存続期間が満了すると、満了日の翌日の午前０時に会社が解散します。会社の寿命を定款で決めるとイメージすれば理解しやすいでしょう。ただ実務上は、定款で存続期間が定められているケースはほとんどありません。

②　定款で定めた解散事由（解散の原因）の発生

たとえば、「○○建物についての建設工事、及び、それに関

解散事由の発生後の手続き

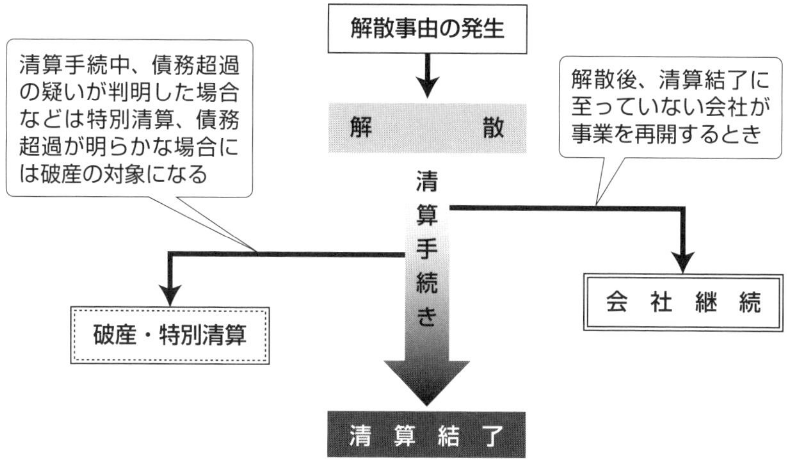

わる諸手続きが終了した場合には当社は解散する」と定款に定める場合です。ある一定の事柄が生じた場合には会社は解散すると定款に規定されている場合は、その事柄が生じると会社は解散します。ただ、実務上は、定款に解散事由を定めている場合は少ないといえます。

③　**株主総会で解散を決議した場合**

株主総会で解散を決議する場合は、特別決議が必要です。株式会社では議決権を行使することができる株主の議決権の過半数を有する株主が出席し、出席した株主の議決権の3分の2以上の株主が同意した場合に解散が認められます。

解散の理由は何でもかまいません。

④　**合併**

合併は、消滅した会社の権利義務を承継会社がそっくりそのまま（包括的に）引き継ぐ点が特徴です。その点では、相続による権利義務の承継と同様に考えるとよいでしょう。

解散と総会の開催時期

株主総会決議で解散する場合に、注意すべきことは、株主総会の開催時期である。解散の効力は、解散決議が成立した時点で発生し、それ以降は会社の営業活動は一切禁止される。したがって株主総会の開催日は慎重に決める必要がある。

⑤　破産手続開始の決定

会社について破産手続開始の決定がなされた場合には、裁判所が破産登記の手続きをするため、解散登記を申請する必要はありません。また、破産の場合は、裁判所が選任した破産管財人が破産手続きの処理を行うため、会社法の規定による清算手続きは原則として行われません。

⑥　解散を命じる裁判があった場合

解散を命じる裁判は、公益上の理由から会社の存続を認めがたい場合に、裁判所の判断で会社を解散させる制度です。たとえば、会社が正当な理由なく成立後１年以内に開業しない場合などに適用される制度です。裁判の申立資格があるのは、法務大臣、株主、社員、債権者、その他利害関係人です。また一定の条件を満たす株主であれば、裁判を起こして、会社の解散を請求できます。

⑦　休眠会社のみなし解散の制度

会社法には、上記の解散事由以外にも、休眠会社の「みなし解散」の制度があります。みなし解散は、会社に関する最後の登記があってから12年間経過した会社を「休眠会社」として強制的に解散させてしまう制度です。休眠会社の整理によって解散したとみなされた場合は、登記官が職権で解散登記を行います。なお、みなし解散から３年以内であれば、株主総会の特別決議によって会社を再開（継続）できます。

■ 会社継続とは

解散したものの清算が終了していない会社が、解散前の状態に戻って営業を再開することを会社継続といいます。

会社が継続できるのは、次の４つの解散事由によって解散した場合だけです。解散事由は、①定款で定めた存続期間満了、②定款で定めた解散事由の発生、③株主総会の決議、④休眠会社のみなし解散です。

休眠会社

株式会社のうち、会社に関する登記が12年間なされていない会社のこと（会社法472条）。休眠会社は、一定の手続きを経て解散したとみなされる。実体のない会社の登記を放置しておくと、現実に会社として活動しているかのように見えてしまい登記の信頼性が損なわれる。そこで、一定期間、登記を変更していない会社を休眠会社とみなして、その登記を職権で抹消する扱いにしている。

みなし解散

休眠会社が期限までに事業を廃止していない旨の届出や登記をしなかった場合に、解散したものとみなされる制度（会社法472条）。実体のない会社を存続させる必要はないので、活動していないと認められる会社を消滅させることにした規定である。法務大臣が休眠会社（最後の登記から12年間経過した株式会社）に対し公告をし、2か月以内に届出や登記がなかった場合にみなし解散となる。

解散と会社継続

- 定款所定の存続期間の満了によって解散した会社
- 定款所定の解散事由により解散した会社
- 株主総会の決議によって解散した会社

➡ 清算結了までは、特別決議により事業を再開（会社継続）できる

- 解散したものとみなされた休眠会社

➡ 解散後３年以内であれば、特別決議により事業を再開（会社継続）できる

■ どのような手続きを行うのか

会社を継続するには、株主総会で会社継続の特別決議をして、同時に新たに取締役を選びます。また、代表取締役を置く場合は株主総会で代表取締役も選びます。そのため、会社継続の登記を申請するときは、取締役、代表取締役の就任登記もあわせて申請することになります。なお、解散及び清算人の登記について抹消登記の申請は不要です。登記官が、解散及び清算人の登記を職権で抹消するからです。会社継続の株主総会決議は、①～③の解散事由の場合、清算決了前であれば行うことができます。

休眠会社のみなし解散の場合は、解散後３年以内であれば、株主総会の特別決議で継続できます。ただし、継続の登記をする前提として、清算人の就任登記をしなければなりません。みなし解散の場合、登記官は職権で解散登記を行いますが、清算人の登記は行わないからです。

株式会社を継続したときは、会社を代表すべき取締役が会社継続の登記と取締役等の就任登記を同時に申請します。

株式会社の清算

解散後は債権債務を整理し、残余財産を株主に分配する

■ 清算とは

清算人会の設置が義務付けられる場合

監査役会を設置している株式会社は、清算人会の設置が義務付けられており、清算人が3名以上必要になる。

代表清算人を定めない場合

代表清算人を定めない場合には、清算人全員が清算株式会社を代表する。

清算株式会社

清算をする株式会社のこと。

解散した会社について、債権債務の後始末をして、残った財産を株主に分配する手続きを清算（通常清算）といいます。清算に関する業務は清算人が担当します。取締役であった者を選任してもよいですし、必要があれば弁護士などを選任することもできます。清算中の会社は、清算の目的の範囲内でのみ存続を許されているため、営業活動を行うことはできません。会社法の①清算人の職務や員数、②清算人を選ぶ方法、③代表清算人を選ぶ方法、④清算人会の設置、⑤監査役・監査役会の設置といった規定に基づいて清算する株式会社としての体制を整えていくことになります。

①　清算人の職務や員数

清算人の職務は現在の業務を終了させること、債権を回収すること、債務を弁済すること、会社に残った財産を株主に分配することです。会社法では、清算人は１名以上いればよいものとされています。

②　清算人を選ぶ方法

会社法では、ⓐ定款で定める方法、ⓑ株主総会で選ぶ方法、ⓒ解散時の取締役を清算人にする方法、ⓓ裁判所が選ぶ方法の４つの方法が定められています。

③　代表清算人を選ぶ方法

会社法では、代表清算人を置くかどうかは任意とされています。代表清算人を選んだ場合は、その人が清算株式会社を代表します。代表清算人の選任方法は、株主総会決議で選ぶ方法、

清算人の選任

●清算人となる者

① 定款で清算人として定められている者

② ①が規定されていないときは総会普通決議で選任された者

③ ①②で選任されない場合、会社の取締役

④ ①～③で選任されない場合、裁判所によって選任された者

・清算人は１名以上でOK

・任意に代表清算人を置くことができる

・監査役会設置会社は清算人会を置く

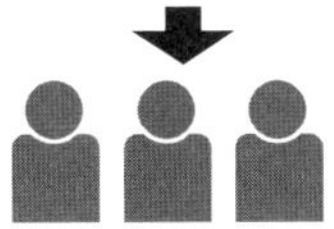

清算人

定款の定めに基づく取締役の互選による方法があります。

④ **清算人会の設置**

会社法では、監査役会を設置している株式会社は、清算人会の設置が義務付けられています。反対に監査役会を設置していない会社であれば、清算人が２名以上いても、清算人会の設置は必要ありません。

⑤ **監査役・監査役会の設置**

清算株式会社に置くことができる機関は清算人、清算人会を除くと監査役、監査役会だけです。監査役については、ⓐ清算手続きに入る前に公開会社と大会社であった会社は清算株式会社においても必須です。また、ⓑ指名委員会等設置会社・監査等委員会設置会社で上記ⓐの適用を受ける会社は、指名委員会等設置会社の場合には監査委員が監査役となり、監査等委員会設置会社の場合には監査等委員が監査役となります。

■ 清算人はどんな手続きをするのか

まず、清算人は、解散日現在の財産目録と貸借対照表を作成し、その内容について、清算人会の承認および株主総会の承認

清算会社の機関

会計参与や会計監査人は清算株式会社に設置することはできない。

監査役・監査役会の任意の設置

本文で取り上げた2つの場合以外は、監査役の設置を義務付けられることはない。ただし、定款の定めによって監査役・監査役会を任意に設置することは可能である。なお、清算中の会社については監査役の任期の定めはない。

解散後の会社の処理

会社を終わらせる場合には、解散登記をすればそれで終わりというわけにはいかない。会社などの法人は、解散するとその事業活動を終了することになるが、その後に残務処理や財産整理が残っており、清算手続が必要である。

を得ます（会社の財産調査）。次に、現在の業務を終了させます。清算人は、会社について完了していない業務の後始末をします。

清算人は、解散後、遅滞なく、２か月以上の期間を定めて、債権者に対して債権を申し出るよう官報による公告を行います。

また、債権者とわかっている人に対しては、個別に債権を届け出るように催告をします。

清算人は、会社の債務を弁済するために、会社の財産を換価します。会社の財産と考えられるのは、不動産、機械、備品などの設備、有価証券などです。清算人は、売掛金や貸付金の取立てや、担保権の実行によって債権を回収します。

そして、清算人は、会社財産の処分や債権の回収によって得た資金などを基に、負債の返済に充てます。なお、債権者に対する公告期間中は、裁判所の許可を得ないと債務の弁済が行えません。すべての債務を弁済した後に、財産が残っていれば、その財産を株主に分配します。残余財産の分配は金銭で行うのが原則ですが、金銭以外の財産による分配も可能です。

また、清算に関する登記の申請も必要です。会社を代表すべき清算人が、法務局に解散及び清算人就任登記、清算結了の登記の申請を行うことになります。

■ 清算はどのような流れで進むのか

株主総会決議によって解散した場合の清算手続きについては、まず、株主総会で解散決議の際に、清算人の選任も併せて行う場合が多いようです。清算人が解散決議後すぐに行うべきことが２つあります。解散及び清算人の登記の申請と、債権者に対する官報公告等です。また、これらの手続きと並行して、清算人は、解散日現在の財産目録と貸借対照表を作成し、その内容について株主総会の承認を得ます。加えて、清算人は、現在の業務の終了、財産の換価、債権の回収などを進めていきます。

労務・税務処理も必要

従業員は解雇することになるので、就業規則や法律の定めに従って退職金や解雇予告手当を支払う。もちろん、税務処理も忘れてはいけない。

清算関係の帳簿の保存

清算人は、清算結了の登記から10年間、清算した会社の帳簿と、事業・清算に関する重要な資料（帳簿資料）を保存する義務を負う。なお、利害関係人は、裁判所に対して、清算人に代わって帳簿資料を保存する人を選任するように申し立てることができる。

特別清算

裁判所の監督の下に進められる株式会社の清算手続のこと（会社法510条以下）。株式会社が解散を決議し、清算に入った後、債務超過のおそれがあるときなどには、債権者、清算人等が申し立てることで特別清算手続きに移行する。特別清算では、担保権の実行、相殺、債務の弁済などが制限され、裁判所は、監督委員や調査委員を選任することができ、手続の監督や、一定事項の調査をさせることができる。

清算手続きの流れ

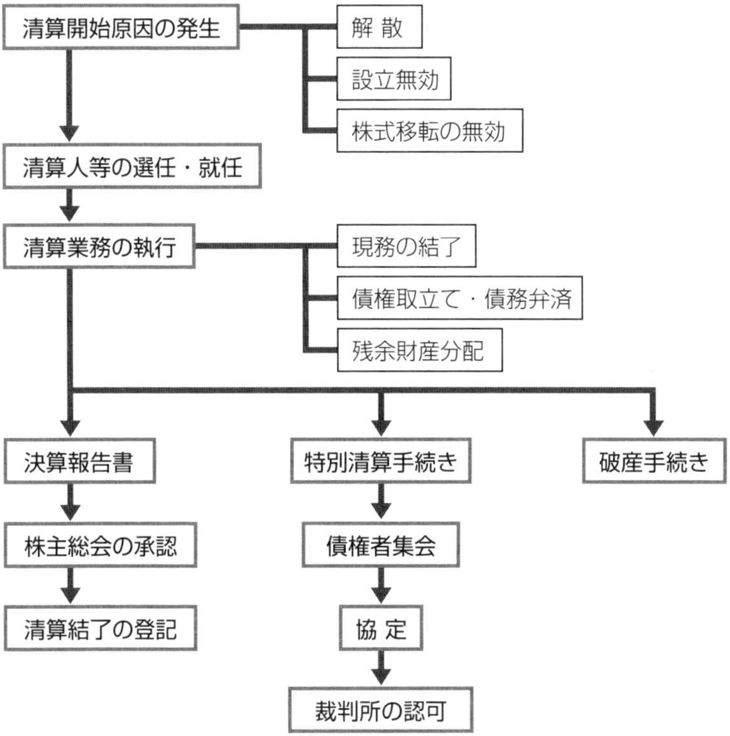

債権者に対する公告期間が経過すると、債権者に債務を弁済します。そして、債務の弁済後に残った財産があれば、株主に分配します。

残余財産の分配が終わり、清算事務が終了したときは、清算人は決算報告を作成して、株主総会の承認を得ます。決算報告が株主総会で承認されると清算手続きは終了となり、会社（法人格）は消滅します。清算人は、株主総会で決算報告が承認された時から、２週間以内に、清算結了の登記を申請しなければなりません。

Column

法人格否認の法理

たとえば、代表者個人と会社との間で業務や財産の混同が著しい場合に、これと取引をする第三者にとっては、相手方が会社なのか代表者個人なのか判然としない場合があります。また、実態は個人企業にすぎず、無限責任を負うべき場合であるにもかかわらず、法人格を楯に責任を免れようとすることもあります。このような場合に、会社と株主とはあくまでも別個の存在であるとすると、第三者の保護に欠けることになります。そこで、特定の事案について第三者を保護するために、法人格の機能を否定して、会社と株主（個人）を法律上同一視しようとする理論があります。これを法人格否認の法理といいます。

本来会社は、個人とは独立した法人格をもっています。会社の法人格の独立性には、２つの意味があります。

１つは、会社の対外的活動から生じた権利義務は、法人である会社に帰属し、会社が債務などを負うのであって、株主は債権者に対して債務を負わない、ということです。もう１つは、会社も株主個人がした行為について株主の債権者に対して債務を負わないということです。

法人格否認の法理を適用することで、会社と個人とを同一視し、会社の債務について個人に責任を負わせることができるようになります。ただし、別人格である会社と個人とを明文の規定なく法解釈によって同一視するのですから、その運用は慎重であるべきであり、判例は、この法理を用いる場合を限定しています。

判例は、法人格否認の法理を適用する要件として、①法人格が法律の適用を回避するために濫用されている場合、または、②法人格が全くの形骸にすぎない場合の２つを挙げています。特に、法人格の濫用は、法人格否認の法理が適用される代表的な場面です。

PART 9

株主代表訴訟・商業登記・その他の制度

株主総会決議の瑕疵

裁判所に訴えを提起して争う

■ 総会の瑕疵をどう処理したらよいのか

株主総会決議に間違い（瑕疵）があった場合に、株主はその決議を訴えによって覆すことができます。しかし、株主総会決議は会社の様々な行為の前提となるものですから、これを一律に無効にしてしまうと、会社と法律関係に入った多くの人たちに影響を及ぼします。そこで、法律関係の安定を図る必要もあります。このようなことから、会社法は、訴えの方法をいくつか用意し、瑕疵に応じた処理ができるようにしています。

■ 総会決議の瑕疵を争う訴え

株主の地位を失った者の原告適格

株主総会決議の取消について、会社法は、その総会決議により株主としての地位を失った者も原告となることができると規定している。

総会決議の瑕疵を訴える方法としては、①株主総会決議不存在確認の訴え、②株主総会決議無効確認の訴え、③株主総会決議取消の訴えがあり、それぞれ要件・効果が異なります。

①　株主総会決議不存在確認の訴え

「不存在」とあるように、主に、株主総会が実際には開催されていないにもかかわらず総会議事録が作成されていた場合や、実際に開催されたものの、手続に重大な違法があって株主総会の決議があったものとはおよそ評価できない場合に提起されます。株主総会決議が存在していなかったことが認められると、株主総会で成立したとされる決議はなかったものとして扱われることになります。

②　株主総会決議無効確認の訴え

株主総会でなされた決議が株主平等原則に違反する場合や、分配可能額を超える違法配当がなされた場合など、決議の内容

総会決議の瑕疵（問題点）を争う訴え

訴えの種類	総会決議取消の訴え	総会決議不存在確認の訴え	総会決議無効確認の訴え
原告	株主等（株主、取締役、執行役、監査役、清算人、設立時株主、設立時取締役、設立時監査役）	限定なし	限定なし
被告	その株式会社	その株式会社	その株式会社
提訴期間	総会決議の日から３か月以内	限定なし	限定なし
要件	総会招集手続き・決議方法が法令・定款に違反または著しく不公正なとき	決議が存在しないこと ※株主総会が開催されていない場合や一応開催されたが手続上の瑕疵（不備、ミスのこと）が著しく、決議があったとは言えない場合など	決議内容が法令に違反すること
	総会決議内容が定款に違反するとき		
	総会決議で特別利害関係人（議決権を行使するにあたり、株主としての関係以外に何らかの個人的利害関係をもつ者）が議決権を行使し、著しく不当な決議がなされたとき		

に法令違反がある場合に提起されます。法令違反の決議であったと認められるとその決議は無効であることが確認されます。

③　株主総会決議取消の訴え

３種類の訴えの中で比較的問題の程度が軽い場合に利用するのが取消の訴えです。

株主総会決議取消の訴えの対象となった決議は、訴えを起こされる前には一応有効なものとして成立しています。すでに有効なものとして成立している決議に問題があるから、取り消してほしい、と主張するのが株主総会決議取消の訴えです。この訴えが認められると、有効に成立していた決議が取り消され、その決議は遡って無効なものになります。

反対株主の権利

株主総会決議に反対する株主には株式買取請求権が認められる場合がある

■ 株式買取請求権について

株式買取請求権とは、会社法によって反対株主に認められている権利で、自分が持っている株式を会社に買い取ってもらうように請求できる権利のことです。

反対株主とは、基本的には、株主総会でなされた決定に反対した株主のことですが、どんな決定でも反対すれば反対株主になる、というわけではありません。その会社の事業のすべてあるいは一部を譲渡する、といった会社または株主に重要な影響を与える決定に対して、反対の意思を持つ場合に限られます。さらに、株主総会当日に反対の意を表明しただけでは反対株主とは認められません。株主総会が開催される前に、反対することを会社に通知し、かつ株主総会において、反対する議決権を行使した場合に限られます。また、議決権を行使することができない株主も、反対株主として株式買取請求権を行使することができます。

株式買取請求権の行使が認められるケースは会社法で定められています。

株式買取請求権を行使するには、反対株主が株式買取請求権を行使するかどうかを判断する期間が必要です。

そこで、会社は、定款変更や組織再編などの株式買取請求権の発生原因となる行為の効力が発生する日の20日前までに、株主に通知や公告をしなければならないとされています。株式買取請求権を行使する反対株主は、この20日間前から効力が生じる日の前日までの期間に自分が持っている株式の種類を明らか

なぜこのような権利があるのか

株式会社では出資の払戻しは原則として認められていない。これは、株主には間接有限責任しかなく、会社の債務の弁済の原資は会社の財産しかないので、取引先や債権者の利益を保護するため、会社の財産を確保しておく必要があるからである。もっとも、株主総会では資本的多数決が採用されており、株主総会での決議によっては、自分の意に沿わぬ方向に会社が進む場合も出てくる。そのような状況になってもまだ自身の資本を回収する手段がないのでは、株主は安心して資本を投入できない。そのため、反対株主に不利益が生じないように、株式買取請求権が認められている。

反対株主が株式買取請求権を行使できるケース

a	会社が発行済の全株式またはある種類の株式の譲渡制限をする場合
b	ある種類の株式を全部取得条項付きの株式とする場合
c	会社が①～⑥の行為をする場合で、種類株主に損害を与える可能性があるとき　※1
d	会社が株式の併合を行い、端数となる株式が生じるとき
e	組織の再編（事業譲渡、吸収・新設合併、吸収・新設分割、株式交換、株式移転、株式交付）をする場合　※2

※1 ①株式の併合・株式の分割、②株式無償割当て、③単元株式数についての定款の変更、④株式を引き受ける者の募集、⑤新株予約権を引き受ける者の募集、⑥新株予約権の無償割当

※2 簡易組織再編では反対株主の株式買取請求権は認められない。略式組織再編では特別支配株主に株式買取請求権が認められない

にした上で請求権を行使しなければなりません。

なお、株式買取請求権を行使した株主が一方的にその行使を撤回できるとすると、請求権を濫用する反対株主が増えるおそれがあります。そのため、会社が承諾しない限り、株式買取請求権を一度行使した株主が、行使した株式買取請求権を撤回することは認められません。

■ 買取口座と買取請求撤回の制限

上場会社の反対株主に株式買取請求権が認められる場合、会社は、あらかじめ上場株式（振替株式）の「買取口座」を設けることが義務付けられています。

株式買取請求があると、請求人の株式はこの「買取口座」に振り替えることが義務付けられています。反対株主が株式買取請求の撤回について会社の承認を得ていないにもかかわらず、

株主が撤回したいと思うケース

たとえば、事業譲渡に反対した株主が株式の売却を検討し、会社に株式買取請求権を行使したとする。しかし、その後市場の株価と買取請求の買取価格を比較したところ、市場の株価の方が有利な価格だったと判明した。このようなケースの場合、株主としては会社に行った請求を撤回して、買取請求をした株式を株式市場で売却したいと思うところだが、会社の承諾がない限り、株式買取請求権の撤回は認められないということである。

株式市場において株式を売却できるとすると、撤回を制限した意味がなくなります。そこで、買取口座に株式を振り替えることで、反対株主が自由に株式を売却することを防止しているわけです。

■ 株式の買い取りの効力発生日

株式買取請求については、「いつの時点で買取りの効力が生じるのか」という効力発生日を理解しておかなければなりません。

株式の買い取りの効力発生日は、定款変更や組織再編などの株式買取請求権の発生原因となる行為の効力発生日と同じです。つまり、それらの行為と同じ日に買い取りの効力も発生することになります。

■ 株式の買取価格はどうなるのか

株式買取請求権を行使する際に問題となるのは、その株式の買取価格です。この買取価格については、法令上、会社は公正な価額で買い取らなければならない旨が定められているだけです（有力な見解として「通常は株式買い取りの効力発生日における時価が基準となり、組織再編行為等により株価が下落した場合には、組織再編行為等がなかったものと仮定した場合の価格となり、組織再編行為等によりシナジー効果が生じて株価が上昇した場合には、そのシナジーを織り込んだ価格となる」という考え方があります)。

したがって、会社が通知・公告を行って、その期間中に反対株主が株式買取請求権を行使した場合、最終的に会社がその株式を買い取る価格がいくらになるか、という点については、結局、その株主と会社の間の交渉によります。交渉ですから、どうしても合意に至らない場合も出てきます。そのような場合には、最終的には裁判所に価格決定の申立てをして裁判で決着をつけることになります。価格決定の申立ては、買い取りの効力

シナジー効果
企業同士がM&Aや業務提携をした場合に生じる相乗効果のこと。それぞれの強みがうまくかみ合えば、1＋1＝2以上の効果が生じる場合がある。

株式買取請求権行使の手続き

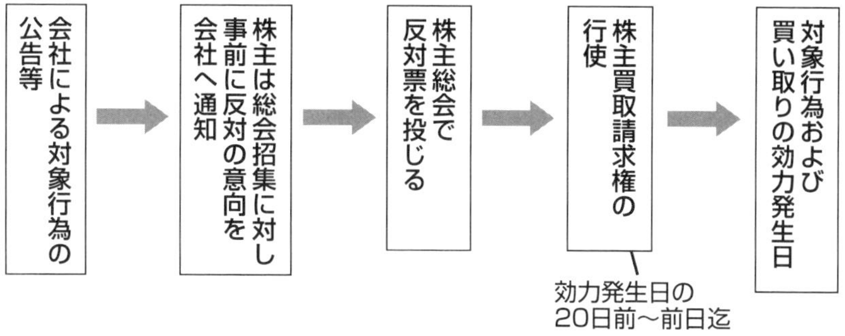

発生日から60日以内に行う必要がありますので、価格交渉がまとまるかどうかについては、早期に見通しを立てることが重要です。

裁判で決定する場合、長期間かかるのが普通です。しかし、会社には、買い取りの効力発生日の60日経過後（以下、利息発生日という）から、裁判で決定した金額を支払う日までに、年６分の利息が課されます。この利息の支払いは多額であり、このような負担を軽減するために、価格決定前の支払制度が設けられました。

この制度は、裁判や当事者の交渉妥結による買取価格の決定の前でも、会社は、自らが公正と認める価格を、反対株主に支払うことができるというものです。この制度により、会社は金利負担を大幅に減らすことができます。また、反対株主が買取金額に不満で受領を拒否した場合でも、会社は弁済供託により、供託した金額については支払いを免れることができます。

なお、会社が公正と認める価格として支払った金額より、裁判所の決定または当事者の交渉妥結による価格が高かった場合には、後から会社がその差額を支払います。

弁済供託

供託とは、大まかに言えば金銭や有価証券などを供託所（法務局）に預けることである。供託にはさまざまな種類があるが、弁済の目的で行う供託を弁済供託といい、債務を弁済したの同様の効果が生じる。債務の消滅原因のひとつ。

株主代表訴訟

会社に代わって株主が取締役らの責任を追及する

■ 株主代表訴訟とは

個々の株主が会社に代わって取締役らの責任を追及する訴えです。会社法では、責任追及等の訴えという名称で規定されています（会社法847条）。

取締役による権限濫用や違法行為は、会社にとっても望ましいものではないので、他の取締役が責任を追及できればそれに越したことはありません。ただ、実際のところ、同じ仲間同士である取締役に適正な責任追及を求めるのも難しいものがあります。そこで、会社法では、全株主（＝会社）の利益を守る方法として、株主に取締役などの役員の責任を追及する手段が認められています。

勝訴・敗訴の影響

責任追及等の訴えを起こした株主が勝訴した場合、その訴訟に関して、必要な費用を支出したときや弁護士に報酬を支払うときは、その費用や報酬額の範囲内で相当と認められる額の支払を会社に対して請求することができる。また、責任追及等の訴えを起こした株主が敗訴した場合であっても、役員に責任がないことを知っていた（悪意）場合でない限り、訴えを起こした株主は、訴えによって会社に生じた損害を賠償する責任は負わない。

■ 訴え提起の要件

株主から責任追及等の訴えを提起されるのは以下の要件を満たした場合です。

① 役員の会社に対する責任

任務懈怠による取締役の会社に対する損害賠償責任などが生じている場合であることが必要です。

② 訴えを提起できる株主

訴えを提起できるのは、原則として6か月前から引き続き株式をもっている株主です。

訴えを提起できる株主

6か月前から引き続き株式をもっている株主でなければならないが、この期間は定款で短縮できる。非公開会社では、保有期間は不要。

③ 提訴請求にもかかわらず会社が提訴しないこと

まず、株主は、会社に対して、「取締役○○に対して訴えを起こすことを求める」ことを内容とする書面を送付して提訴請

株主代表訴訟のしくみ

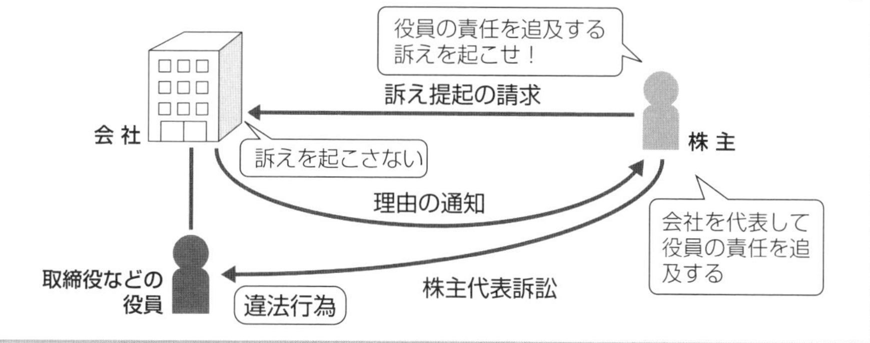

求をします。原則としては、その後、請求の日から60日以内に、会社として役員に対して訴えを提起しない場合にはじめて、株主から責任追及等の訴えを提起できることになります。

④　不正な利益・加害の目的がないこと

経営者を脅かして、不正な利益を得ようとしたり、嫌がらせ目的で訴えを起こすことを禁じるために、この要件が必要となっています。

株主の請求に対する会社の対応

会社は、役員の責任を追及する訴えを提起しない場合には、請求した株主にその理由を書面等の方法で通知しなければならない。会社が役員の責任を追及する訴えを提起しないことが、正当な理由によるものかどうかを株主に判断させるためである。なお、会社に回復することができない損害が発生するおそれがある場合には、この期間の経過を待たず、すぐに訴えを提起することができる。

■ 担保提供命令によって対抗する方法もある

株主代表訴訟の被告となった役員は、株主の訴えに根拠がないと考えるのであれば、訴訟の係属している裁判所に対して、原告に担保の提供を命じるように請求することができます。これが担保提供命令です。担保の提供とは、金銭を裁判所に対して預けることです。裁判所は、役員の主張するように株主のその訴えが事実的・法律的な根拠のないものであり、それを株主が知りながら訴えを提起したと判断した場合に、担保の提供を原告である株主に求めます。提供を命ぜられる担保の金額は、数百万円程度になることも多いと言われており、株主からの不当な訴えを防ぐ効果があります。

裁判所が原告に対して担保提供を命令した場合、原告が担保を提供しなければ株主代表訴訟は却下されます。

■ なれあい訴訟の防止

会社法は、株主と役員間のなれあい訴訟で、役員の責任追及がうやむやにされるのを防ぐ手段を用意しています。

まず、責任追及等の訴えが提起されたとき、株主は、遅滞なく、会社に対し訴訟が係属したことを通知（訴訟告知）しなければなりません。訴訟告知を受けた会社は、遅滞なく、これを公告・通知して他の株主に知らせなければなりません。通知を受けた会社や株主は訴訟の途中で、訴訟に参加することができます（訴訟参加）。株主と役員が共謀して、責任追及等の訴えを起こし、会社の権利を害する目的をもって判決をさせたときは、会社や株主は、再審の訴えによって不服を申し立てることができます。このように事前と事後に、株主と役員とによるなれあい訴訟を是正する手段を設けています。

■ 株主代表訴訟での早期の和解方法と条件

株主代表訴訟であっても和解はできます。和解とは、紛争の当事者がお互いの主張を譲歩し合って、紛争を決着させることです。株主代表訴訟で和解すると、役員の責任追及の一部ができなくなるというデメリットがありますが、その反面で、訴訟を早期に解決することができるというメリットがあります。

株式会社などが、役員の責任を追及する株主代表訴訟（責任追及等の訴え）において、和解を行う場合、会社が和解の当事者でないときは、裁判所は会社に和解内容を通知し、異議があるときは２週間以内に申述することを催告します。異議がなかったときは、会社が和解を承認したものとみなします。会社が和解を承認したときは、株主と役員との間で成立した和解であったとしても、和解の内容は会社についても拘束します。

株主が勝訴した場合

株主が勝訴した場合、会社は、株主側に生じたその訴訟についての必要な費用（訴訟費用を除く）や弁護士報酬についても、その費用や報酬額の範囲内で相当と認められる額の支払いを請求されることがある。

株主が敗訴した場合

株主が敗訴した場合、役員に責任がないことを知っていた（悪意）場合でない限り、会社は、訴えを起こした株主に対して訴えによって会社に生じた損害賠償を請求することはできない。

代表訴訟の手続き上の注意点や効果

株主代表訴訟の手続上の注意点

・提起できるのは、6か月前から株式を有する株主に限られる（定款で短縮可。また､公開会社でない場合は期間要件なし）

・提起前に役員責任追及訴えの提起を会社に請求する（請求日から60日以内に提訴なければ代表訴訟を提起できる）

※会社が提訴しないときは、会社は提訴しない理由を通知する

・提起先は、会社の本店所在地を管轄する地方裁判所

↓ 提起

株主代表訴訟の効果

・代表訴訟の判決が出ると、会社に判決の効果が及ぶ

a.役員が賠償を命じられた場合、会社に対して賠償

b.裁判上の和解を行う場合、裁判所から会社に対して和解内容を通知。異議がなければ会社に確定判決と同一の効力が及ぶ

c.株主が勝訴した場合、訴訟に関して支出した必要な費用、弁護士報酬を会社に請求できる

なお、令和元年会社法改正では、会社が和解を行う際には、監査役設置会社の場合は監査役の全員、監査等委員会設置会社の場合は監査等委員の全員、指名委員会等設置会社の場合は監査委員の全員の同意を得なければならないとされました。これは、取締役等を補助するために会社が株主代表訴訟に参加する場合や、取締役等の責任の一部免除の議案を提出する場合には、会社の利益よりも取締役等の利益を優先して会社が行動することのないよう、同様に各監査役等の同意を得ることが義務付けられていることとのバランスをとるために定められたものです。

■ 責任追及等の訴えの効果

責任追及等の訴えは、株主が会社を代表して会社のために起こすものであるため、判決の効果は、勝訴・敗訴共に会社に及びます。勝訴をしても訴えた株主は、自己に賠償するように請求することはできず、会社へ賠償するように請求できるにすぎません。

多重代表訴訟と旧株主による責任追及訴訟

親会社が代表訴訟を提起しない場合の訴訟手続き

■ なぜ多重代表訴訟ができたのか

多重代表訴訟制度は、持株会社などの株主がグループ傘下の会社の取締役らの責任を追及できる制度です。

たとえば、株式会社△△ホールディングスがすべての株式を保有する○×株式会社が不祥事を起こしたとします。この場合、○×株式会社の取締役に善管注意義務や忠実義務違反があれば、株主である△△ホールディングスから○×株式会社の取締役等に対し訴訟によって任務懈怠責任が追及できます。

しかし、実際には親会社がすべての株式を保有する完全子会社に対して、親会社の取締役と子会社の取締役の間にはなれあいが生じている可能性があるため、責任追及等の訴えが行われることは、期待できない場合があります。このことから、親子会社関係にある場合、株主代表訴訟の制度が機能せずに、子会社取締役等は責任追及を免れるおそれがあります。そこで、持株会社などの株主に多重代表訴訟を提起できる方途を認めています。

責任を追及される取締役等

取締役等とは、取締役以外にも発起人、設立時取締役、設立時監査役、会計参与、監査役、執行役、会計監査人、清算人を含む。

■ 原告・被告になるのはどんな者か

多重代表訴訟では、任務懈怠などの責任追及訴えの提起をする者（原告）は親会社株主となります。具体的には、子会社の株式全部を、直接的あるいは完全子会社等を介して間接的に保有している自らの上に親会社が存在しない最上位の親会社の株主（最終完全親会社等といいます）を原告適格として定めています。

多重代表訴訟のしくみ

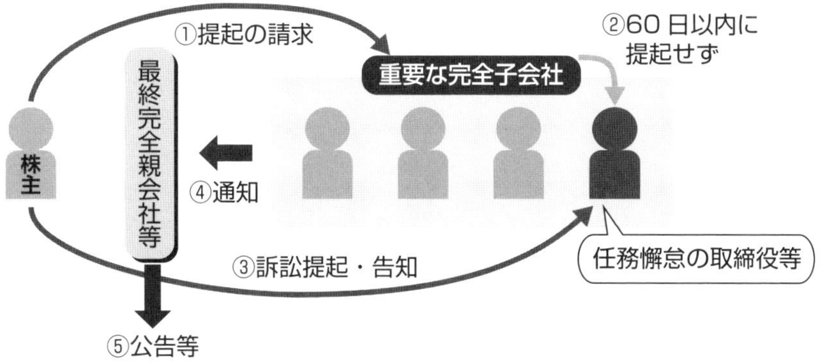

逆に、取締役らの責任が問われる子会社の株式の全部を直接的または間接的に最終完全親会社が保有していない場合は、原告にはなりえません。なお、最終完全親会社等の要件は責任の原因となる事実があった日と訴えの提起日、いずれの時点でも満たしている必要があり、最終完全親会社等は国内の株式会社（日本の会社法に基づき設立された株式会社）でなければなりません。

これらの要件を満たす最終完全親会社等の株主のうち、６か月前から引き続き、総株主の議決権の１％以上の議決権を有する株主か、発行済株式の１％以上の株式を有する株主が多重代表訴訟を提起することができます。

次に、多重代表訴訟によって任務懈怠などの責任追及をされる者（被告）ですが、これは、最終完全親会社等の重要な完全子会社の取締役等とされています。具体的には、最終完全親会社等が直接的または間接的に有する当該子会社の株式の帳簿価額が、最終完全親会社等の総資産額の５分の１を超えている場合に重要な完全子会社として扱われます。

多重代表訴訟の被告についてのその他の注意点

重要な完全子会社の取締役等を被告適格として定めている。なお、完全子会社とは、国内の完全子会社（日本の会社法に基づき設立された株式会社）である必要があるが、子会社の株式の帳簿価額が総資産額の5分の1を超えていることは責任の原因となる事実があった日のみ満たしていればよく、訴えの提起日に満たしている必要はない。

■ 多重代表訴訟の手続き

実際に最終完全親会社等の株主が多重代表訴訟を提起する手続きについて、前述した事例を使って見ていきましょう。

まず、○×株式会社に責任の原因となる事実があった場合は（○×株式会社の最終完全親会社等である）△△ホールディングスの株主より、○×株式会社の取締役等の責任追及をする訴えを提起するよう○×株式会社に対して請求します。この請求を受けてから60日以内に○×株式会社が○×株式会社の取締役等に対して訴えを提起しない場合、△△ホールディングスの株主が訴訟提起をすることができるようになります。

親会社・完全親会社

会社であって、他の株式会社の議決権の過半数を保有するなどの資本参加を行ったりするなどして、他の会社を支配しているものを親会社という。一方、その会社に支配されている側の会社を子会社という。また、子会社の株式をすべて保有している親会社のことを完全親会社という。

なお、通常の株主代表訴訟では、「会社への訴訟告知」と「株主に対する公告・通知」という手続きを経る必要があります。具体的には提訴する株主から株式会社への訴訟告知が行われ、告知を受けた株式会社は、公告を行うか株主に通知する方法により、すべての株主に株主代表訴訟が行われることを知らせることになります。

この点、多重代表訴訟では、当事者関係が多重構造になっているため、複雑です。事例を使って解説すると以下のようになります。まず、多重代表訴訟を提起した△△ホールディングスの株主から、○×株式会社に訴訟告知を行います。告知を受けた○×株式会社は△△ホールディングスに通知を行い、通知を受けた△△ホールディングスが、公告を行うか△△ホールディングスのすべての株主に多重代表訴訟が行われることを通知しなければならないことになります。

■ 旧株主による責任追及等の訴えとは

株主代表訴訟については、多重代表訴訟以外にも特徴的な制度が設けられています。それは、株式交換や株式移転等によって会社の株主でなくなった場合でも、当該会社の完全親会社株式が交付されているときに、一定の範囲で訴訟の提起が認めら

旧株主による責任追及等の訴えのしくみ

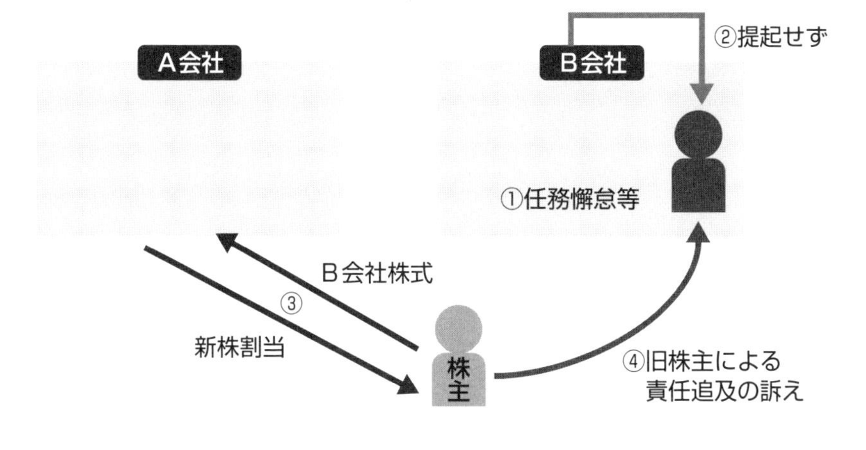

れる「旧株主による責任追及の訴え」です。

たとえば、株主代表訴訟を行う際に、訴訟提起後判決確定前に被告役員の会社が株式移転等をすると、原告株主は、当該会社の株主でなくなってしまい、原告適格を失ってしまうことになります。これでは、恣意的に株式交換や株式移転を実行することで株主代表訴訟を免れることが実質的に可能になります。このような株式交換・株式移転によって失われる原告適格を補うために、旧株主による責任追及の訴えが設けられています。

さらに、株主代表訴訟が実際に提起されていない（準備中の）場合であっても、株式交換・株式移転等が行われる前に取締役等の責任が生じており、株式交換・株式移転等の効力発生時点で、訴訟提起を行う要件を有していた株主であれば、旧株主による責任追及等の訴えの提起が可能です。

株式交換
216ページ参照。

株式移転
218ページ参照。

PART9
5

株主代表訴訟・商業登記・その他の制度

商業登記

令和元年の改正により支店の所在地における登記が廃止される

■ 商業登記法に定められている

会社の登記は、管轄する登記所（法務局）に対する当事者の申請または裁判所書記官の嘱託（依頼）によって、商業登記簿になされます。

会社を設立する際には、会社の目的（事業内容）、商号（社名）、本店（本社）所在地などを登記します。会社は基本的には目的の範囲内で権利能力を持ち、有効に活動をすることができますので、会社の目的については、会社の活動範囲を定めるものとして慎重な検討が必要です。近い将来予定される事業内容についても会社の目的に盛り込んでおくべきです。さらに、建設業などの許認可を取得する場合、一定の事業内容を会社の目的として定めている必要がありますので、事前の確認が必要です。商号については、他社と同一の本店所在地での同一商号が禁止されています。また、他社の商号と類似することでトラブルになる可能性もありますので、事前に同一・類似の商号がないか、登記所（法務局）で調査することが重要です。

株式会社の設立の場合は、資本金の額、株式・新株予約権に関する事項、取締役の氏名、代表取締役の氏名・住所、取締役会設置会社である場合はその旨、監査役設置会社である場合はその旨と監査役の氏名、指名委員会等設置会社である場合は各委員と（代表）執行役の氏名などを記載しなければなりません。

なお、令和元年の会社法改正により、支店の所在地における登記が廃止されます。登記事項に変更があった場合には、２週間以内に本店所在地を管轄する登記所（法務局）で変更登記の

登記手続きについて

商業登記法に定められている。

会社の目的を定めるときの注意点

金融業などの一定の事業を会社の目的に定めている場合、政府系金融機関の融資を受けられないことがあるので注意が必要。

変更登記を行うこともある

会社は存続する過程で、様々な変化をしていく。役員・資本金など、常に変わっていく。このように会社に変化があった場合、登記が以前のままでは登記を信頼して取引に入った相手方に思わぬ損害を与えてしまう。そこで、事実の変化に合わせて変更登記をすることが義務付けられている。

主な商業登記手続き

会社の設立登記		株式会社や合同会社などの会社を設立する場合に行う登記。商号や事業目的、本店所在地、役員名などを記載
会社の変更登記	商号変更	会社名を変える場合に行う登記
	目的変更	事業目的を変える場合に行う登記
	本店移転	本店の所在地を変える場合に行う登記
	役員変更	取締役などの役員が変わった場合に行う登記
その他		合併や解散の登記などがある

申請をしなければなりません。

　また、組織変更や合併、分割、解散などがあった場合も、その旨を登記します。さらに、監査役の監査の範囲を会計に限定する定款の定めがあるときは、登記が必要です。そのような定款の定めがある場合、監査役の監査の範囲が限定される他、監査役の取締役会への出席義務がないことなど、通常の監査役とは会社法上の規制が異なります。したがって、そのことを公示するため、登記事項となっています。

■ 登記申請の流れ

　まず、登記申請書を作成します。登記申請書には、原則として、その登記内容を証明するために必要な添付書類を添えて提出する必要があります。たとえば、取締役の変更の登記の場合は、取締役が選任されたことを証明する株主総会議事録などが添付書類となります。登記申請書、添付書類の準備完了後に、管轄の登記所（法務局）へ行くか、郵送により登記申請します。管轄は会社の本店所在地によって決定します。

登記の効力

登記をしなければならないとされている事項については、登記をした後でなければ、事情を知らない第三者に対して、事実の存在を主張することはできない。また、故意（わざと）・過失（不注意で）によって真実と異なる登記をした者は、それが真実でないということを、事情を知らない第三者に主張することはできない。

■ 登記申請書の添付書類

商業登記では、商号、目的、役員などについて会社で必要な手続きを経てから、法務局に申請手続きをすることになります。たとえば、株主総会を招集して一定数の決議を経たり、取締役会を開いて承認を得なければなりません。これらの手続きを経たことを証明する書類を添付して登記申請をします。

登記官は、実際に会社で開かれた株主総会や取締役会に立ち会うわけではないので、添付された証明書類を審査して、必要な要件が満たされているかどうかを判断します。法定の要件が満たされていると判断すると、その内容を登記簿に記載することになります。添付書類の種類は、登記すべき事項によって異なってきますが、特に重要なのが「株主総会議事録」「取締役会議事録」などの議事録です。また、定款、本人確認証明書、株主リストが必要になる場合もあります。

その他の添付書類

添付書類としては本文に記載したような書類以外にもいくつかの書類の添付が必要な場合がある。たとえば、会社代表者が多忙で自分では法務局に申請に行けないため、司法書士などに申請を委任するときは委任状を添付する。また、法律によって公告をすることが手続きとして要求されている場合は、官報などで公告をした書面を添付する。そのような添付書類が必要になるのかについては、登記すべき内容によって異なるので、事前によく調べておいて、申請が却下されないように注意したい。

■ 登記申請書に定款を添付する場合

たとえば、会社の解散及び清算人選任の登記を申請する場合、清算人会の定めの有無を確認するため、定款の添付が義務付けられています。定款は原本を提出する必要はありません。コピーをとってこれを添付し、原本は一応提出するものの原本還付を受ければよいのです。なお、会社設立後に定款を変更した場合、あらためて公証人に定款の認証をしてもらう必要はありません。このような場合には、登記申請用に変更後の内容を記載した定款を作り、その末尾に「上記は当会社の定款に相違ありません」と書き、会社代表者が記名押印（届出印を使用）したものを添付すればよいでしょう。

原本還付

法務局へ提出した申請書は、添付書類と共に法務局で保管されることになる。しかし、添付書類の中には、原本を返してもらわないと会社として困るものがある。この場合、原本の写し（コピー）を原本といっしょに提出しておけばよい。登記官による申請書類審査の際、その写しが原本の写しに相違ないと確認できれば、原本を返して（還付して）もらえる。

■ 本人確認証明書の添付が必要な場合

以下の登記申請については本人確認証明書の添付が必要です。

① 株式会社の設立の登記

株式会社の登記に必要となる主な添付書類例

株主総会議事録
取締役会議事録
株主リスト
本人確認証明書
定款
委任状（司法書士などに登記申請を依頼する場合）

② 取締役、監査役または執行役の就任による変更登記（再任を除きます）

これらの登記申請に際しては、取締役等の就任承諾書に記載した氏名・住所と一致する氏名・住所が記載された本人確認証明書の添付が必要になります。また、就任承諾書の代わりに株主総会議事録の記載を援用することができますが、この場合、議事録中に取締役等の住所を記載する必要があります。記載がないと援用ができず、別途、就任承諾書が必要になります。本人確認証明書としては、ⓐ住民票の写し、ⓑ戸籍の附票、ⓒ住所の記載がある住基カードのコピー、ⓓ運転免許証のコピー（裏面も必要）、ⓔマイナンバーカードの表面のコピーなどが該当します。もっとも、登記の申請書に取締役等の印鑑証明書を添付する場合には、本人確認証明書を添付する必要はありません。

■ 株主リストの添付が必要な場合

株主総会の決議を仮装することで、実体のない役員変更や会社の組織変更を行い、会社を乗っ取るなどの違法行為が行われる事案が発生しました。そこで、登記の真正を担保するために、登記すべき事項につき株主総会の決議等を必要とする登記申請

印鑑証明書を添付すると本人確認が不要になる場合

①取締役会非設置会社における取締役の就任、②取締役会設置会社における代表取締役に選定された者の取締役の就任、③取締役会設置会社における代表取締役を選定する取締役会議事録に前代表取締役の登記所届出印を押印できない場合、などに、印鑑証明書の添付が必要となり、本人確認証明書の添付は不要である。

株主リストと株主名簿の関係

株主リストは、会社法に基づき株式会社に作成が義務付けられている「株主名簿」とは別物である。株主名簿は、株式会社が株主を管理するためのものであり、株主リストとは記載内容も異なる。したがって、登記申請の際に、株主リストとして、株主名簿を添付することはできない。

記載上の注意点

実際に株主総会に出席し、議決権を行使した株主でなくても、その株主総会で議決権を行使することが可能であった株主であれば、議決権を有する株主にあたる。また、議決権を有しない株主の例としては、自己株式を有する株主、つまり、株式会社が自社の株式を有する場合などがある。

の際に、「株主の氏名または名称、住所及び議決権数等を証する書面」（株主リスト）を添付することが商業登記規則に基づき義務付けられました。株主リストの提出により、株主総会決議の有効性を登記の前後で確認することができます。株主リストの添付が必要な場合は、次の２つです。

- **登記すべき事項について株主総会の決議（または種類株主総会の決議）を必要とする場合**

たとえば、株主総会の決議で、役員を選任した場合や会社目的を変更する定款変更をした場合などです。

株主リストには株主全員の情報を記載する必要はなく、株主総会において議決権を有する株主のうち、ⓐ議決権数上位10名の株主、ⓑ議決権割合の多い順に加算し３分の２に達するまでの株主、のいずれか少ない人数の株主を記載します。

記載事項は、①対象となる株主総会、②株主総会の開催日、③対象となる議案、④株主の氏名または名称、⑤株主の住所、⑥株式数（種類株主総会の場合は種類株式の種類と数）、⑦議決権割合です。株主リストは、議案ごと（登記すべき事項ごと）に作成するのが原則ですが、株主リストの記載内容が同じ場合は、株主リストにその旨を記載し、１通作成すれば足ります。登記申請時の会社の代表者が登記所届出印（会社代表印）で株主リストを証明します。

- **登記すべき事項について株主全員の同意（または種類株主全員の同意）を必要とする場合**

たとえば、定款を変更して、発行する全部の株式の内容として取得条項を設けるときは、株主全員の同意が必要になります。記載事項は、①株主全員の同意が得られた日付、株主全員について、②氏名または名称、③住所、④株式数（種類株主全員の同意を得た場合は種類株式の種類と数）、⑤議決権数です。登記申請時の代表者が登記所届出印を押印して証明します。

株主リストのサンプル例（株主総会の決議を必要とする場合）

（A－1 総合簡易書式）

証　明　書

次の対象に関する商業登記規則61条２項又は３項の株主は次のとおりであることを証明する。

対象	株主総会等又は総株主の同意等の別	株主総会	←株主総会，種類株主総会，株主全員の同意，種類株主全員の同意のいずれかを記載してください。 種類株主総会等の場合は，対象となる種類株式も記載してください。
	上記の年月日	令和２年６月２９日	←株主総会等の年月日を記載してください。
	上記のうちの議案	全議案	←全議案又は対象となる議案を記載してください。 総株主等の同意を要する場合は，記載不要です。

	氏名又は名称	住所	株式数　（株）	議決権数	議決権数の割合
1	星　光男	東京都新宿区××七丁目３番２号	100	100	100.0%
2					
3					
4					
5					
6					
7					
8					
9					
10					
			合計	100	100.0%
			総議決権数	100	

証明書作成年月日	令和２年６月２９日
31	株式会社星光商事
証明書作成者	代表取締役　星　光男

登記所届出印

※　商業登記規則第61条第2項

登記すべき事項につき次の各号に掲げる者全員の同意を要する場合には、申請書に、当該各号に定める事項を証する書面を添付しなければならない。

一　株主　株主全員の氏名又は名称及び住所並びに各株主が有する株式の数（種類株式発行会社にあつては、株式の種類及び種類ごとの数を含む。次項において同じ。）及び議決権の数

二　種類株主　当該種類株主全員の氏名又は名称及び住所並びに当該種類株主のそれぞれが有する当該種類の株式の数及び当該種類の株式に係る議決権の数

※　商業登記規則第61条第3項

登記すべき事項につき株主総会又は種類株主総会の決議を要する場合には、申請書に、総株主（種類株主総会の決議を要する場合にあつては、その種類の株式の総株主）の議決権（当該決議（会社法第三百十九条第一項（同法第三百二十五条 において準用する場合を含む。）の規定により当該決議があつたものとみなされる場合を含む。）において行使することができるものに限る。以下この項において同じ。）の数に対するその有する議決権の数の割合が高いことにおいて上位となる株主であつて、次に掲げる人数のうちいずれか少ない人数の株主の氏名又は名称及び住所、当該株主のそれぞれが有する株式の数（種類株主総会の決議を要する場合にあつては、その種類の株式の数）及び議決権の数並びに当該株主のそれぞれが有する議決権に係る当該割合を証する書面を添付しなければならない。

一　十名

二　その有する議決権の数の割合を当該割合の多い順に順次加算し、その加算した割合が三分の二に達するまでの人数

【監修者紹介】

森　公任（もり　こうにん）

昭和26年新潟県出身。中央大学法学部卒業。1980年弁護士登録（東京弁護士会）。1982年森法律事務所設立。おもな著作（監修書）に、『図解で早わかり　倒産法のしくみ』『不動産契約基本法律用語辞典』『民事訴訟・執行・保全　基本法律用語辞典』『契約実務　基本法律用語辞典』『図解で早わかり　相続・贈与のしくみと手続き』『特定商取引法と消費者取引の法律問題トラブル解決法』など（小社刊）がある。

森元　みのり（もりもと　みのり）

弁護士。2003年東京大学法学部卒業。2006年弁護士登録（東京弁護士会）。同年森法律事務所 入所。おもな著作（監修書）に、『図解で早わかり　倒産法のしくみ』『不動産契約基本法律用語辞典』『民事訴訟・執行・保全　基本法律用語辞典』『契約実務　基本法律用語辞典』『図解で早わかり 相続・贈与のしくみと手続き』『特定商取引法と消費者取引の法律問題トラブル解決法』など（小社刊）がある。

森法律事務所
弁護士16人体制。家事事件、不動産事件等が中心業務。
〒104-0033　東京都中央区新川２－15－３　森第二ビル
電話　03-3553-5916
http：//www.mori-law-office.com

図解で早わかり
改正対応！
最新　会社法のしくみと手続き

2020年3月30日　第１刷発行

監修者　森公任《もりこうにん》　森元《もりもと》みのり
発行者　前田俊秀
発行所　株式会社三修社
〒150-0001　東京都渋谷区神宮前2-2-22
TEL　03-3405-4511　FAX　03-3405-4522
振替　00190-9-72758
http://www.sanshusha.co.jp
編集担当　北村英治
印刷所　萩原印刷株式会社
製本所　牧製本印刷株式会社

ISBN978-4-384-04838-4 C2032